やまゆり園事件

神奈川新聞取材班

幻冬舎

やまゆり園事件

やまゆり園事件　目次

第1章　2016年7月26日　9

1　未明の襲撃　11

2　伏せられた実名と19人の人柄　46

3　拘置所から届いた手記とイラスト　52

第2章　植松聖という人間　67

1　植松死刑囚の生い立ち　69

2　アクリル板越しに見た素顔　96

3　遺族がぶつけた思い　113

4　「被告を死刑とする」　128

第3章　匿名裁判　141

1　記号になった被害者　143

2　実名の意味　159

3　19人の生きた証し　171

第4章　優生思想　189

1　「生きるに値しない命」という思想　191

2　強制不妊とやまゆり園事件　202

3　能力主義の陰で　211

4　死刑と植松の命　221

第5章　共に生きる　237

1　被害者はいま　239
2　ある施設長の告白　248
3　揺れるやまゆり園　254
4　訪問の家の実践　261
5　〝成就〟した反対運動　270
6　分けない教育　281
7　学校は変われるか　286
8　共生の学び舎　296
9　呼吸器の子「地域で学びたい」　306
10　言葉で意思疎通できなくても　322
11　横田弘とやまゆり園事件　332

終章　「分ける社会」を変える　349

おわりに　366

＊おことわり――本文中には、殺害の様子など凄惨な場面描写があるほか、植松聖死刑囚による障害者に対する差別的な発言がありますが、事実に即して掲載します。この事件の詳細を正確に伝えるとともに、差別の実態を明らかにするためです。また、登場する方々の敬称は原則、省略します。年齢、肩書きは一部を除き、２０２０年7月時点のものです。

ブックデザイン　鈴木成一デザイン室
写真（本文中に出典表記がないもの）　神奈川新聞
DTP　美創

第1章
2016年7月26日

執筆　石川泰大
デスク　高田俊吾

1　未明の襲撃

凶行の始まり

ガガガガッ、ガガガガッ。

夜の静寂を切り裂くような騒音を伴いながら、1台の黒いセダンが山あいの小さな集落を走り抜けていく。脱落しかかった車体後部のバンパーを地面に引きずる耳障りな音は、津久井やまゆり園近くの路上でやんだ。

午前1時37分。運転席から降りてきたのは、金髪の小柄な男——元職員、植松聖《さとし》だった。当時26歳。灰色っぽい上着に黒っぽいズボン。キャップを目深にかぶり、トランクから取り出したスポーツバッグを肩にかけると、暗闇に吸い込まれるように園の方へと姿を消した。

２０１６年７月26日未明。障害者ら45人が殺傷された「戦後最悪」とされる凶行は、ここから始まった。

園は東京五輪のあった１９６４年に神奈川県が相模原市緑区（当時津久井郡相模湖町）に開設した県立知的障害者施設。２００５年度から指定管理者の社会福祉法人「かながわ共同会」が運営を始めた。約3万平方メートルの広大な敷地には、東西に分かれた2階建ての居住棟、管理棟、作業棟などがあり、体育館やグラウンドも併設されている。いわゆる、大規模入所施設だ。
入所者は20人ずつ、「ホーム」と呼ばれる8つの区画に男女が分かれて暮らす。事件当時、19〜75歳の１４９人（男92人、女57人）が入所しており、短期入所者8人を含めるとほぼ満員だった。必要とされる支援の度合いを示す「障害支援区分」で最も高い「6」が、入所者の7割以上を占めていた。

午前1時43分。植松は警備員が待機する宿直室に近い正門を避け、園東側にある駐車場の通用口の門扉から敷地内に入った。まず向かったのは東居住棟1階の「はなホーム」。かつて働いていた経験から、女性の入所者が暮らし、夜勤を女性職員が担当していることを知っていた。計画通りの行動だった。

午前2時ごろ。中庭に面する１１０号室の掃き出し窓に目を付けた。職員が待機する「支援員室」から遠く離れており、隣の部屋のような強化ガラスではなかったからだ。

バッグから取り出したハンマーで窓の下の方をたたき割って部屋に侵入した。入所者の女性（当時19）は身動きしなかった。薄暗い部屋の中でベッドに横たわったまま、割れたガラス片を触っていた。のちに開かれる初公判を前に遺族が名前を公表した「美帆さん」だった。「障害が重い」。美帆さんの反応の鈍さと、部屋に置いてある荷物の少なさから植松は直感した。

意思疎通のできない、重度障害者を狙っていた。だが、バッグの中に忍ばせた刃物をすぐに向けようとはしなかった。巡回中の職員に見つかれば、大声で叫ばれたり逃げられて通報されたりするかもしれない。そうなれば犯行を続けられなくなる。「まずは職員を拘束した方がいい」。そう考えた。

1時間おきの巡回が間もなく始まる。ベッドの脇にかがんで息を潜めた。ドアが開け放たれている部屋の中から廊下の様子を注意深くうかがいながら、女性職員がやってくる瞬間を待った。

衆院議長への「犯行予告」

事件の5カ月ほど前の2月14日。植松は東京・永田町の衆院議長公邸の前にいた。黒のスーツに白のワイシャツ、赤いネクタイ姿だった。

午後3時25分ごろ、正門脇のインターホンを押し、公邸職員に「議長に書簡を渡したい」と伝えた。しかし、この日は日曜日。担当者が不在という理由で受け取りを拒まれた。それでも立ち去ろうとしなかったため、警視庁麹町署の警察官から職務質問を受けた。植松は茶色の封筒を示しながら、再度受け取りを求めた。警察官から手紙の内容を尋ねられても、植松は口ごもって何も答えなかった。

結局この日は諦め、帰りに大学時代の友人が暮らす都内のマンションに立ち寄った。友人から服装について突っ込まれると、植松は「革命家っぽいでしょ」と笑った。当時、米大統領候補だったドナルド・トランプをイメージしていた。大統領選で排外主義的な発言を繰り返し、注目を集める姿に強く憧れていた。

翌15日は午前10時20分ごろから公邸前に座り込み、土下座を繰り返した。雨が降っていた。受け取りを拒む公邸職員が郵送するように求めても、頑として聞き入れなかった。約2時間後、通行人の迷惑になると考えた上司の判断で職員は手紙を渋々受け取った。「ありがとうございます」。植松ははっきりとした口調で礼を言い、ようやくその場を離れた。

《障害者総勢４７０名を抹殺することができます》――。植松が衆院議長公邸に持参した書簡は、こんな一節から始まる。

重度障害者の大量殺害をほのめかす内容だけでなく、「職員の少ない夜勤に決行する」「結束バンドで職員を拘束して外部との連絡をとれないようにする」などといった具体的な「作戦計画」も含まれていた。

実際の犯行態様とほぼ一致しており、計画性の高さをうかがわせる内容だった。人権上の配慮から一部を省略し、原文のまま掲載する。

1枚目

衆議院議長　大島理森様

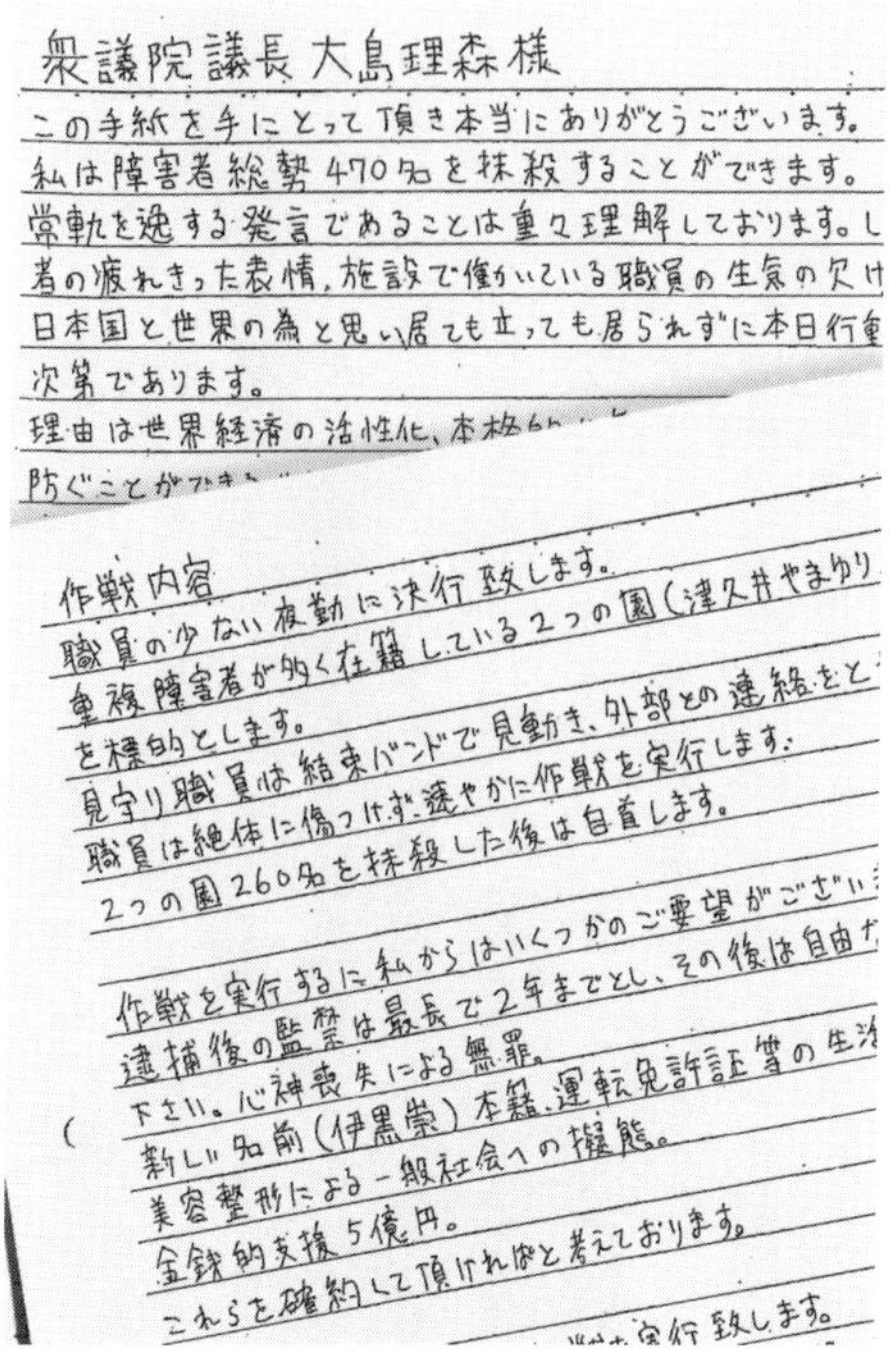
衆議院議長大島理森様
この手紙を手にとって頂き本当にありがとうございます。
私は障害者総勢470名を抹殺することができます。
常軌を逸する発言であることは重々理解しております。し
者の疲れきった表情、施設で働いている職員の生気の欠け
日本国と世界の為と思い居ても立っても居られずに本日行動
次第であります。
理由は世界経済の活性化、本格
防ぐことが
作戦内容
職員の少ない夜勤に決行致します。
重複障害者が多く在籍している2つの園（津久井やまゆり
を標的とします。
見守り職員は結束バンドで見動き、外部との連絡をと
職員は絶体に傷つけず速やかに作戦を実行します。
2つの園260名を抹殺した後は自首します。
作戦を実行するに私からはいくつかのご要望がござい
逮捕後の監禁は最長で2年までとし、その後は自由な
下さい。心神喪失による無罪。
新しい名前（伊黒崇）本籍、運転免許証等の生活
美容整形による一般社会への擬態。
金銭的支援5億円。
これらを確約して頂ければと考えております。
実行致します。

植松が衆院議長に宛てた手紙のコピー

この手紙を手にとって頂き本当にありがとうございます。

私は障害者総勢４７０名を抹殺することができます。

常軌を逸する発言であることは重々理解しております。しかし、保護者の疲れきった表情、施設で働いている職員の生気の欠けた瞳、日本国と世界の為《ため》と思い、居ても立っても居られずに本日行動に移した次第であります。

理由は世界経済の活性化、本格的な第三次世界大戦を未然に防ぐことができるかもしれないと考えたからです。

（中略）車イスに一生縛られている気の毒な利用者も多く存在し、保護者が絶縁（原文まま）状態にあることも珍しくありません。

私の目標は重複障害者の方が家庭内での生活、及び社会的活動が極めて因難（原文まま）な場合、保護者の同意を得て安楽死できる世界です。

重複障害者に対する命のあり方は未《いま》だに答えが見つかっていない所だと考えました。障害者は不幸を作ることしかできません。

フリーメイソンからなるイルミナティが作られたイルミナティカードを勉強させて頂きました。戦争で未来ある人間が殺されるのはとても悲しく、多くの憎しみを生みますが、障害者を殺すことは不幸を最大まで抑えることができます。

今こそ革命を行い、全人類の為に必要不可決（原文まま）である辛《つら》い決断をする時だと考えます。日本国が大きな第一歩を踏み出すのです。

世界を担う大島理森様のお力で世界をより良い方向に進めて頂けないでしょうか。是非、安倍晋三様のお耳に伝えて頂ければと思います。

私が人類の為にできることを真剣に考えた答えでございます。

衆議院議長大島理森様、どうか愛する日本国、全人類の為にお力添え頂けないでしょうか。何卒よろしくお願い致します。

文責：植松聖

2枚目

作戦内容

職員の少ない夜勤に決行致します。

重複障害者が多く在籍している2つの園（津久井やまゆり、略＝原文は別の施設名）を標的とします。

見守り職員は結束バンドで身動き、外部との連絡をとれなくします。

職員は絶体（原文まま）に傷つけず、速やかに作戦を実行します。

２つの園２６０名を抹殺した後は自首します。

作戦を実行するに私からはいくつかのご要望がございます。

逮捕後の監禁は最長で2年までとし、その後は自由な人生を送らせてください。心神喪失による無罪。

新しい名前（伊黒崇）本籍、運転免許証等の生活に必要な書類。美容整形による一般社会への擬態。

金銭的支援5億円。

これらを確約して頂ければと考えております。

ご決断頂ければ、いつでも作戦を実行致します。

日本国と世界平和の為に、何卒よろしくお願い致します。
想像を絶する激務の中大変恐縮ではございますが、安倍晋三様にご相談頂けることを切に願っております。

植松聖
略（＝住所）
略（＝携帯電話番号）
かながわ共同会職員

3枚目

植松聖の実態

私は大量殺人をしたいという狂気に満ちた発想で、今回の作戦を、提案を上げる訳ではありません。全人類が心の隅に隠した想いを声に出し、実行する決意を持って行動しました。

今までの人生設計では、大学で取得した小学校教諭免許と現在勤務している障害者施設での経験を生かし、特別支援学校の教員を目指していました。それまでは運送業で働きながら（略）立派な先生の元で3年間修行させて頂きました。

９月車で事故に遭い目に後遺障害が残り、３００万円程頂ける予定です。そのお金でセブン銀行の株を購入する予定でした。セブンイレブンはフリーメイソンだと考え（イルミナティカードにも記載）今後も更なる発展を信んじて（原文まま）おります。

外見はとても大切なことに気づき、容姿に自信が無い為、美容整形を行います。進化の先にある大きい瞳、小さい顔、宇宙人が代表するイメージそれらを実現しております。私はＵＦＯを２回見たことがあります。未来人なのかも知れません。

本当は後２つお願いがございます。今回の話とは別件ですが、耳を傾けて頂ければ幸いです。何卒宜しくお願い致します。

医療大麻の導入

精神薬を服用する人は確実に頭がマイナス思考になり、人生に絶望しております。心を壊す毒に頼らずに、地球の奇跡が生んだ大麻の力は必要不可決（原文まま）だと考えます。何卒宜しくお願い致します。私は信頼できる仲間と過すことを目的として歩いています。

カジノの建設

日本には既に多くの賭事が存在しています。パチンコは人生を蝕みます。街を歩けば違法な賭事も数多くあります。裏の事情が有り、脅されているのかも知れません。それらは皆様の熱意で決行することができます。恐い人達には国が新しいシノギの模索、提供することで協調できればと考えました。日本軍の設立。刺青を認め、簡単な筆記試験にする。

出過ぎた発言をしてしまい、本当に申し訳ありません。今回の革命で日本国が生まれ変わればと考えております。

襲撃を決意した措置入院

《私は障害者を抹殺することができます》――。植松が衆院議長に宛てた手紙が犯行予告ともとれる内容だったため、警視庁は神奈川県警に連絡。15、16の両日、県警津久井署は園に手紙の内容を説明し、植松の勤務シフトや最近の言動について確認した。

19日に行われた園側と植松との面談には署員4人が不測の事態に備えて隣室で待機した。植松は「ずっと車いすに縛られて暮らすことが幸せなのか。障害者は周りを不幸にする」「重度障害者は保護者の同意を得て安楽死させるべきだ」としきりに訴えた。

園長らが「それは（障害者を虐殺した）ナチスと同じだ」と諭しても、「そう捉えられても構わない」と反発し耳を貸そうともしなかった。署員は「このまま放置すれば、他人の生命、財産に危害が及ぶ恐れがある」と判断し、その場で保護。植松は同日付で自主退職という形で園を去ることになった。身柄はそのまま相模原市へ引き渡され、市の精神保健指定医の診断を経てその日のうちに緊急措置入院となった。

措置入院は精神障害が原因で自分や他人を傷つける恐れがある場合、都道府県知事などの権限で本人や家族の同意がなくても強制的に入院させられる制度。２人以上の精神保健指定医が診断し必要と認めることが要件だが、急を要する場合は１人の指定医の診察で72時間を上限に緊急措置入院させることができる。症状がなくなったと判断した医療機関が自治体に「症状消退届」を出すと、行動制限の緩い医療保護入院や退院などへと移る仕組みだ。

入院先は北里大学東病院（相模原市南区、現北里大学病院）。植松は怒りやすく興奮しており、その言動がほかの患者に悪影響を与えると判断され、隔離病室に入れられた。病室のドアを蹴ったり、職員に向かって大声を出したりした。直後の尿検査で大麻の陽性反応が出た。翌20日には「ヒトラーの思想が２週間前に降りてきた」と口走った。

22日、２人の医師の診察を受けた。植松は衆院議長に出した手紙の内容や障害者施設で働いて感じたこと、戦争のニュースを見たこと、イルミナティカードが原爆などによる横浜や銀座の崩壊を予言していること。それらが一つにつながり、「世界平和や日本のために重度障害者を殺害すると考えた」と語った。

植松は医師に対しても冗舌だった。事件後、国の検討チームがまとめた中間報告書にはこう記されている。

「園で仕事を始めた時から（障害者は）かわいそうだと思っていて、生き地獄だと。仕事してる皆さんも思ってるけど、仕事にならないからみんな見て見ぬふりしてごまかしてるじゃないですか」

「僕もしゃべれる障害者は好きだし、面白いこと言うなとか思うんですけど。しゃべれない人は存在しちゃいけない」

さらに、事件を示唆するような発言もあった。

「誰かがやるしかないなら、自己犠牲を払っても自分がやるしかないと思ったんです。みんなも本当はそう思ってるけど、やれない」

医師はそれぞれ大麻精神病や妄想性障害と診断。同日、措置入院が決まった。

植松は入院中にも医師や看護師らに障害者は安楽死させるべきという持論を繰り返した。首をかしげる程度で誰にも肯定も否定もされなかったことを都合良く解釈した。「国が許可してくれなくても、正しいことだからやるべきだ」。重度障害者を自分の手で殺害しようと最終的に決意したのはこの時だった、と植松は裁判で振り返った。

隔離病室はクッション素材の壁で四方を囲まれており、室内にはトイレと監視カメラしかなかった。植松はいつ終わるとも知れない入院生活に不安を感じた。裁判ではこう明かした。

「礼儀正しく振る舞い、安楽死についての発言をしないようにしていた」

入院当初の興奮状態が落ち着き、薬物反応もなくなったとして、主治医は「症状は消退した」と診断。入院から12日後の3月2日、相模原市は措置入院の解除を決めた。退院後、植松は東京都八王子市の両親のマンションで生活しながら通院治療をすることになっていたが、同じ月に外来を2回受診したきり姿を見せなくなった。園近くの実家で1人暮らしを続けていることも、相模原市は把握していなかった。病院側との情報共有には不備があった。

退院翌日、植松は当時交際していた女性に明かした。「医者をだました」「聞き分けのいい患者を演じた」。植松の障害者への差別的な考えは何一つ変わってはいなかった。高校時代からの友人には入院中の生活を振り返り、こう語ったという。

「障害者を殺すことだけを考えていた」

20年3月、相模原市は事件前に措置入院させていた経緯や、事件発生後に消防が現場から被害者を搬送した状況などを記載した関連資料を条例に基づいて「歴史的公文書」に指定し、永久保存することを決めた。

カウンセラーとの対話

「隔離されてて、超キツかった。入院してたんですよ」

措置入院が解除されて間もない3月上旬のある日。植松は園近くにある行きつけの理髪店を訪れるやいなや、顔なじみの店主にそう言った。普段はにこにこと笑っている印象があったが、この日の植松は真面目で落ち着いた口調だった。

店主が入院していた理由を尋ねても、植松は答えずに「安楽死についてどう思いますか」と聞き返してきた。質問の意図を理解できずにいると、植松は園の入所者やその保護者に年間どのくらいの税金が使われているのか、具体的な人数や金額を出して説明し始めた。

「入所者を安楽死させられる世の中に変える」「障害者は生きていても意味がない。税金の無駄遣いだ」。店主は園職員でありながら障害者への差別的な主張を延々と言い募る様子に戸惑いつつも、植松が入院していたという理由が聞かずとも分かった気がした。

「言っていることがやっている仕事と真逆じゃん。どうしたの」。店主がそう聞くと、植松は「ちょっと前に神様からお告げがあったんです」と真顔で答えた。店主が否定や反論をするたびに、植松は「いや、違うんですよ」と言い返した。そうした態度に嫌気が差し、店主はそれ以上話すのをやめた。このやりとりをして以降、植松が店を訪れることはなかった。

同じころ、植松の両親は旧知の友人である心理カウンセラーにカウンセリングを依頼した。カウンセラーは植松を幼少期から「さとし」と呼んでかわいがり、植松からは自身がハムスターを飼っていたことから「ハムちゃん」と呼ばれて慕われていた。植松が退院してから計３回、電話や対面で話をした。

最初は退院から５日がたった同月７日。電話で衆院議長に出した手紙について尋ねると、植松は「大麻を吸っていておかしくなっていた。でも、自分の考えは間違っていない。重度障害者は安楽死させた方がいい」と答えた。

１カ月後の４月８日には、東京都八王子市内で待ち合わせた。植松が話したのは「重度障害者は話しかけても反応がなく、生きている意味がない」「面会に来ない家族がいて入所者がかわいそうだ。安楽死させた方が双方のためになる」といったことばかり。カウンセラーが「そんなことをしたら犯罪になるよ」と諭しても、植松は「誰かがやらなければいけない。日本政府から許可をもらいたかったから手紙を出した」と反発した。

　スマートフォンの画面も見せられた。そこに映っていたのは、米国発祥のカードゲーム「イルミナティカード」。愛好家の間で世界の大きな災害や事件などを予言していると信じられているオカルト的なゲームだ。植松はテレビ番組をきっかけに興味を持ち、インターネット検索を重ねてのめり込むようになっていた。

「このカードの数字を語呂合わせすると、自分の名前になる」「カードによって自分は選ばれた。ヒーローになる」と熱っぽく語り、こう続けた。「（カードのモチーフになっている秘密結社の）イルミナティは裏で地球を牛耳っている。（事件を起こせば）イルミナティから金が入るはず。逮捕されても政府に手を回して自分を解放してくれる」。高揚した様子でまくし立てる植松は、カードの予言を心底信じ切っているようだった。

「もしイルミナティが地球を牛耳っているとしたら、とっくに（日本でも）安楽死は実現しているのでは」。カウンセラーの問いかけに植松は真剣な表情で考え込み、つぶやいた。「確かに。なぜそうなってないのかな」

　3回目は、事件の2週間ほど前の7月8日。電話での会話が最後になった。「いまでも大麻を吸っているのか」と聞くと、「たしなむ程度にね」という答えが返ってきた。この日は前回と違い、植松が障害者の殺害やイルミナティカードの話題を持ち出すことはなかった。

友人に計画を相談

障害者への差別的な言動を続ける植松を気にかけ、実行を思いとどまらせようと説得を試みる友人もいた。

「さとくんが本気でやると言うなら、監禁してでも止めるからな」

３月上旬か中旬、都内で朝まで酒を飲んだ帰り道。男友達の１人がそう告げると、植松は「そんなことをするなら、お前を殺すよ」と平然と返した。この一言をきっかけに、地元の友人らは植松から距離を置くようになった。仲間内で孤立した植松は人前で「障害者を殺す」という発言をほとんどしなくなった。

だが１人だけ、事件の計画を真剣に相談していた相手がいた。大麻仲間で、１つ年下の地元の後輩男性だった。

「いけるなら１００（人）、最低でも50（人）は殺そうと思っている。何を使って殺せばいいかな」

「アキバの時はどうしたんだっけ」

５月上旬ごろ、後輩は植松からこう尋ねられた。アキバとは、08年６月に東京・秋葉原の歩行者天国の交差点に男がトラックで突入して通行人をはねた後、ダガーナイフで襲い、7人を殺害し、10人にけがを負わせた秋葉原無差別殺傷事件を指すとみられる。

「いつもの妄想話の延長だろう」。後輩は周囲の友人から「さとくんはやばいから付き合わない方がいい」と忠告されていたが、それほど気にしていなかった。

「障害者がいなくなれば革命的ですね。ナイフとか包丁で刺せばいいんじゃないですか」。植松の話に調子を合わせ、ネットオークションで刃物を探すのを手伝った。準備する刃物の本数や刺す際に狙う体の場所などを具体的に提案したこともあった。

「職員を傷付けずに拘束したい」。植松がそう悩んでいた時には、以前、不良に結束バンドで両手の親指を後ろ手に縛られて身動きが取れなくなった経験を話して聞かせた。「そうか、結束バンドか」。植松は納得したようにつぶやいた。

こんなやりとりを10回ほど繰り返した。話題は殺害方法から襲撃時期へと移っていった。

「11月にはトランプが大統領になるから、10月までには障害者を殺さないといけない。俺が殺すから、お前は拘束だけ手伝えばいい」「(事件を起こせば)10億もらえるはずだから折半でいい。何だったら7対3、8対2でもいい」。犯行への協力を少なくとも4、5回は持ちかけられた。

後輩のあいまいな返事に業を煮やしたのか、植松の勧誘はさらに強引さを増していった。6月下旬、駐車した車の中で威圧的に「協力しろ」と迫られた。「やばいっす。無理っす」。後輩が必死に首を横に振り続けると、植松は急に不機嫌になり、それ以来誘わなくなった。

計画前倒しのきっかけ

事件4日前の7月22日のことだった。「27日に大学時代の後輩とデートするから服を貸してほしい」。植松はそう言って、高校時代から付き合いのある男友達から靴と服を借りた。2日後の24日には、その男友達を含む友人らと河原でスマホゲーム「ポケモンＧＯ」で遊び、相模原駅近くのボウリング場やファミリーレストラン、ムエタイジムをはしごした。友人たちと別れたのは午後9時ごろだった。

植松はそのまま相模川の河川敷へ向かった。事件の計画を相談していた後輩男性に大麻を一緒に吸おうと誘われていたからだ。連絡を受けた時の植松は「待っていました、とばかりにノリノリだった」という。共通の知人を含めた3人で日付が変わる時間帯から大麻を吸い始めた。

「僕は鬼です」。後輩がふいに口走ると、植松は慌てて車に走って戻り、猛スピードでその場を離れた。植松からの電話があったのは数十分後の25日午前2時前ごろ。「きょうは（大麻が）効き過ぎたから、このまま家に帰るわ」と説明した。

イルミナティカードなどの影響で数字に強いこだわりを持つ植松は当初、「新たな門出」を意味すると自身が考える「１００１」の数列から、「10月1日」までに事件を起こそうと考えていた。11月に米大統領選が控えていたことも理由だった。植松は裁判で「トランプみたいな

（排外主義的な）人が大統領になったから事件が起きたと言われたら、迷惑をかけてしまうから」と明かした。

だが、後輩の一言が、暴力団と後輩とのつながりを示唆していると勘違いし、「大麻の合法化を考える自分は密売で利益を得ている暴力団にとって邪魔な存在」と思い込んだ。裁判で弁護側はこの出来事が事件を起こす日を前倒しするきっかけになったと主張した。

植松のこうした思い込みをさらに深める偶然も重なった。

25日午後4時ごろ、同じ後輩が東京都八王子市の京王線めじろ台駅近くの交差点で信号待ちしていた時だった。目の前を見覚えのある黒いセダンが猛スピードで横切っていった。植松が運転する車だった。

後輩はすぐに植松に電話をかけ、「昨日は大丈夫だったんですか。いま、めじろ台にいましたよね？」と尋ねた。後輩は体調を気遣ったつもりだったが、植松は質問には答えずに「何でそこにいたことを知っているんだ」と慌てた様子で聞き返した。

「殺される前に実行しなければ」。植松は午後5時前にホームセンターなどに立ち寄り、結束バンドやハンマー、ガムテープ、手袋を購入した。自宅から持ち出した柳刃包丁やペティナイフなど5本の刃物を入れたスポーツバッグにそれらの道具を詰め込み、車で都内へ向かった。東京・南青山のコインパーキングに車を止め、タクシーに乗り替えた。暴力団に追われているかもしれない――。移動中、植松は隠れるように車内で身をかがめ続けた。

高級焼肉店での「最後の晩餐」

午後9時過ぎ、新宿・歌舞伎町の高級焼肉店。植松はテーブルを挟んで大学時代の2学年下の後輩女性と向かい合っていた。女性にとって植松はフットサルサークルの仲間の１人で、きょうだいのような存在。植松が卒業した後も飲み会で一緒になることはあっても、２人だけで食事をするのはこの日が初めてだった。女性の方に好意はなかったが、「告白されるのかもしれない」と内心思っていた。

25日午前5時20分ごろ、植松は無料通信アプリ「ＬＩＮＥ《ライン》」で「食事の予定を25日に変更してほしい」とメッセージを送っていた。当初の約束は27日だった。女性が「何で日程を変えたの」と聞くと、植松は「時が来たんだよ」と意味ありげに答えた。以前からふざけて返答をすることがあったため、女性は気にすることなく受け流した。

「仕事、これからどうするの」。園を退職したことを聞いていた女性が食事をしながら尋ねると、植松は「新しい法律を6個つくりたい」と言った。１つ目に、意思疎通できない人を殺すことを挙げた。５カ月ほど前にも同じ内容のメッセージをＬＩＮＥで受け取っていたことを思い出し、少し怖くなった。ほかに挙げたのは、大麻やカジノの合法化などだったと記憶している。

この日の植松は普段と様子が違い、女性の意見に強い口調で反論したり、「俺が無職になって冷たくなったね」と突き放すような言い方をしたりした。沈黙が続いて気まずい雰囲気になることもあった。

「きょうで会うのは最後かもしれない。しばらく会えない」。植松は唐突に言い、こう続けた。「パワーアップして帰ってくるよ」。そして、いつものように女性を笑わせた。「昔の自分は嫌いだったけど、いまの自分は好き」「いまの俺、最強。オーラ出てない？」。１時間余りたって店を出るころには、自分の知っている明るく優しい「さとくん」に戻っているようだった。

「きょうは来てくれてありがとう」。別れ際、日ごろは手を振るだけの植松が珍しく握手を求めてきた。普段と違う行動に気持ち悪さを感じ、何度も断ったが、最後は植松のしつこさに根負けして手を握った。植松は「４、５年たったら帰ってくるよ」と言い残し、交差点の人混みに消えていった。

この間、女性は植松と合流してから別れるまでの様子を共通の知人にＬＩＮＥのメッセージで知らせていた。以下、法廷で朗読されたやりとりの一部を再現する。

女性　「ちょっと様子がおかしいのは気のせいかな」
知人　「やばい」
女性　「新しい法律を６個つくりたいらしい」
知人　「どんな？」
女性　「意思疎通できない人は安楽死させる」

「最後の晩餐らしい」

知人「怖いんだけど」

女性「さとくん、もう手遅れ。関わんない方がいいレベル」

知人「頭おかしいの度を越してる。（植松の）親友に電話したら気を付けなって」

知人「どんなふうにおかしいって」

女性「あと、ねじが1、2本抜けたら本気で（人を）殺すって」

「非現実的なことしか考えてなくて、聞く耳も持たない。説教された」

知人「説教されたって。爆死」

女性「怖すぎて、さっきまで一緒にご飯食べてたと思うと震える」

知人「あんま気にしない方がいいよ」

女性「ありがとう。さとくん、こんな素敵な友達いるのにね」

「僕のこと忘れないでください」

後輩女性と別れた植松が、新宿・歌舞伎町のホテルに入ったのは午後10時半ごろ。部屋で大麻を吸ってから、事前に連絡しておいた派遣型風俗店の女性を室内に招き入れた。植松はにやにやした表情を浮かべ、女性に「きれいですね」と繰り返した。シャワーを浴びるためにお互い服を脱いでも、植松は靴を履いたままだった。女性が理由を尋ねると、「インソールだから恥ずかしい」と答えた。身長が低いことを気にしている様子だった。

植松の背中全面に般若とおかめが、両足の太ももには「ゲゲゲの鬼太郎」の入れ墨が彫ってあった。「何これ、すごいね」と女性が声をかけると、植松はうれしそうにはにかんだ。

女性が部屋に到着してから1時間余り。ソファの前に置かれたテーブルの上の灰皿に、たばこのような茶色い葉っぱとちぎり取られたフィルターが散らばっているのに気づいた。燃えかすではなかった。違法薬物を使っているのかもしれない――。そんな不安がよぎった女性は予定の終了時刻まで時間が少し残っていたものの、早めに部屋を出ることにした。ドアの前で簡単なあいさつを済ませると、植松はこう返した。

「僕のこと、忘れないでくださいね」

植松がホテルをチェックアウトしたのは、26日午前0時25分ごろ。近くで流しのタクシーをつかまえ、車を止めていた南青山のコインパーキングへ向かった。移動中、植松はタクシードライバーに「あなたと話せてよかった。（タクシーに乗るのは）これが最後になると思うので悲しいです」と話した。降車する際には「ちょっと急いでいるので」と言い、お釣りも受け取らずに小走りで自分の車へと戻っていった。

同39分に出庫。駐車料金を支払わず、上がったままのロック板を乗り越えようとアクセルを強く踏み込んだ。前向きに駐車していた車は勢いよく後退し、駐車場出入り口のガードパイプにぶつかった。パイプは折れ曲がり、粉々になったテールランプの赤色と透明のプラスチック片が地面に散らばった。植松は中央自動車道経由で園へ向かって車を走らせた。車体後部のバンパーが、脱落しかかっていた。

「しゃべれるか」確認して襲撃

26日午前2時ごろ、相模原市緑区の津久井やまゆり園。すでに多くの入所者が就寝し、園内は静寂に包まれていた。

東居住棟1階の女性専用「はなホーム」。部屋や廊下の照明は落とされ、非常灯と常夜灯だけがぼんやりと周囲を照らしていた。1時間に1回の巡回のため、夜勤担当の女性職員は支援員室を出た。脱衣所にあった洗濯物を片付け、１１２号室から順番に部屋を見て回ろうと考えていた。

　１１０号室の前を通りかかった時だった。開いている部屋のドアから、入り口近くに置かれたタンスの前に座っている人影が目に入った。男が膝をついて何か作業をしているように見えた。入所者の男性だろうか。そう思ったのと同時に、部屋の奥の窓ガラスが割れているのに気づいた。フローリングには割れたガラス片が散らばっていた。

「誰？」。そう声をかけると、男は立ち上がって無言のまま近づいてきた。手には刃の細長い包丁が握られていた。侵入したばかりの植松だった。職員の腕をつかんで「騒いだら殺す」と脅し、２本の結束バンドで職員の両手首を縛り上げた。

植松が津久井やまゆり園に侵入後、最初に通った通路。
事件発生から約1年後、建物内が初めて報道陣に公開された（2017年7月6日）

部屋のベッドに横たわっている美帆さんは身動きせず、眠っているように見えた。植松は小さな声で言った。「こいつはしゃべれるのか」。職員が「しゃべれません」と答えると、植松は布団をはがして中腰のような姿勢で包丁を数回振り下ろした。美帆さんは「うわっ」と苦しそうな声を漏らした。刺し傷は上半身に計5カ所、深さは最大で17センチにも達していた。

植松は１１０号室から職員を強引に連れ出すと、１１１号室の前ですぐに立ち止まった。ドアの開いている室内には2人の入所者が寝ているはずだった。植松は部屋の方に視線を向けたまま、「しゃべれるのか」と再度尋ねた。「しゃべれません」。職員がそう答えると、あぐらをかいた状態で座り、上半身を台に預けるような姿勢で寝ていた女性の背中に2回、3回と包丁を振り下ろした。事件後に押収された包丁の１本は先端が欠けており、折れた刃先がこの女性の体内から見つかった。

その後も植松は職員を連れ回して会話ができるかどうかを確認しながら、話せない入所者を狙って次々と襲っていった。職員が「しゃべれます」と答えた部屋は素通りし、次の部屋へと足を向けた。犯行中、植松が「こいつら、生きていてもしょうがない」とつぶやくこともあった。

最後に再び１１０号室の前に連れ戻された。職員は両手の親指をまとめて結束バンドで縛られ、その間に通したもう１本のバンドで廊下の手すりにくくりつけられた。エプロンのポケットに入れていた職員用の鍵も奪われた。

「俺は昔、ここで働いていたんだよ。監視カメラがあっても、役に立ってないな」。職員を拘束する手は休めずに、植松はそう話した。面識はなかったが、職員の間でうわさになっていた男だと悟った。職員の口をガムテープでふさいだ植松は「つばを飲み込めば苦しくない」と言い残し、奥の支援員室へと姿を消した。

「宇宙から来た植松だ」

隣接する女性専用「にじホーム」の夜勤担当の女性職員は、わずかな異変を肌で感じ取っていた。

午前１時50分ごろ、支援員室でパソコン作業をしていたところ、「はなホーム」の部屋に設置されている集音マイクのスピーカーが人の叫び声や物音を拾った。入所者が騒いでいるのだろう。そう想像してみたが、なだめる職員の声が聞こえてこないのが気になった。

午前2時を回った。見回りに行くために書類や荷物の整理をしていた時だった。人の気配を感じ、ふと顔を上げると見知らぬ男が立っていた。キャップをかぶり、メガネをかけ、大きなバッグを肩にかけていた。

一体誰なのか。職員か、入所者か。全く見当が付かず、混乱する頭のまま椅子から立ち上がった。「親指を出せ」。突然、男は言った。手に血の付いた包丁と結束バンドを持っていた。その瞬間、「はなホーム」の入所者が刺されたのかもしれないと怖くなった。その後の記憶はあいまいだ。男に抵抗してもみ合いになり、顔面を床に打ち付けた。メガネのフレームは折れ、下の前歯が欠けた。「早くしないと、手を切り落とす」と脅され、結束バンドで手首を縛られた。

植松は「はなホーム」の時と同じように職員を連れ回す手口で話せるかどうかを確認しながら、寝ている入所者を包丁で刺していった。植松の意図に気づいた職員は機転を利かせ、会話ができない人でも「しゃべれます」とうそをついた。何人かが難を逃れた。

不審に思ったのか、しばらくすると植松は職員に確認しなくなった。寝ている入所者に「おはようございます」などと自ら声をかけ、相手の反応をうかがうようになった。

「こいつ、しゃべれないじゃん」。植松はそう言って腕を振り下ろした。当初は心臓を狙うために胸部を刺していた。だが、あばら骨に当たって包丁の刃が曲がったり折れたりしたため、途中から首付近を狙うようになっていた。

「あなたは誰なんですか。どうしてこんなことをするんですか。障害者にも心はあるんだよ」。職員が泣きわめきながらやめるように訴えても、植松は手を止めなかった。

「宇宙から来た植松だ。こんなやつら、生きている意味はない」

入所者名指し「殺さないとな」

カチッ。

午前2時17分ごろだった。東居住棟1階の女性専用「にじホーム」と西居住棟1階の男性専用「つばさホーム」をつなぐ渡り廊下の扉の鍵が開く音が聞こえた。

こんな時間に誰だろう。鍵は職員しか持っていない。確認するために扉の方へ歩いていくと、廊下に伸びる人影がどんどんこちらに近づいてくる。支援員室と庭の外灯の光がわずかに差し込む薄暗さの中で、「つばさホーム」の男性職員は目をこらした。目の前まで来てようやく分かった。5カ月ほど前に園を退職した植松だった。

いつもそうだったように、愛想笑いのような半笑いを浮かべていた。植松は肩にかけていたバッグを下ろし、職員に向かって言った。

「鍛えておけって言ったろ」

はっとした。植松がまだ園で働いていたころ、四肢不自由の入所者の入浴介助を一緒にしたことがあった。その時、植松から「もう少し体を鍛えておいた方がいい」と言われたことを思い出した。

植松は職員の手をつかんで壁際に立たせ、目の前で白くて細い棒状のものを左右に振りながら、「もう殺しているから」と言った。すぐには言葉の意味が理解できなかった。だが、廊下に黒い点がぽつぽつと続いているのが目に入り、植松の足元で途絶えているのを見て全てを察した。

手には包丁が握られていた。「縛るから」。植松がそう言うとすぐに手首をきつく締め付けられる感覚があった。その瞬間、細い棒状のものは結束バンドだったと理解した。職員を手すりに縛り終えると、植松は「これで逃げられたら、君はすごい」と笑った。「自分の塀の中の暮らしはこれから長いと思うけど、まぁお互い、いい思い出にしようよ」と続けた。

その後、植松は近くの部屋を指差し、「ここ誰？　どんな人」と聞いた。職員が「目が見えない、耳も聞こえない人です」と答えると、「分かった」と返事をして包丁を握りしめたまま部屋の中に入っていった。すぐに、布団の上に人を落としたような「ばさっ」という音が3回ほど響いた。直後、「うう、うう」という苦しそうなうめき声が聞こえてきた。

「あいつ、どこにいる？　わっと怒るやつ。あいつは殺さないとな」。部屋から出てきた植松はそう言って、早足で別の部屋へ向かった。かつて、「つばさホーム」で支援をしていた時期があった。

しばらくして、「うわあ、あー」という悲鳴が何度か聞こえた。不明瞭な発音から植松が名指しした入所者だとすぐに分かった。拘束されている職員のところまで戻ってくると、植松は言った。「よかった、ちゃんといるね。いなかったらどうしようかと思った」

植松が部屋を回って襲撃を繰り返している隙を見て、職員はポケットにあったスマートフォンから園近くの職員寮に住む同僚にＬＩＮＥでメッセージを送っていた。

「すぐ来て。やばい」。午前2時21分ごろだった。

職員は緊迫した状況下でＳＯＳのサインを出し続けた。同僚の携帯電話には最初のメッセージから10分後の午前2時31分ごろに「わ」、その2分後に「きたかあさはらう」。続けて「てんさく」という意味不明のメッセージが送られてきた。職員は靴と靴下を脱ぎ、床に落としたスマートフォンに足の指で「けいさつ」と打とうとしていた。午前2時38分、異変を感じ取った同僚による最初の１１０番通報につながった。

どれくらいの時間がたったころだろうか。隣接する男性専用「みのりホーム」の男性職員がこちらに向かって歩いてくるのが見えた。背後には植松の姿があった。包丁を突き付けられ、同じように結束バンドで手すりに縛り付けられた。「これから厚木とかにも行っちゃうからね」。植松の発した言葉が、身体と知的の重複障害のある人が入所する系列の障害者施設を指していると直感し、思った。そこの入所者も殺すつもりなのだ、と。

●障害者施設「津久井やまゆり園」事件の状況（共同通信社提供のグラフィックを基に作成）

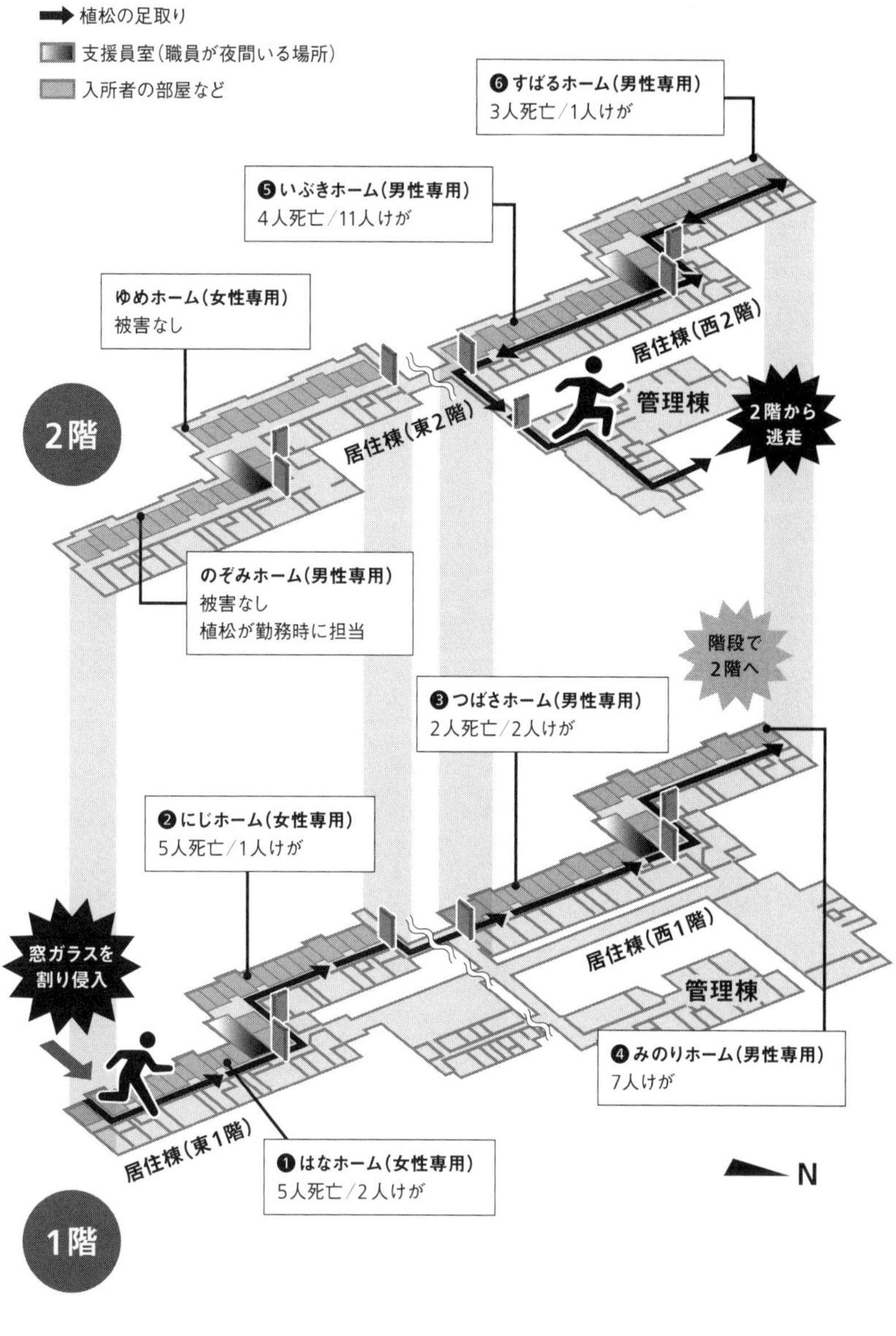

＊神奈川県の発表による

植松は支援員室に入り、パソコンを操作して夜勤に入っている職員をチェックした。自分より体格のいい人物がいないことを確認するためだった。その間、わずか数分。植松は階段を使って西居住棟2階の男性専用「いぶきホーム」へ足を向けた。

犯行終了、ツイッター更新

午前2時半ごろ、エレベーターホールの出入り口の鍵の開く音がした。支援員室の外にあるベンチで休憩中に携帯電話を眺めていた「いぶきホーム」の男性職員はさほど気に留めなかった。翌朝開かれる職員会議の資料をつくるために他の職員が早めに出勤してきたのだろうと考えたからだ。

少しずつ近づいてくる足音は、目の前で止まった。ポタポタと滴《しずく》が床に落ちる様子が、携帯電話を見つめる視界の端に入った。視線を上げた瞬間、植松だと分かった。一緒のホームで働いたことはなかったが、顔だけは知っていた。

額は汗でぐっしょりとぬれ、肩を大きく上下させて荒い息をつき、にやにやとした薄笑いを浮かべていた。血の付いた包丁を握り、刃先をこちらに向けていた。脳裏に死がちらついた。「動かないでくださいね」。植松は丁寧にそう言って、まず職員の携帯電話を取り上げた。壁に向かい合うように立たせ、結束バンドで廊下の手すりに職員を縛り付けた。

植松はすぐに大股で入所者の部屋に入っていった。扉の開く音に続いてうめき声や叫び声が

事件発生直後の津久井やまゆり園（2016年7月26日）

次々に聞こえてきた。その声は静かなものもあれば、絶叫に近いものもあった。いくつかの部屋を回り、戻ってきた植松は近くの部屋を指さして「この人はしゃべれるんですか」「隣の部屋はどうなんですか」などと矢継ぎ早に尋ねた。職員が「しゃべれません」と答えると、植松は「こういう人たちっていらないですよね」と言いながら背中を向け、その部屋へと歩いていった。その後も扉が開く音とうめき声が交互に繰り返された。

5番目に襲われた「いぶきホーム」の死傷者数は計15人。襲撃された6つのホームの中で最も多かった。「それまでに刺した人数があまりに少ないな、と」。裁判の被告人質問で植松はそう語り、手当たり次第襲っていた実態が浮き彫りになった。

植松が最後に向かったのは、「いぶきホーム」に隣接する男性専用「すばるホーム」。夜勤の男性職員が支援員室でパソコン作業をしていると、

犯行直後のツイッターへの投稿

「いぶきホーム」側の扉が開いた。仮眠を取っていた別の夜勤職員が戻ってきたのだと思い、顔を向けるとキャップをかぶった見知らぬ男が立っていた。血の付いた包丁を手に持ち、「心配ないから」とだけ言った。身の危険を感じた職員は何も答えず、椅子から立ち上がると同時に、開いていた反対側の扉の方に駆け出した。

廊下に飛び出す際に後ろ手で扉を閉めようとしたが、植松に手をかけられ拒まれた。「すばるホーム」の奥へと無我夢中で逃げた。「大丈夫」と声をかけながら、植松がすぐ後ろから迫ってくる。空いている奥の部屋に逃げ込み、中から引き戸の取っ手を必死で押さえた。植松は3回、4回と無理やりこじ開けようとしたが、やがてあきらめたようだった。

「じゃあ、いいや」。引き戸の向こうから、そんな声がした。

持っていた携帯電話で１１０番通報している間にも、近くの部屋から入所者のうめき声が絶え間なく響いてきた。発信履歴の時刻は午前2時45分だった。しばらくたってから職員が部屋の外の様子をうかがうと、植松が握りしめた引き戸の取っ手には血がこびりつき、目の前の廊下は一面が真っ赤に染まっていた。

午前2時48分。園に設置された防犯カメラに、正門から敷地外の路上に向かって歩く植松の姿が記録されていた。園内に侵入した午前1時43分から1時間余りで、入所者19人が殺害され、職員2人を含む26人が重軽傷を負った。犠牲者の大半が首を刺されたことによる失血死だった。持ち込んだ5本の刃物のうち、2本が園内から見つかった。

午前3時5分ごろ、植松は園から東に約7キロ離れた県警津久井署に出頭した。犯行後、自首することは決めていた。「錯乱による犯行ではない」とアピールすることで、「意思疎通のできない障害者は安楽死させるべき」という自身の主張の正当性を社会に訴える狙いがあった。逮捕後の調べに対し、植松は被害者への謝罪を口にすることはなく、障害者への独善的な主張を繰り返した。

《世界が平和になりますように。ｂｅａｕｔｉｆｕｌ　Ｊａｐａｎ！！！！！！》

犯行直後の午前2時50分、植松は自身のツイッターでそうつぶやいた。金髪で、黒のスーツに白いワイシャツ、赤いネクタイ姿。メッセージに添えられていたはにかんだ笑みを浮かべる自撮り写真は、植松が2時間ほど前に用意した画像だった。

計画は完遂された。刃物による殺人事件の犠牲者数としては戦後最悪という結末で。

2　伏せられた実名と19人の人柄

非公開の「お別れ会」

「どのような言葉でお別れすればいいのか、いまも悩んでいます。あなた方を守ってあげられなかった。本当に申し訳ありません」

入所者19人の命が奪われた事件から約３カ月がたった２０１６年10月16日。津久井やまゆり園の体育館で園主催の「お別れ会」があった。園長の入倉かおるは犠牲者一人一人の名前を呼び、壇上に並んだ遺影に涙で声を震わせながら思い出をとつとつと語りかけた。

「あなたはディズニーランドが大好きでした」「あなたはいつも笑顔で仲間の中心にいました」「野球のユニホームがお似合いでした」

報道機関に非公開で開かれた会には、遺族や入所者家族、園職員ら約４００人が出席。事件後に別の施設で暮らし始めた入所者も多く駆け付けた。満席の会場のあちこちからすすり泣きする声が漏れていた。

19人の人柄や思い出を言い終えた入倉は大きく息をふうーと吐き、最後にこう誓った。

「再びこの地で素晴らしい毎日が送れるようになったら、この涙は枯れ果てて大きな力がわいてくるかもしれません。もう二度とこんな悲しく苦しい出来事が起きないような世の中にしていくための力を蓄え、利用者支援を続けていきます」

時折小雨が降ったこの日、園の前に置かれた献花台には花束や菓子などを供えて手を合わせる人が絶えなかった。事件現場となった施設は21年8月の供用開始を目指し、現在、建て替え工事が進められている。

園長が語った19人の人柄

お別れ会で読み上げられたエピソードを出席者への取材をもとに再現し、遺族が名前を明かした女性を除いて実名を伏せて掲載する（年齢は当時）。

すばるホーム（3人死亡）

男性（67）あなたは、それはそれは畑作業が得意でした。作業着を着て畑作業にいそしむ姿は、私たちの目に焼き付いています。最近になっては室内作業の毎日にもとても意欲的でした。

男性（43）あなたは、音楽が好きで、踊りレクやミュージックボールをとても楽しみにしていましたね。グループホームも何度も体験してくれました。

男性（49）あなたは、自慢の碁盤をお持ちでした。職員とじゃんけんをして、「あっぷっぷ」を楽しんでいましたね。目の手術をしてよく見えるようになったら、またいろんなところに一緒に行きたかったです。

いぶきホーム（4人死亡）

男性（65）パンダのぬいぐるみが大好きなあなたは、いつもお部屋にぬいぐるみを飾っていましたね。体調を崩してお部屋で静養している時には、ぬいぐるみで癒やされていたのでしょう。入院もしましたが、元気になった時はとてもうれしそうでした。

男性（66）あなたは、ラジオが大好き。機械をいじるのが得意でしたね。ラジオがうまく聞こえないと、私たち周りも心配していました。それでも根気よくラジオと格闘していて、とても頼もしく感じていました。

男性（55）あなたは、私たちが気がつかないようなこともすぐに気がついてくれて、いろいろ教えてくれましたね。ホームの中でも日中活動でも職員がちゃんと働いているか、いつも見守ってくれました。

男性（66）いつもすてきな香りを楽しんでいたあなたは、手につけたクリーム、アロマ、お気に入りの草履があったのですよね。すてきな楽しみをお持ちでした。

つばさホーム（2人死亡）

男性（43）あなたは、大好きなものがたくさんありましたね。野球、電車、何より仲間と一緒に外出することを喜んでくれました。野球を見に行って買ったユニホーム、お似合いでしたよね。

男性（41）あなたは、いつもやまゆり園を利用してくれていました。作業の時も普段もホームの仲間たちを優しく見守ってくれました。将来、グループホームで暮らしてもらいたいなぁ、と願っていたところでした。

にじホーム（5人死亡）

女性（35）あなたは、フルーツとコーヒーが大好きでしたね。やまゆり園で暮らすようになってからも、お母さまから受けた愛情を感じながら、笑顔で過ごしてくれました。

女性（55）あなたは、6月ごろによく1泊旅行に行っていました。旅行はとても楽しんでもらっていましたが、帰ってきてから疲れて寝込むこともありました。それでもすぐ元気になって、皆さんと一緒にお散歩をしたり、作業にいそしんでくれましたね。

女性（46）あなたは、ディズニーランドが大好きでした。体調が優れない時もいつも元気に振る舞ってくれて、ミッキーマウスの歌をよく歌ってくれました。いつか一緒に行きたかったですね。

女性（65）あなたは、とても働き者でした。古いやまゆり園の建物だった時代には作業に汗を流し、せっせと洗濯物を畳んでくれました。体調を崩してからも、職員の声を聞いてうなずいてくれました。おなかをポンポンとたたいて合図をくれましたね。

女性（65）あなたは、いつも笑顔で仲間の中心にいました。ご家族と一緒に日帰りで外出しましたね。その時すごくうれしそうに過ごしてくれていたのを覚えています。

はなホーム（5人死亡）

美帆さん（19）あなたとの思い出は、これからたくさんつくっていくつもりでした。短期利用で来てくれた時も、かわいらしい笑顔で一躍人気者になりましたね。

女性（60）あなたは、どんな困難にも負けない強い人でした。重い病気になった時も、お父さまの励ましに応えるように回復してくれました。

女性（26）あなたと一緒に出かけた時にパンを食べました。とてもパンが好きだとその時まで知りませんでした。もっとおいしいパンを一緒に食べたかったですね。

女性（70）あなたは、ソーラン節を歌ってあげると、とても喜んでくれました。もっともっと歌ってとねだってくれましたね。行事の時もお兄さまと一緒にステージを見て音楽を楽しんでくれました。

女性（40）あなたの笑顔に会いたくて、いつも「はなホーム」にお邪魔していました。毎日の食事、おいしそうに召し上がってくれました。お散歩やドライブ、一つ一つを楽しみながら過ごしてくれました。

やまゆり園主催のお別れ会のように犠牲者19人の生前のエピソードや人柄を読み上げて偲《しの》ぶ手法は、事件後の毎年7月に開かれている神奈川県主催の追悼式でも踏襲されることになった。ただ、園関係者のみのお別れ会とは異なり、一般参列者も出席する公の場となる追悼式では19年までの過去3回とも、犠牲者全員の名前と写真が伏せられた。

県によると、名前を出したり匿名でも遺影を掲げたりするのに理解を示す遺族がいる一方、「マスコミの取材に追われたり、他人から心ない言葉をかけられたりするのではないか」「そっとしておいてほしい」といった意見も少なくないという。県の担当者は「遺族を二次被害から守ることを一番に考えたい」とする一方、一般参列者からは式典の形骸化や事件の風化を懸念する声も上がる。

３　拘置所から届いた手記とイラスト

青い表紙の大学ノート

殺人罪などで起訴され、接見禁止の措置が解けた直後の２０１７年3月以降、植松聖は神奈川新聞記者との接見や手紙のやりとりに応じてきた。裁判に向けて横浜地裁が実施することを決定した2度目の精神鑑定を受けるため、立川拘置所（東京都立川市）に勾留されていた18年3月。植松は事件を起こした背景を知ってほしいと、事件直後の行動や心情、拘置所での暮らしぶりなどをつづった「手記」を記者に寄せた。

青い表紙の大学ノート。Ｂ５判に横書きで計22枚、１万２５４１字。黒色のボールペンを使い、終始、丁寧な言葉使いで小さな文字がびっしりと並んでいた。映像を見ているかのように、情景や心理描写が具体的に描かれている（一部抜粋、原文まま）。

犯行直後、自ら出頭した警察署

津久井署に向かう途中、コンビニへ寄りタバコとエクレア、コーラを買いました。コンビニから津久井署は車で5分程ですが、その間にタバコを３本吸い、コーラをがぶ飲みして、エクレアは半分しか食べきれず署に着いてしまいました。

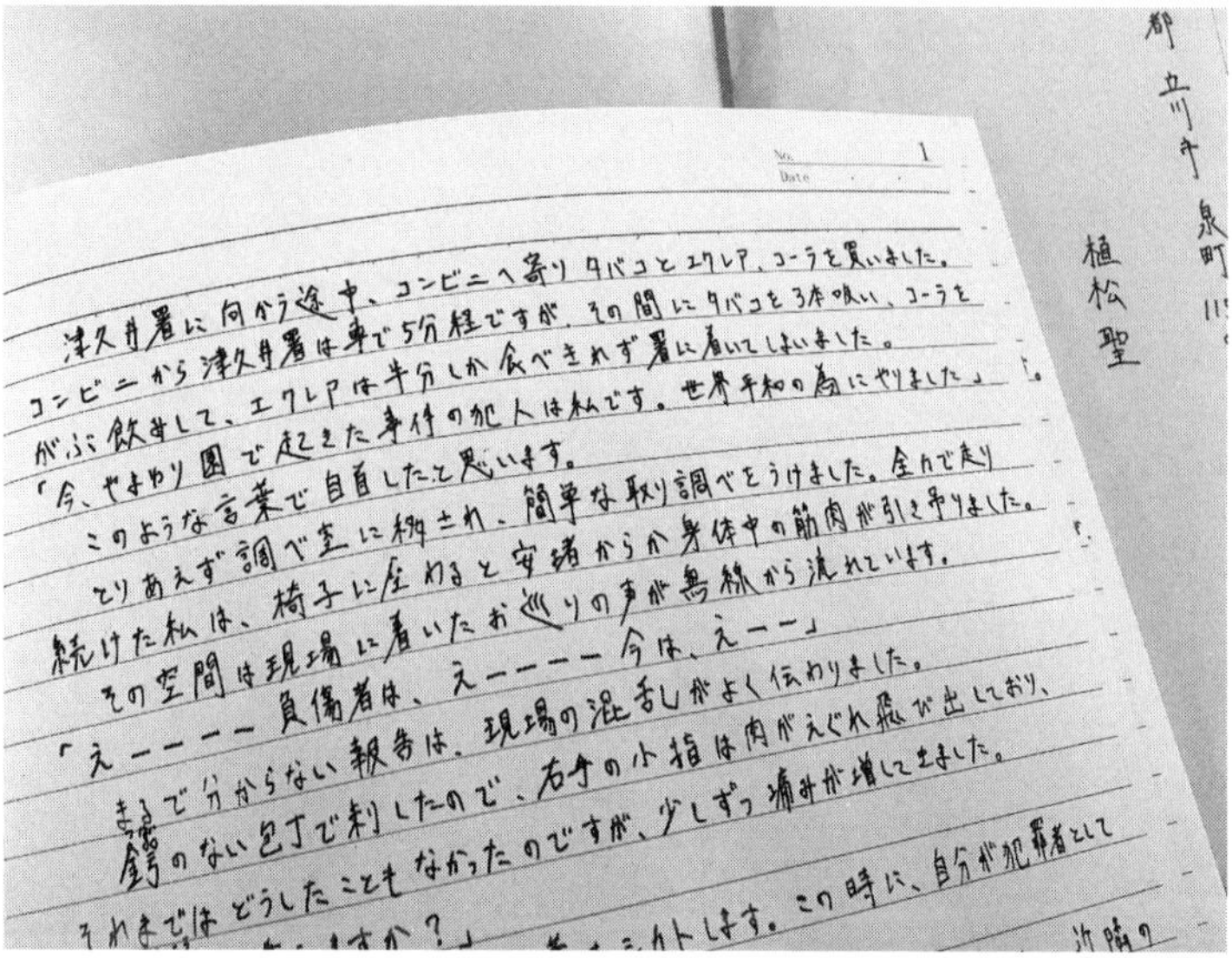

No. 1
Date

津久井署に向かう途中、コンビニへ寄りタバコとエクレア、コーラを買いました。コンビニから津久井署は車で5分程ですが、その間にタバコを3本吸い、コーラをがぶ飲みして、エクレアは半分しか食べきれず署に着いてしまいました。

「今、やまゆり園で起きた事件の犯人は私です。世界平和の為にやりました」

このような言葉で自首したと思います。

とりあえず調べ室に移され、簡単な取り調べをうけました。全力で走り続けた私は、椅子に座ると安堵からか身体中の筋肉が引き吊りました。

その空間は現場に着いたお巡りの声が無線から流れています。

「えーーーー負傷者は、えーーーーー今は、えーー」

まるで分からない報告は、現場の混乱がよく伝わりました。

鍔のない包丁で刺したので、右手の小指は肉がえぐれ飛び出しており、それまではどうしたこともなかったのですが、少しずつ痛みが増してきました。

この時に、自分が犯罪者として

都 立川市 泉町 115
植松聖

植松から記者に届いた手記

「今、やまゆり園で起きた事件の犯人は私です。世界平和の為にやりました」

　このような言葉で自首したと思います。全力で走り続けた私は、椅子に座ると安堵《あんど》からか身体中の筋肉が引き吊りました。

　その空間は現場に着いたお巡りの声が無線から流れています。

「えーーーー負傷者は、えーーーー今は、えーー」

　まるで分からない報告は、現場の混乱がよく伝わりました。

　鍔のない包丁で刺したので、右手の小指は肉がえぐれ飛び出しており、それまではどうしたこともなかったのですが、少しずつ痛みが増してきました。

「絆創膏《ばんそうこう》を貰《もら》えますか？」

　無愛想なおじさんは、その言葉をシカトします。

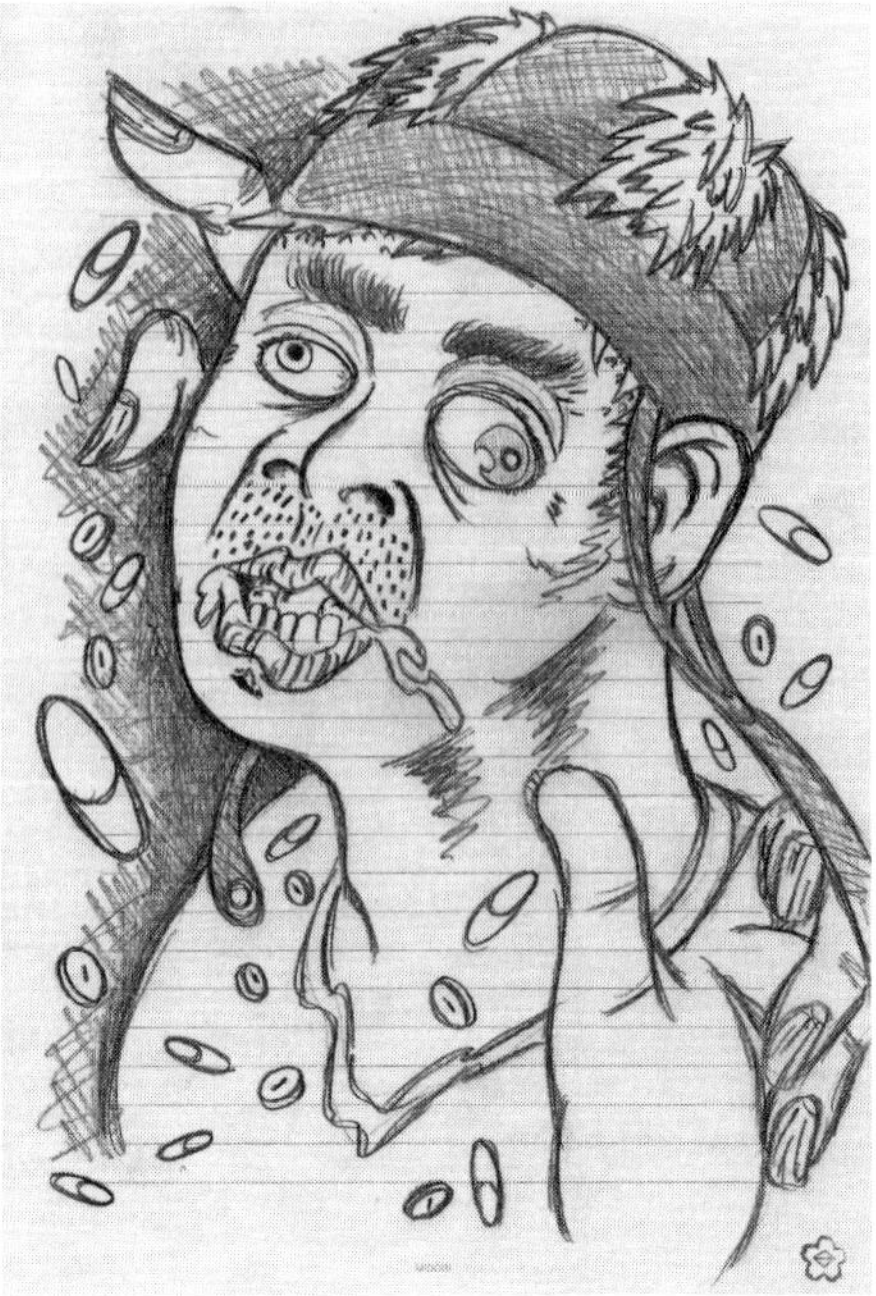

「心失者」を表現したというイラスト

この時に、自分が犯罪者として扱われている自覚を持ちました。

警察での最初の取り調べ

これから調べが始まります。

私は24日から26日までの間に2時間程マンガ喫茶で横になっただけですので満身創痍だったのですが、警察は寝かせないように嫌がらせをしてきます。

目を閉じればとなりの部屋から壁を叩き、寄りかかると机を動かしてきます。

はじめに「黙秘します」と伝えましたが、それは「とにかく寝かせてほしい」という意味でした。

机にふせて少し眠ると大分楽になりました。

そこで第一に、遺族の皆様に対して謝罪の言葉をお伝えしました。

心失者（※）を殺すことは人類にとって正しい判断ですが、それまで人生の多くを費やしてきた家族を、ふいに奪われては遺族の心を傷つけると考えました。

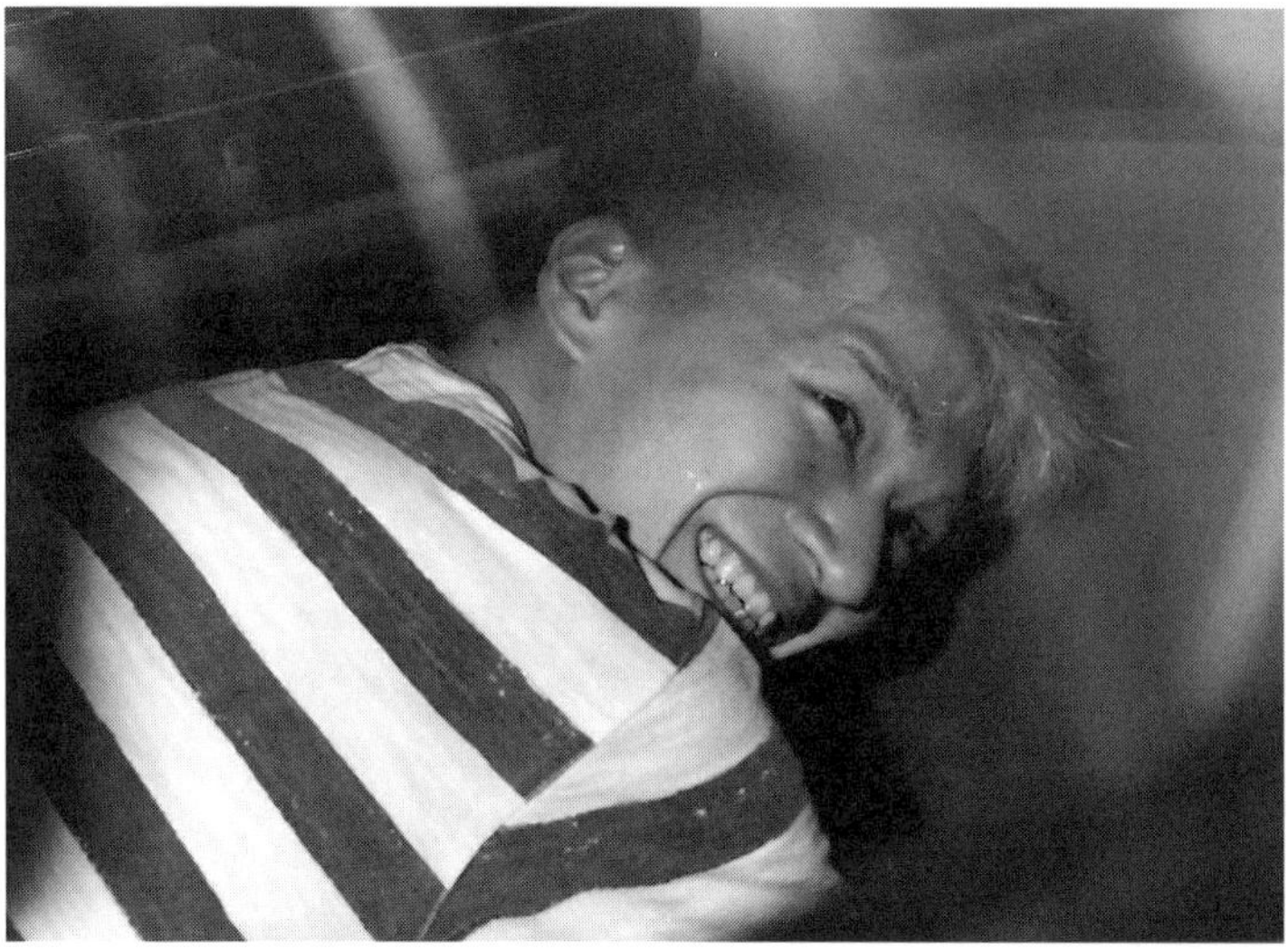

逮捕翌日、神奈川県警津久井署から横浜地検に送検される植松
（2016年7月27日、写真提供：共同通信社）

とは言え、心失者を認める理由はひとつもありません。

人の役に立ちたいと想う心が人間の証しであると考え、「障害者」と「心失者」の区分を明確にすることが、私の役目と考えております。

※植松の造語。しんしつしゃ。人の心を失った者という意味で、主に「意思疎通の取れない重度障害者」を指すという

逮捕翌日の送検時の心境

朝起きると「今日は検察庁に行くから、外にはカメラが来ているよ」と言われましたが、私は上衣で顔を隠すつもりでいました。

なぜなら逮捕前ツイッターに出した写真は格好良く（私なりに）撮れた物でしたので、今はボロボロにむくんでいるし、髪はセットしていません。

しかし、考えれば夏場に上衣はありません。イ

メージと違いましたが、すぐに車は走り出した為にとりあえず顔をうずめることにしました。警察署から車が出るとすごい数のシャッター音が聞こえます。窓ガラスはスモークですが、おかまいなしに全てが照らされています。

私は、観たことのない世界に対する好奇心から、顔をあげてしまいました。

バヤッシヤヤーー!!

と、目の前は光しかみえなくなりました。衝撃的な光を浴びた後は、人の大波が突撃してきます。鬼の形相でカメラを叩きつけるように押しつけていますが、その表情は車に体当たりする恐怖よりも、写真を絶対に撮る気概がありました。

私は自分の行為に反省すべき点（安楽死でなかった）はありますが、罪の意識はありません。とは言え、殺人罪で送検されているのに笑顔は不謹慎だろう。

これからどんな試練にも負けるわけにはいかない様々な感情の中で過ぎた数十秒は、我ながらゾッとするような表情を世に晒すことになりました。

衆院議長公邸に手紙を出すまで

「意思疎通がとれない者を安楽死させる」

これを思いついてから1週間ほどで総理大臣宛に手紙を書き終えました。検察で改めて内容を読みましたが、自分でも恥ずかしくなる支離滅裂な文章で「ずいぶんイカれてますね」そう伝えると、検事さんは笑っていました。

私にとってこの発案はイナズマが落ちたような衝撃でした。その熱意を帯びて自民党本部に手紙を渡しに行きましたが、周辺はとんでもない数の警察官で守られており、一般人の入る隙間がありません。それらしい所はないか歩き調べていると、警備の薄い衆院議長の公邸を見つけたので、試しにインターホンを押し、手紙を受け取って貰えました。

３日連続で手紙を渡しに行きましたが、後日、園長から呼び出しをうけて退職するよう促されますが、皆殺しにできると予告したのですから、それも当然です。

劣等感を抱いたトラウマ

私が劣等感を抱くには様々な要因がありますが、「不完全な自分」を痛感した一番印象に残っているでき事は「パンダ事件」です。

それは、ハロウィンに精巧なパンダの着ぐるみを着ていった時のことで、街を歩くだけで道ゆく全ての人々が大喜びします。そのままクラブに行っても大人気で、なにをしても大ウケです。

しかし、着ぐるみの中はとても暑く、一度着ぐるみを脱ぐと周りは嘘のように冷たくなりました…（苦笑）。

あんなに笑顔でおどっていたギャルも知らん顔、あれはトラウマですね…

「超人」への強い憧れ

私は「超人」に強い憧れをもっております。

私の考える超人とは「才能」＋「努力」を重ねた人間ですので、凡人以下の私では歯が立ちません。しかし、アルベルト・アインシュタイン氏いわく「天才とは、努力を続けた者」と定義しています。

人間の才能は人並みより劣って生まれてくると、人並みになろうと努力するので能力はどんどん高くなり、人並みになったからといってブレーキをかけるわけではないので、能力はさらに高くなります。コンプレックスがハネになって人並み以上の才能をつくるというのは、組織工学の鉄則です。

措置入院中の出来事

仕事を辞めて警察の調べをうけ、そのまま措置入院となります。

隔離病棟には普通の部屋と保護房の2種類があり、はじめの10日間位は保護房に入れられました。部屋には監視カメラが付いており、壁と床はクリーム色で統一された如何にも頭のおかしい空間でトイレしかありません。

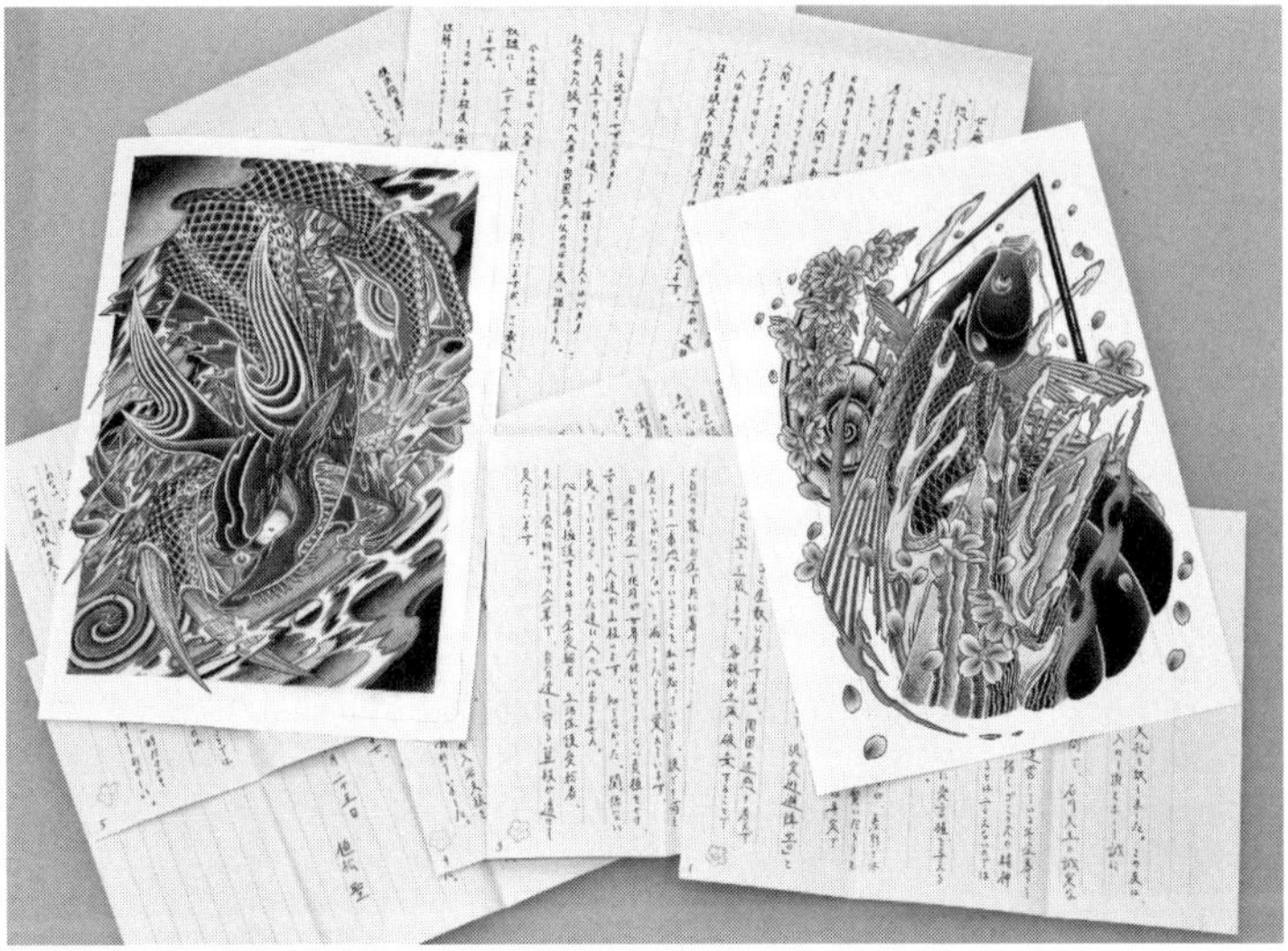

植松から記者に届いた手紙やイラスト

何もすることがありませんから、私はずっと考えました。

警察官、医者や看護士に私の主張を伝えても「うーん…」と言葉を濁すだけで否定も肯定もしません。

死について考えることは楽しくないですし、正直恐くつまらない話ですが、それはもう時間切れです。嫌なことから逃げて、何も考えずにボケた方が楽かもしれませんが、それでは人間のもつべき〝理性と良心〟を放棄しています。大変恐縮ではございますが、死と向き合い、死を受け入れるべきです。

拘置所での暮らし

監禁経験がある方に共通していると思うのですが、毎日のように夢をみます。日常生活がつまらないため、眠っている時は自由が欲しいと考えているのかもしれません。たまにスケベな夢をみるのも気晴らしの1つです。

便せんに描かれたイラスト

1日1回の面会を除き、外部との接触が制限される勾留生活で、植松はもともとの趣味である絵を描くことにも多くの時間を割いた。

死刑判決が確定する20年3月までに神奈川新聞記者に送られてきたイラストや漫画などは計16枚。拘置所では使える画材が限られていたため、ボールペンや色鉛筆などを使って便せんに描かれていた。

同封されている手紙にはイラストに関する説明がほとんどなく、接見時に記者が直接聞き取った（作品名の下のカッコ内は、イラストが同封されていた手紙に記されていた日付）。

短編漫画「REPORT」（18年12月4日）P61

B6判の便せん4枚に描かれた短編漫画。精神科医や障害者施設職員、研究者らに次々に質問をぶつけるインタビュー形式でストーリーは展開される。植松は接見で「いまの社会を見た感じをそのまま描いた」と明かした。

最後のページには観客とみられる、顔にシワの多い「へのへのもへじ」が登場。それまで大笑いしていたが、「年金が足りません」「日本は借金だらけ」という話が出ると一気に静まりか

REPORT
障害者殺傷事件をどう思いますか？
酷い事件です。共に生きる社会を目指します。
介護殺人はどう思いますか？
現実みれば気持ちは判りますよ。
安楽死は必要です。
REPORT
トランプ大統領をどう思いますか？
弱い者をイジメて自分の事ばかり、許せません。
資本主義はどう思いますか？
あんまり判りません。
REPORT
私は社会保障と憲法、人権を研究した者だ。
介護殺人・無理心中をどう思いますか？
インクルーシブな環境をつくるべきだヨォ
100%正しいッ
教科書にも書いてあるだろう。
REPORT
精神科医だけど神じゃありません。
患者が回復できる限りの事はします。
自分が意思疎通とれなくなっても延命しますか？
…判らない。
REPORT
介護施設ではご利用者様と職員が協力し、毎日楽しく生き生きと暮らします。
どんな時に楽しいと感じますか？
んなアうんなっなーんッんいィー
今日も元気一杯ですねッ
REPORT
男性の死体が発見され、同居していた女性を死体遺棄の疑いで逮捕しました。
どうして旦那さんを殺害しましたか？
デリィトッ!! お前を削除するゾォ!!?!!
不起訴処分（即無罪）
ESCAPE
ワハハ
あの世は良い所に決まってるッ
ガハハハ
アーッハハハ
帰ってきた奴はいないッ
イヤー
年金が足りませんッ
日本は借金だらけッ
ワハハァ
ここにあるのは
ガハハハ
アーハッハハ
シワだらけ
イヤーッ

短編漫画「REPORT」

左頁
左上: 十一面観音（カラー）
右上: 「失敗作」の観音像（モノクロ）
　下: 「不動心」

右上: オードリー・ヘプバーン
左上: ジャスティン・ビーバー
右下: アルバート・アインシュタイン
左下: 独居房の机上

える様子が描かれている。

拘置所のラジオで流れていた漫談で実際にあった場面を再現したといい、「その場面がすごく印象に残った。人は嫌なことは聞きたくない、ということ」と語った。

人物画と独居房の机上（18年12月23日）P62

映画「ローマの休日」で知られる女優オードリー・ヘプバーン、カナダ出身の人気歌手ジャスティン・ビーバー、理論物理学者アルバート・アインシュタイン、自身が生活する独居房の机上を描いた画。鉛筆とボールペンを使って描かれていた。

接見時、植松から「世界一格好いい男と、世界一の美女を描きたい」というリクエストがあり、世界一格好いい男は指名されたが、世界一の美女については記者に任され、それぞれの画像のコピーを郵送した。

イラストが同封された手紙には「美女を選ぶなら彼女で間違いございません。綺麗なコピーを頂けた御陰ですぐに似顔絵を描くことができました」とあった。

特に、ジャスティン・ビーバーについては、後日の接見で「うまく描けたと思う」と自賛した。

独居房の机上は、勾留生活の一端を知るために記者からリクエストした。木製の机にやかんと鉛筆、鉛筆削りが描かれている。

観音像（19年1月31日）P63

頭部に11の顔を持つ菩薩「十一面観音」。支援者から差入れられたコピーを参考に色鉛筆で描いたといい、「格好いいから、以前から描いてみたかった。それ以外の理由はない」と植松。背景はさまざまなモチーフを独自に組み合わせて描いたという。

色の塗られていない観音像は描き直し以前のもので「失敗作」。後日送られてきた手紙には「さっそく色塗りを始めたのですが、沢山の間違いに気づいてしまいました」と理由が添えられていた。

「不動心」（18年11月14日）P63

イラストが作品の大半を占める中、唯一送られてきた書。筆ペンで「不動心」と書いた。赤いボールペンで、右上に「植松」、左下に「聖」の落款《らっかん》を表現したという。

この文字を選んだ理由を尋ねると、「格好いいと思う言葉だから」。「聖」の落款が顔のように見えるという記者の指摘には「意識しているわけではないが、元々、表情のように見えますよね」と笑顔で応じた。「あまりうまくない」として、公開には消極的だった。

第2章

植松聖という人間

執筆　石川泰大
デスク　高田俊吾

1　植松死刑囚の生い立ち

裁判始まる

２０２０年1月8日。朝から冷たい雨が降り注ぐ横浜地裁（横浜市中区）近くの象の鼻パーク。障害者19人を殺害し、殺人などの罪に問われた被告・植松聖の裁判員裁判の初公判を前に、傍聴券を求める人が長い列をなした。一般傍聴席26席に対し、並んだのは１９４４人。倍率は約75倍に達した。

午前11時すぎ。毛先に事件当時の金髪がわずかに残る長い黒髪を後ろで束ね、黒のスーツに青いネクタイ姿の植松が緊張した面持ちで、横浜地裁で最も広い１０１号法廷に姿を見せた。植松本人や一般傍聴人の目に触れないように、遺族や被害者家族が座る傍聴席には仕切りが設けられる異例の措置がとられた。

裁判長に促され、植松が証言台の前に進む。

裁判長「名前は」

植松　「植松聖です」

裁判長「職業は」

植松　「無職です」

裁判長「検察官が読み上げた起訴内容に間違っている部分はありますか」

植松　「ありません」

罪状認否を終え、植松が弁護側後方にある自席に1、2歩戻りかけたところで、弁護人が追加で植松の発言を求めた。裁判長が「簡潔に」と許可すると、植松は再び証言台に歩み寄り、「皆さまに深くおわび致します」と小さな声で述べた。その直後だった。突然、口元に右手の小指を当てて前かがみになり、「うー」と低くくぐもった声を上げ始めた。

「やめなさい」

「やめさせてください」

裁判長の制止を命じる声が法廷に響いた。4人の刑務官が一斉に植松を床に押さえつけ、1分以上にわたってもみ合いが続いた。廷内は騒然とし、開廷からわずか15分足らずで休廷に。午後の審理は被告不在のまま再開され、「戦後最悪」とされる殺傷事件の裁判は波乱の幕開けとなった。

「自分なりの誠意を示したかった」。後日、植松は記者との接見で、小指をかみ切ろうとしたが骨が硬くかみ切れず、翌朝、拘置所の独房で再びかみ切った、と語った。包帯を外して目の前に差し出した小指は第一関節付近から先がなく、赤黒いかさぶたが傷口を覆っていた。

遺族への謝罪に不可欠と考えた任侠映画さながらの自傷行為。彼なりの美学の源泉はどこにあり、19人もの命を奪った事件とどうつながるのか。横浜地裁の裁判員裁判で明らかにされた証拠や証言、関係者へのこれまでの取材、神奈川新聞記者との接見で語った植松自身の発言から、その半生をたどる。

小学校時代

東京都と山梨県との境に近い神奈川県北西部。高尾山を東に仰ぎ、相模湖を抱える自然豊かな山あいの小さな集落——相模原市緑区の千木良《ちぎら》地区。植松が幼少期から過ごした地域の中心部に、県立知的障害者施設「津久井やまゆり園」は建つ。

父親は小学校教諭、母親は漫画家。植松は園から８００メートルほど離れた一軒家で、経済的に恵まれた家庭の一人っ子として育った。

就学前に発育や発達の遅れを指摘されたことはなく、両親にとっては「素直で手の掛からない子」だった。忘れ物が多く、こだわりが強かったものの、多くのペットをかわいがり、周囲とのコミュニケーションに大きな問題はなかった。

小学校は地元の公立校に通った。１学年30人程度の小さな学校。勉強はやや苦手で「中の下」。周囲からは「さとくん」と呼ばれ、明るく、人懐っこい性格だった。同級生と１学年下に１人ずつ、知的障害のある子どもがいた。

「園が近くにあり、障害者は誰にとっても身近な存在だった」
「本人から障害者への偏見や差別的な発言は聞いたことがない」

裁判で明らかにされた友人らの供述調書には、植松の差別的な言動についての証言は見当たらない。だが、植松が当時から障害者への偏見を抱いていたことをうかがわせるエピソードがあった。

第11回公判（20年2月6日）。遺族の代理人弁護士が意外な質問をぶつけた。

代理人弁護士　「小学校の時、障害者はいらないという作文を書きましたね」
植松　「低学年の時だったと思います」
代理人弁護士　「小中学生の時に親や友人に障害者に対しての考えを話したことは」
植松　「友人に『育てられないよな』と話したことはあると思います」

法廷でのやりとりでは作文の具体的な中身には触れなかった。だが、いつもコメントを書き込んでくれる教師が、この時は何も書いてくれなかったという。

どんな内容だったのか。数日後の接見で記者が尋ねると、植松は屈託のない笑みを浮かべて語った。

「戦争をするなら障害者の背中に爆弾を付けて敵陣に突っ込ませるのがいい。そうすれば、戦争に行く人が減るし、（障害者の）親にとってもいいアイデアだと」

作文を書いたのは小学2年生のころだったという。植松はこう付け加えた。

「でも、友人から『こっちに突っ込んできたら危ねえだろ』って言われました。まあ確かに、と」

高学年の時には、声を上げて走り回ったり暴れたりする同い年の障害児を見て、「親や先生が大変だと思った」。中学生の時には、年下の障害児に階段から突き落とされた友人が前歯を折る出来事があった。「駄目なやつ」。植松はその障害児の腹を殴ったという。

「いま振り返れば、あのころの出来事が（自分の考えの）原点というか、芽になっているのかもしれない」。アクリル板越しの植松は納得したように、何度かうなずいた。

中学・高校時代

地元の公立中学校に進み、バスケットボール部に所属した。友人らと飲酒や喫煙、万引などを繰り返し、不良少年たちとの付き合いもできた。親や教師に反発して壁を殴って穴を開けたり、学習塾の窓ガラスを割ったりもした。だが、両親は「反抗期のごく普通の子」と捉え、さほど気にしていなかった。次第に暴れなくなっていったという。

中学卒業後、植松は東京都八王子市にある私立高校へ進学した。「おしゃれで面白そう」という理由で、調理科を選んだ。勉強は変わらず、「中の下」。授業中は居眠りをしていることが多かった。中学、高校では2人ずつと交際したという。

当時、どんな性格だったのか。裁判で読み上げられた高校の同級生で植松と交際していた女性の証言から、その人物像が浮かび上がってくる。

その人物評は「クラスのリーダー的存在」。体育祭のダンスの練習で面倒臭そうにしている同級生に大声で「やるぞー」と呼びかけ、場の雰囲気を明るくさせた。

女性は高校1年生の8月ごろに植松から交際を申し込まれ、2年生の秋か冬まで付き合った。植松は交際から1年の記念日に友人と内緒で選んだという指輪をプレゼントしてくれ、けんかした後は仲直りするために花束を用意するというサプライズで女性を喜ばせた。

週末には互いの実家を行き来した。女性が植松の自宅を初めて訪ねた時のこと。息子の彼女をあまり良く思わないのでは、と身構えていたが、初対面の母親は「あら、かわいいわね。聖、よかったじゃない」と優しく迎えてくれた。

父親は物静かで取っ付きにくい印象があったが、昼食にパスタを作ってくれた。植松は両親に女性とデートでどこに出かけたかも話しており、家族仲は良さそうに見えた。

女性の母親も植松に対して「はきはきとあいさつができる明るい子」と好印象を抱いていた。

「交際中の彼は根が純粋で優しかった」。女性はそう振り返った。

ただ、短気な面もあったようだ。気に入らない教師からベルトの色を注意された時には教卓を投げ飛ばしたり、ごみ箱を蹴って壊したりした。1、2年生のころだけでも同じようなことが少なくとも10回ほどあった。

２年生の夏には、バスケットボール部のほかの部員を殴って１カ月の停学処分を受けた。植松がちょっかいを出し、ボールをぶつけられたことが原因だった。３年生になると暴れることもなくなり、徐々に落ち着いていった。

大学時代

その後、植松はＡＯ入試で帝京大学文学部教育学科（現教育学部）へ進んだ。進学する際に「教師を目指そうと思っている」と伝えると、親は「いいんじゃないか」と背中を押したという。

当初は真面目に単位を取得し、教職のために学童保育所（放課後児童クラブ）でのアルバイトも始めた。学業の傍らフットサルサークルに入り、充実した学生生活を送った。

同じサークルに所属していた２学年下の別の女性から見た植松は「明るい性格で人気者」。会話になかなか入れない後輩を輪の中に入れようとする気遣いができる優しさがあった。

特に印象に残っているのは、サークル仲間で入った居酒屋での出来事。見ず知らずの年配者に話しかけられ、他の仲間たちが面倒臭そうにあしらう中、植松だけは熱心に話に耳を傾けていた。学年や性別を問わず友人が多く、後輩からの相談にも真剣に乗っていたという。

しかし、別の顔もあった。大学２年生になると、出会い系サイトを使って女性と会い、クラブに頻繁に出入りするようになり、学業はおろそかになっていった。

当時の変貌ぶりは、法廷で朗読された幼なじみの男性らの供述調書からも読み取れる。

「高校時代は真面目で物腰柔らかいおとなしい性格だったが、20歳ごろからはっちゃけた感じになった」

「髪の色を茶色くし、服装が派手になり、チャラくなってはじけていた」

大学2年生の冬ごろには危険ドラッグに手を出すようになった。週4、5回の頻度で乱用していた。植松は高校時代の友人に「ほぼ毎日吸っている。吸いすぎて効いている時と効いていない時の境目が分からなくなってきた」と話した。

大学のスノーボードのサークルに所属し、イベントを通じて知り合ったという男性は「基本的に明るくて面白い奴。みんなで騒ぐのが好きだった。危険ドラッグを吸うと少し陽気になる感じで、異常な言動は見られなかった」と振り返る。

大学3年生ごろには両肩や背中に入れ墨を彫った。高校時代の元交際相手の女性の携帯電話には、背中の広範囲に彫られた入れ墨の画像が送られてきた。驚いた女性が「先生になるんじゃないの、ばかじゃないの」と連絡すると、植松は「ばれないようにする」と笑っていたという。

裁判所の依頼を受けて植松の精神鑑定に当たった男性医師は、当時の精神状態について「自分より格上の人物を敬い、影響を受けるようになった。快楽的な考えが強まり、その考えに基づいて優先的に行動するようになった。それは就労後も続いた」と法廷で証言した。

教職を断念

大学4年生になった11年5〜6月、母校の小学校で教育実習をした。3年生のクラスを担当し、休み時間には子どもたちと楽しそうにサッカーやドッジボールに興じていた。当時、授業を受けた女子生徒は取材に「(植松は)自分から子どもたちに声をかけてくれ、放課後は鬼ごっこをした。他の先生や児童から『いい人』と評判だった」と明かす。指導に当たった女性教諭も「明るい性格で、アドバイスには素直に応じていた」と語った。

実習の総合評価は１００点満点で70〜79点に該当する「B」。その所見にはおおむね肯定的な評価が並ぶ。

「朝、児童玄関に立ち、気持ちのよいあいさつで子どもを迎えていてやる気を感じた」

「分からないことを聞き、学ぼうとする姿勢があり、熱心である」

「子どもと過ごす時間を大事にし、自分から積極的に声をかけることができた」

12年3月の卒業時には東京都教育委員会から小学校教諭一種の免許を取得した。だが、植松は教師になる夢をあきらめ、教員採用試験を受けていない。

「子どもたちの大切な時間に関わるなら、それなりの責任がいる。勉学に励んでいなかった自分に、その資格はないと思った」

被告人質問で理由を問われた植松は、そう答えた。教員の道を断念したことを両親に報告すると、「『あら、そう』と少し残念がっていたかもしれない」と振り返った。

やまゆり園に就職

植松が就職先に選んだのは、トラックで自動販売機に飲料を補充する運送会社。「楽そうだから」というのが理由だった。周囲との目立ったトラブルはなく、月給23万、24万円を得ていたが、「夜が遅く、体力的に持たない」とわずか8カ月余りで退職した。

やまゆり園で働くきっかけとなったのは、地元の飲み会で会った園に勤める幼なじみの男性の一言だった。「利用者と一緒に散歩していると楽しいよ」と話すと、植松は「へえ、俺もやってみようかな」と興味を示し、男性の話に真剣に聞き入ったという。

「園と縁の深い地域で育ち、障害者に対する否定的なイメージを全く持っていなかった。それは彼も同じだったと思う」。事件後、捜査機関の聴取に男性はそう答えた。

12年8月、植松は園の指定管理者「かながわ共同会」が主催する就職説明会に参加した。提出したエントリーシートには学生時代の特別支援学校での実習や学童保育所での3年間のアルバイト経験を挙げ、「責任感を通じて成長した。学んだことを生かしたい」と書いた。

自己ＰＲの作文では、自身の人生でプラスになった事柄を紹介。小学5年生から高校3年生まで続けたバスケットボールの部活動で「忍耐力」を身につけ、学童保育所では「思いやり」

を学んだと記した。園には「明るく、意欲があり、やる気も感じられる。伸びしろがある」という記録が残されている。

内定を得た後、植松は運送会社を退職した翌月の同年12月から園で非常勤職員として働き始めた。２カ月後に臨時的任用職員として男性専用「つばさホーム」に配属され、13年4月からは常勤職員として男性専用「のぞみホーム」の担当になった。

園の家族会が5月に発行した機関誌「希望」。新人職員の紹介欄には黒縁メガネをかけ、スーツ姿でほほ笑む植松の写真とともに、仕事への前向きな抱負がつづられている。

《心温かい職員の皆様と笑顔で働くことが出来る毎日に感動しております。仕事では、毎日が分からない事だらけです。右も左も分かりません。経験豊富な先輩方の動きを盗み、仕事を覚えていきたいと考えています。今は頼りない新人です。しかし、一年後には仕事を任す事の出来る職員を目指して日々頑張っていきます》（原文まま、抜粋）

当初、周囲の友人らにも「仕事が楽しい」「こうしてあげると喜んでくれる」と身ぶり手ぶりを交えて入所者と

のぞみホーム

のぞみ　植松　聖

初めまして。この度のぞみホームで勤務になりました植松　聖です。心温かい職員の皆様と笑顔で働くことが出来る毎日に感動しております。仕事では、毎日が分からない事だらけです。

右も左も分かりません。経験豊富な先輩方の動きを盗み、仕事を覚えていきたいと考えています。今は頼りない新人です。

しかし、一年後には仕事を任す事の出来る職員を目指して日々頑張っていきます。これからも宜しくお願い致します。

津久井やまゆり園家族会の機関紙の新人紹介欄

の生活を語っていた。

ある友人には「障害者はかわいい」と満足げに話し、別の友人には「入所者が暴れると止めるのが大変」と漏らしつつも「慣れるとかわいいんだよ」と語った。

就職活動で悩む大学時代の後輩女性には「仕事ってお金のためじゃなく、やりがい。施設では入れ墨を入れていても、（入所者が）きらきらした目で接してくれる」と語り、こうも続けた。「いまの仕事は自分にとって天職なんだ」

当時、交際していた女性も園の近くを車で通りかかった際に植松が散歩する入所者を見て、「あの人、かわいいんだよ」と楽しそうに話す姿を覚えている。

だが、同年5月には入所者の男性の手首に黒いペンで「腕時計」のいたずら書きをしたことが発覚。入所者のいない部屋で寝ていたり、終業時間前に帰ってしまったりして上司から注意を受けることもたびたびあった。

14年暮れには、入所者の入浴介助をしている時に背中全体に般若やおかめの入れ墨があるのが同僚に見つかった。15年1月、植松は入れ墨が入った背中の画像とともに、「会社にバレました」というメッセージを自身のツイッターに書き込んだ。

入所者への否定的な言動

園で働き始めて2年目に入ったころから、障害者への否定的な言動が目立ち始める。

地元の幼なじみの男性は「障害者はかわいそうだ。食事もひどく、人間として扱われていない」と話すのを聞いた。大学時代の同級生の男性は「障害者は『あー』とか『うー』とかしか言えない。言うことを聞かないから大変」「職員は死んだ魚のような目をして希望もなく働いている。障害者の頭をたたくのを見た」と言うのを聞いた。

第９回公判（20年１月27日）。被告人質問で検察官に問われ、植松は園での勤務を振り返った。

「大の大人が裸で走り回っていて。入浴ですが。なかなか見たことのない景色だったので驚きました。自分で排せつできない人がこんなにいるんだなと」。受け答えは簡潔で、考え込んだり言いよどんだりすることは少ない。

入所者の家族の印象については「入所している人は気楽だが、短期の人は重苦しい雰囲気だと思いました」と説明した。普段は自宅で暮らし、たまに数日間だけ園を短期利用する障害者の家族は疲れているように映ったという。

職員についてはこう語った。

「少し感覚がずれてしまうのかなと思いました。（入所者を）人間として扱えなくなってしまうと思いました」

「口調が命令的。流動食はただ流し込むだけの作業でした。人間ではないと思いました」

職員は入所者に暴力を振るっていたのか。そう問われると、「そういう話は聞いたことがあります」と回答。見たことはあるか、との質問には「あー、どうだろ。暴力はよくないと初めは思っていました」とあいまいにうなずいた。
検察官は穏やかな口調を続けながら、障害者への差別的な思考が形成された背景を掘り下げていく。

検察官　「あなたは暴力を振るったことはありますか」
植松　「無駄な暴力を振るったことはありません」
検察官　「無駄ではない暴力とは」
植松　「しつけだと思って振るったことはあります」
検察官　「しつけとはどんなもの」
植松　「職員が甘やかして、自分で食べるように促しても食べられなくなって」
検察官　「それでどうしましたか」
植松　「鼻先を小突きました」
検察官　「食べようとしないから、鼻先を」
植松　「犬にも鼻先を小突いてましたんで」
検察官　「動物のしつけと一緒だと」
植松　「はい」

「園の勤務経験から意思疎通の取れない障害者はいらないと思ったのか」と検察官から問われると、植松は「はい」と答え、検察官が畳みかけるように「不幸を生み出すと思ったのか」と聞くと、再び「はい」と応じた。その返答に迷いはなかった。

園で何を経験し、何を見たのか。植松は裁判でも接見でも多くを語ろうとしなかった。精神鑑定医が法廷で明かしたエピソードでわずかにその断片を垣間見ることができる。その内容はおよそ次のようなものだった。

入所者の排せつ処理を介助する際、冷たいタオルでおしりを拭くと「温かいのを持ってこい」と言って職員をたたいたり、園内で行う亡くなった入所者のお葬式の途中で突然、「おやつ」と叫んだりする入所者がいた。植松は「何なんだ」と衝撃を受けた。

働き始めた当初、すれ違いざまに入所者に軽い暴力を振るう職員がいた。植松が同僚らに「暴力はよくない」と伝えると、「最初だからそう思うよね」「２、３年後に同じことが言えるか楽しみだな」などと言われた。

家族はほとんど面会に来ない。障害者年金をギャンブルに使い、植松が入浴時に溺れた入所者を助けてもお礼を言われなかった。入所者を見捨てているように映った。

裁判には園職員らの証人出廷はなく、日ごろの支援実態も取り上げられなかったため、植松が語った園の実態が真実かどうかは裏付けが取れないままだ。

トランプ大統領とイルミナティカード

園で働き始めて以降、植松は障害者への差別的な思考を徐々に膨らませ、「重度障害者は安楽死させるべき」「伝説の指導者になる」などと周囲に吹聴するようになっていく。

社会問題化していた危険ドラッグをやめ、大麻を週2〜4回の頻度で乱用するようにもなった。「大麻は自然なものだから体にいい」と友人らに熱心に勧め、断ろうものなら「何で、何で吸わないの」としつこく迫った。

「意思疎通できない障害者はいらない」。地元の友人らによると、植松が突然そう言い始めたのは、15年6月ごろ。事件の1年ほど前だった。次第に発言はエスカレートしていき、その年の暮れには「税金を障害者に使うのは無駄」「重度障害者は殺した方がいい。俺は殺せる」と主張するようになっていた。

年末の園の忘年会では「利用者を力で押さえつけて恐怖を与えた方が言うことを聞く」と言い出し、その主張を否定した上司と取っ組み合いのけんかになるほどだった。

この時期、植松は世界情勢や政治に強い関心を持ち、米大統領選の候補者だったドナルド・トランプやフィリピン大統領のドゥテルテの過激な発言に影響されるようになっていた。

第8回公判（20年1月24日）。初の被告人質問での弁護人とのやりとりから、障害者への差別的な発言を繰り返すようになった理由の一端が見えてくる。

弁護人「トランプさんのことをどう思いましたか」
植松「とても立派な人だと。いまもそう思います」
弁護人「その理由は何ですか」
植松「勇気を持って真実を話しているからです」
弁護人「たとえば」
植松「メキシコとの国境に壁を造ると言っていました」
弁護人「あなたにどんな影響を与えましたか」
植松「これからは真実を述べていいんだと思いました」
弁護人「あなたの真実とは何ですか」
植松「重度障害者を殺害した方がいいということです」
弁護人「トランプさんはそのような発言はしていなかったと思いますが」
植松「面倒だから関わりたくなかっただけかもしれません」

16年2月、高校時代の元交際相手の女性のもとに無料通信アプリ「LINE」を通じて、植松からこんなメッセージが送られてきた。

「重複障害者は車いすに一生縛られ、どろどろの食事を食べています。拷問です」

「生きている意味がない。税金もかかるし、家族も疲れさせるし、人を不幸にすることしかない。抹殺すべきだ」

自分の知っている優しい性格の彼ではない――。女性はショックを受けながらも、今ならまだ説得できるかもしれないと思い、「もし私の息子が障害を持って生まれてきたとしても、生きてほしいと思う。そういう人もいるんじゃないの」と返信した。すると、植松は「それはきれいごとじゃないですか」とあっさりと切り捨てた。

それでも女性はあきらめず、家族から「授かった命は絶対に生んで育てなければいけない。その使命がある」と言われたことを伝えた。だが、植松は反対意見に耳を貸そうとせず、「重複障害者は排除すべき」という内容のメッセージを立て続けに送ってきた。これ以上やりとりするのが嫌になり、女性はＬＩＮＥをブロックした。その後も、植松からの連絡は無視し続けた。

友人の男性には電話で「安倍（晋三）総理に手紙を出そうと思っている」と伝え、手紙らしき文章を読み上げた。許可が下りれば意思疎通のできない重度障害者を殺害する、という内容だった。「実行すれば世界が共鳴する。障害者への無駄遣いもなくなり、トランプは大絶賛する」とも語った。

もう一つ、植松が強い影響を受けたものがある。オカルト愛好家たちが世界の大きな災害や事件などを言い当てていると信じる米国発祥のカードゲーム「イルミナティカード」だ。

15年暮れ、ある友人は植松からスマートフォンの待ち受け画面を見せられた。そこにはイラストと数字が書かれたカードの画像があった。「東日本大震災の津波を予言したカードや、銀座の時計台が崩壊することを予言するカードもある」。植松は得意げに話した。

元交際相手の女性にもＬＩＮＥでカードの画像が添付されたメッセージが届いた。カードには「伝説の指導者」とされる人物のイラストとともに、「１３０１３」という数字が並んでいた。「これを反対から読むと、『３』『10』『４（３＋１）』という数字が浮かび上がる。それを語呂合わせすると、『さ』『と』『し』になる」「すごくね？」。植松はかなり興奮した様子だった。

植松のカードへの傾倒ぶりを象徴する証言は尽きない。

「13013」のイルミナティカード
（山本弘さん提供）

16年1月ごろ。植松の地元の幼なじみからの紹介で知り合った男性はスマートフォンでカードの画像を見せられた。「このカードは俺のことを言っている。俺は伝説に残る男になる」。真顔で打ち明ける植松は、カードの予言を信じきっているようだった。

男性は以前、植松から「意思疎通のできない障害者を殺害する」という話を聞かされていたため、忠告の意味で「伝説に残るなら死ぬことになるよね」と指摘した。「俺、死ぬのかな」。植松は落ち込んだ様子でつぶやいたという。

自主退職

園で働き始めて3年余りたった16年2月ごろ。植松は東京都八王子市のマンションに離れて暮らす両親を訪ねた。両親は猫の餌やりを巡って近所トラブルになり、相模原市にある実家から13年末に引っ越していた。

両親にも「自分はカードによって選ばれた存在だ」「重度障害者は安楽死させた方がいい」との持論を伝え、事件をほのめかした。

第11回公判（20年2月6日）。植松の主張に両親はどんな反応を示したのか。遺族の代理人弁護士が両親とのやりとりを確認しようと植松に問うた。

代理人弁護士　「両親にイルミナティカードや障害者を安楽死させるという話をしましたね」

植松　「したかもしれません」

代理人弁護士　「その時の両親の様子は」

植松　「覚えていません」

冗舌だった植松の口が途端に重くなる。代理人弁護士の質問はしかし、より具体的な内容に踏み込んでいく。

代理人弁護士「事件を起こそうと思うと話して止められましたか」
植松「周りに迷惑をかけてしまうと止められました」
代理人弁護士「具体的には」
植松「悲しむ人がたくさんいると止められました」
代理人弁護士「どう思いましたか」
植松「確かにな、と思いました」

だが、植松は両親から説得されてもなお考えを曲げなかった。

2月中旬、植松は「障害者を抹殺できる」などと書いた手紙を衆院議長公邸に届け、それが原因で園を自主退職に追い込まれた。相模原市は「他人に危害を及ぼす恐れがある」として緊急措置入院の決定を下した。この日、植松は自身のツイッターに「会社は自主退職、このまま逮捕されるかも…」と書き込んだ。

入院当初は激しく抵抗し身体拘束されることもあったが、その後はおとなしくなり、翌月上旬に退院した。その際、両親から「マンションの部屋が空いているよ」と同居を持ちかけられたが「大丈夫だから」と断り、1人で実家へ戻った。精神科への通院も「精神薬を飲むとばかになるから」と断った。

以来、両親とは月に1回程度会ったが、障害者への考えや事件の計画は話さないようにしたという。

なぜ、障害者への偏見を募らせるようになったのか。親子関係や成育歴に何かしらの要因があったのか。それらを解き明かす上で最も重要な人物である両親は裁判に一度も出廷せず、捜査段階の供述調書さえ読み上げられなかった。

実はこうした流れは既定路線だった。裁判官、検察官、弁護人の3者は公判前整理手続きで、両親の証人尋問や調書の証拠採用は見送る方針をすでに取り決めていたからだ。

公判前整理手続きは非公開で行われるため、協議内容の詳細は知ることができない。一体どのような話し合いがなされ、両親の〝不参加〟が決まったのか。3者のいずれもが口を閉ざす以上、その理由は分からない。

それでも、第11回公判では、遺族の代理人弁護士や補充裁判員が両親との関係になんとか迫ろうと問いかけた。

代理人弁護士　「あなたは両親に愛されて育った気持ちはありますか」

植松　「比較的いろいろと手をかけていただいたと思っています」

代理人弁護士　「具体的には」

植松　「学習塾にも行かせてもらいましたし、部活動もさせてもらいましたし、不自由なく生活させていただきました」

代理人弁護士　「愛されている、と」

植松　「はい」

補充裁判員（裁判長代読）「あなたも両親に対して愛情を持っていましたか」

植松　「照れくさい話ですけど、持っているというのはあると思います」

逮捕後、両親は勾留施設に10回以上面会に訪れているという。事件については「（自分が）謝罪したら、仕方ないねというような話をした」と植松。「（両親は）初めは涙もろく、それを見て申し訳ないと思った」と振り返った。その後、事件の話は一切していないという。

親から愛情を注がれ、自身も親を大切に思っていた。植松の発言からは親子関係に大きな問題があったようには見えない。それでも「両親が意思疎通できなくなったらどうするか」との問いに、植松は「自分で死ぬべきだ」とはっきりと言い切った。

最後に、左陪席の裁判官がこれまでのやりとりを総括するように尋ねた。

裁判官　「両親に事件を起こすことを止められてもやめるつもりはなかったのですか」

植松　「はい」

裁判官「その理由は」

植松　「何度考えても、（自分の考えが）間違っていると思えなかったからです」

「新日本秩序」

「これだ。俺が言いたかったのは、これだ」

　事件当時まで付き合っていた元交際相手の女性は、興奮気味に肩をたたいてきた植松の姿を覚えている。措置入院から退院して間もない16年４月ごろのことだ。

　２人は植松の自宅で映画のＤＶＤを鑑賞していた。映画のタイトルは「テッド２」。命を宿したクマのぬいぐるみ「テディベア」が人権を求めて奮闘するというストーリーだ。

　映画には、人間か人形かを区別する基準として、テッドに自らの名前を答えさせるワンシーンがある。「これだ」。その場面を見た植松は目を輝かせ、合点のいった様子だったという。

「意思疎通のできない障害者はいらないと考え、事件を起こした」と記者との接見で植松は語った。意思疎通の定義には名前や年齢、住所を答えられるかどうかを挙げた。実際に、裁判では話せない入所者を狙って襲った過程が明らかにされた。

　女性から見た植松の性格は、楽観的で自分の意見を曲げず、身勝手で目立ちたがり屋。電車で声をかけられ、14年夏ごろに交際を始めた。いったん別れ、翌年冬くらいから再び付き合った。日常的には、自宅で一緒に料理をしたり映画を見たりして恋人らしい時間を過ごしていた。事件直前の16年7月上旬には大阪へ旅行に出かけ、海水浴や花火大会など夏休みの予定も話し合っていた。

だが、交際を再開して以降、「かわいい」と話していた障害者への言動は変化し、「生産性がない」「人間じゃない」と否定的な発言が目立つようになった。園に勤務しているころから「俺がやる」と殺害をほのめかすこともあった。女性がたしなめると、「お前、マジで言ってんの」と強い口調で返された。

トランプやドゥテルテ、イスラム国（ＩＳ）のニュースを見て影響を受け、「俺も革命を起こす」とたびたび口走っていた。「過激な発言で民衆を動かす先駆者になりたいのだろう」と女性は読み取った。

さらに、「見た目が良くなればレベルが上がって発言力が増す」との理由から、借金を重ねて目や鼻などを整形手術し、全身脱毛も始めた。検察側が法廷で示した資料には、15年4月から事件直前の16年6月まで美容外科クリニックに12回通院し、同年3～6月には別のクリニックにも通ったとの記録が残る。

措置入院から退院した後の同年5月ごろ。女性は植松から手書きのメモを見せられたことがある。「新日本秩序（ＮＥＷ ＪＡＰＡＮ ＯＲＤＥＲ）」と題されたメモには「大麻の合法化」や「受刑者への拷問」などといった項目とともに、「障害者の安楽死」が並んでいた。植松は

「法律として掲げる。これで日本を変えるんだ」と言った。

それ以降、植松は女性の前で「障害者を殺す」という話をしなくなった。理由は分からない。

「（園の）仕事を辞めて直接的な関わりがなくなり、障害者への突出した思いが薄れていい方向に向かっているのかな」。当時、女性はそう思っていた。

友人たちの反応

実際は違った。植松は事件直前まで地元の友人ら約50人に「障害者を殺す」と過激な言動を続け、その一部には前述したように「一緒にやらないか」と協力を持ちかけていた。

第8回公判（20年1月24日）。被告人質問で弁護人から当時の友人らの反応を問われ、植松は「半分以上に同意や理解をしてもらった」と語った。

弁護人　「たとえば、同意の内容は」
植松　「自分はよく冗談を言うのですが、重度障害者を殺すと言った時、一番笑いが起きました」
弁護人　「友人たちは冗談を言っていると受け止めたのではありませんか」
植松　「そうではなく、真実だから笑いが起きたのだと受け止めました」

16年3月初旬の土曜日。植松は地元の友人の結婚式の2次会に姿を見せた。措置入院から退院して3日しかたっていなかった。

黒のスーツに白いワイシャツ、真っ赤なネクタイ姿。「どう、トランプっぽいだろ」。植松はそう言って周囲に自慢してみせた。

喫煙所で公然と大麻を吸い、「障害者はいらない」「障害者を殺せば、トランプが（自分のツイッターの）『いいね』を押す。俺は偉人になる」などと触れ回った。措置入院した経緯を知らない友人らは植松を避けるように接していた。

幼なじみの男性は「障害者への考えが入院前と全く変わっていない。退院が早すぎたのではないか」と感じたという。

同年4月上旬ごろ。「迷惑をかけてごめん。いまからちょっと会えないかな」。植松がやまゆり園で働くきっかけとなった園職員で幼なじみの男性のもとに植松から電話があり、久しぶりに自宅を訪ねた。入院生活の様子について水を向けると、植松は「園の入所者と同じ生活をしてきた」と答えた。真顔で、落ち着いた口調だった。

障害者への差別意識は変わっておらず、「実際、障害者っていらなくね？」「障害者への税金って無駄じゃね？」などと繰り返し、しつこく同意を求めてきた。

男性がいくら諭すように語りかけても、植松は聞く耳を持たず、自信ありげな表情を浮かべこう言い放った。

「俺を論破するのは難しいぜ」

それから約３カ月後、事件は起きた。

2　アクリル板越しに見た素顔

「普通の青年」を変えたのは

古びたクリーム色のドアが、音もなく、ゆっくりと開く。室内に入ってきたその男は、小柄な体をくの字に折り曲げて深々と頭を下げ、はっきりとした声で言った。

「本日はお忙しい中、ご足労いただきありがとうございます」

横浜拘置支所（横浜市港南区）の面会室。目の前に立っている男はいつも礼儀正しく、言葉使いが丁寧な「どこにでもいる普通の青年」だった。

障害者はいなくなればいい――。そんな負の感情を一方的に募らせ、かつて勤務していた津久井やまゆり園を襲撃した植松聖。ある遺族は彼のことを「悪魔のようだ」と言った。

殺人罪などで起訴され、接見禁止の措置が解けた直後の２０１７年3月から死刑判決が確定するまでの3年余り、勾留先の横浜拘置支所などで37回にわたって接見し、50通の手紙をやりとりした。

彼はなぜ障害者を軽んじる独善的な考えを抱き、理不尽な憎悪を膨らませたのか。ただ真相が知りたかった。

「心なき者」むき出しの敵意

背中を覆う黒髪が時間の経過を物語る。逮捕後から一度も切っていない長髪を後ろで一つに束ね、印象的だった金髪は毛先にわずかに残る程度。逮捕時のにらみつけるような鋭い目つきはどこにもない。アクリル板越しにかしこまった様子で伏し目がちに事務用椅子に腰かける姿は、どちらかと言えば気弱そうにさえ映る。

なぜ事件を起こしたのか。質問を変えながら、これまで何度も疑問をぶつけてきた。答えは決まって同じようなものだった。

「事件を起こしたことは、いまでも間違っていなかったと思います。意思疎通のできない重度障害者は人の幸せを奪い、不幸をばらまく存在。絶対に安楽死させなければいけない」

さも常識であるかのような口ぶりで、彼は笑みを浮かべながらこうも言い放つ。

「私が殺したのは人ではありません。心失者です」

逮捕時から変わることのない強固な差別意識。就寝中の入所者に次々と刃物を振り下ろした「凶悪犯」の顔が、そこにあった。

むしろ、常に監視され、外部との接触が制限された不自由な生活がそうさせるのか。事件から時間がたつにつれ、彼は自ら芽生えさせた思想をさらに先鋭化させているように思えた。連日、拘置所にはマスコミ関係者をはじめ、大学教授や福祉関係者、障害当事者らが足を運んだ。経験則で言えば、裁判前に報道機関の接見取材に応じる被告は決して多くはない。時間をかけて被告と信頼関係を築いた特定の記者が接見取材を成功させる例はあっても、彼のように社を選ばず、初対面の記者であっても積極的に接見に応じる被告は極めて珍しいだろう。

　理由は簡単だ。勾留されながらもマスコミを使って社会に自身の主張を伝えようと考えていたからにほかならない。しかし、彼の差別的な主張をそのまま伝える報道機関など存在しない。大学教授や福祉関係者だけでなく、記者からも数えきれないくらいの反論や批判があったことは想像に難くない。

　それでも、彼は自身の考えを疑ったり揺らいだりしたことは一度もなかった、という。「間違っている、と明確に指摘されなかったから」。誰のどんな言葉も、その胸に届いていない。その現実に愕然とするしかなかった。

「心失者」――。この耳慣れない言葉は彼の造語だ。この事件を象徴するキーワードと言ってもいい。

　17年10月に送られてきたイラストには、よだれを垂らし、目の焦点が定まらないヘッドギア姿の男性と、周囲に散乱する錠剤やカプセルが描かれていた。彼の目に映る「心失者」を表現したのだという（P54に掲載）。同封されていた手紙には「社会がひた隠す雰囲気が伝われば」と記されていた。

日をあらためて、語源についても尋ねた。記者にとっては大きな関心事だった。彼は「恥ずかしいんですが……」と口ごもりながら、人気ロールプレイングゲーム「キングダムハーツ」に登場する敵キャラクター「ハートレス」に由来することを明かした。心が闇に完全に支配された漆黒の怪物だ。

「ハートがレス。つまり、心がない。心がなかったら倒していい存在なんだ、と」

あまりの短絡さに拍子抜けしつつも、はにかみながら上目遣いでこちらの反応をうかがう表情に言い知れぬ不気味さを覚えた。

「リンカーンを超えた」のぞく自負心

「障害者は必要ないという考えは、やまゆり園で働くまで全く考えたことはありませんでした」

当初、命の優劣をつける優生思想から障害者らを虐殺したアドルフ・ヒトラーの影響を受けた犯行と見られていた。犯行前の緊急措置入院の際に「ヒトラーの思想が降りてきた」と口走っていたからだ。だが、彼は「ヒトラーの考えとは違う」と強く否定した。退職直前に園職員から「ナチスと同じ考え方だ」と指摘されるまで、優生思想についての知識はなかったという。

そんな彼が思いつきを確信に変えるきっかけとなったという入所者家族とのやりとりが、手紙の中に記されていた。

《私が入浴支援をする際に、入所者の男性が発作を起こし浴槽で溺れていました。すぐに助けたので大事には至りませんでしたが、家族にお礼を言われることもありませんでした》

《親でも子どもが何を考えているか分からない、と漏らしたことも覚えています》

社会にとってだけでなく、家族にとっても障害者は不要な存在であるといわんばかりの書きぶりだった。

事件後、悲しみに打ちひしがれた遺族は固く口を閉ざし、犠牲者の人柄や遺族の思いが社会に届く機会は極めて少なかった。そんな状況が、彼の罪の意識の欠如に大きな影響を与えているように思えてならなかった。

それを裏付けるような場面があった。19年3月5日の17回目の接見だった。「戦後最悪とされる殺傷事件をどのように捉えているのか」。記者が質問を終えても、彼はしばらく黙ったままだった。あらためて問うた時だった。

「リンカーンを超えたかな、と」

一瞬、聞き間違えたかと思った。だが、おうむ返しに繰り返しても答えは同じだった。奴隷解放宣言で知られる第16代米大統領エーブラハム・リンカーン。彼の背後で必死にペンを走らせていた刑務官がメモを取るのを止め、記者同様、次に出てくる言葉を待っているのが伝わってきた。

「リンカーンは黒人を（奴隷制度から）解放した。自分は重度障害者を生み育てる恐怖から皆さまを守った、ということです」

恥ずかしそうに語りながらも、彼の表情は誇らしげに見えた。

増殖続ける「差別の芽」

障害者への不当な差別意識は、いつ、どのように芽生えたのか。

彼が障害者とその家族への感情を初めて自覚したのは小学生のころ。その目には、同級生の知的障害のある男の子を送り迎えする母親の様子がつらそうに映った、という。

「いつも疲れているように見えました。やっぱり大変なんだなって」。こちらに同意を求めるように、彼は小刻みにうなずきながら眉間にしわを寄せた。

決して自ら積極的に話そうとはしなかったが、こちらから尋ねれば幼少期のエピソードもぽつりぽつりと語った。

裁判で遺族の代理人弁護士が質問した小学校時代の出来事についてさらに突っ込んで尋ねた。小学2年生の時に障害者はいらないという旨の作文を書き、いつもコメントをたくさん書き込んでくれる先生がこの時は何も書いてくれなかったこと。図工の授業で接着剤に絵の具を混ぜて大砲の弾を立体的に表現した戦争の絵を描くと、先生から理由も告げられないまま別の絵に描き直すように言われたこと。「言っちゃいけないことなんだ、って思いました」

彼は自身の考えを飛躍させるきっかけになったのは、米大統領のドナルド・トランプだったと何度も口にした。法廷でも「トランプはとても立派な人だ」と評していた。

「ニュースを見て真実を話していると強く思いました」。16年の米大統領選でメキシコ国境への壁建設やイスラム教徒の入国禁止などを唱える排外主義的な発言が注目を集めていた。

「『意思疎通できない重度障害者はいらない』と誰も言えない社会になっている。でも、もう真実を話していいんだ、と思いました」。自分に言い聞かせるように言った。

事件後、衆院議長に宛てた書簡の内容が明らかにされたことなどからインターネットの掲示板やツイッターには「正論だ」「障害者はいらない」といった彼の主張に同調する投稿があふれた。その状況は変わらず、いまも静かに増殖し続けている。勾留生活が2年以上過ぎても彼のもとには週に10通ほどの手紙が届き、そのほとんどが賛同する意見や不自由な暮らしへの激励だったという。

「自分の考えが世間に受け入れられていると感じるか」。そう尋ねると、彼は少し考えてから諭すような口調で答えた。

「私の考えに公の場で賛成する方は少数ですが、反対する方も少数ではないでしょうか」

あなたはどうか。そう問われているような気がした。

「美」への憧れと劣等感

手元に16枚のイラストがある（一部をP59～63に掲載）。赤や黄色など数種類の色鉛筆を使って色鮮やかに描かれた鯉と龍。鉛筆1本で濃淡を付けた人物画。筆書きの牡丹の花が添えられた年賀状も届いた。繊細で精緻。どれも彼が拘置所で描いたものだ。

絵を同封した理由は手紙に書かれていた。

《私は人間性が未熟であり容姿も歪《いびつ》な為に、人を不快にすることもあると思います。せめて少しでも奇麗な絵を描くことで、私の考えをお伝えする助力になれば幸いです》

彼は「美しさ」に対する強い執着と、自身の容姿への強烈なコンプレックスを隠さない。その感情を決定付けたトラウマとして挙げたのが、事件を起こす3、4年前のハロウィーンでの出来事――彼が言う「パンダ事件」だ。

パンダの着ぐるみで外を練り歩くと、すぐに周囲に人だかりができた。経験したことのない状況に戸惑いながらも舞い上がったという。だが、かぶり物を脱いだ途端、波が引くように人はいなくなった。

「着ぐるみの中に入っていた私を見て、これじゃあなって思われたんですよ」

物心ついた時から容姿に引け目を感じていた。周りからからかわれたり、いじめられたりしたことはない。しかし、その劣等感は成長するにつれて膨らみ、格好よくなりたいという一心で美容整形を繰り返し、背中や太ももに入れ墨まで彫ったのだという。

目と鼻の整形に70万円、全身の永久脱毛に10万円……。金額の大きさに驚く記者を尻目に、彼は「美しさには、それだけの価値があるんです」と邪気なく笑った。

こんな穏やかな表情をするのか。事件とのギャップに衝撃を受けながらも、友人から「気さくないいやつ」と評されていた「さとくん」を垣間見た気がした。

筆まめで手紙のやりとりも好んだ。面会で異論や反論が相次いでいたのか、18年6月に届いた手紙には、珍しく精神的な落ち込みをつづっていた。

《最近は面会する皆さま方が敵ばかりなのかもしれないと考えると淋《さみ》しい》

拘置所の食事が口に合わないこと、冷暖房が効かず文章や絵を描くことに集中できないこと……。常に監視され、自由のない勾留生活にいらだち、外での暮らしをうらやんだ。

ある日の接見では「脱走する夢を見た」とひとり苦笑して、こう続けた。「逃げられるなら逃げたい。でも本気で考えたことはないですよ。だって、どうせ逃げても30分くらい走り回って終わりじゃないですか」。アクリル板1枚が隔てる「外の世界」を想像しているのか、視線は記者の方に向きつつも、その先にある何かを眺めるような遠い目をしていた。

「社会のため」称賛疑わず

検察側の起訴前の精神鑑定で「自己愛性パーソナリティー障害」と診断され、起訴後に裁判所が実施した鑑定でも同様の診断が出た。自分を特別な存在と思い込んだり、周囲からの称賛を求めたりする特徴があるとされる人格障害の一つだ。

彼は「才能がない」「器の小さい男」と自らを卑下するような言葉をよく口にした。精神鑑定の結果についても「多かれ少なかれ、誰にでも当てはまる。何かしらの診断を下さなければいけなかったんでしょう」と興味なさそうにつぶやいた。

一理あるとは思いつつ、だが、診断結果は確かに彼の一面を言い得ているように思えた。

《重度障害者にどれだけの金と人手、物資が奪われているかを考え、（世界の貧困地域で）泥水をすすり飲み死んでいく子どもを思えば、心失者の面倒を見ている場合ではありません》

記者のもとに届いた手記に、そんな一文があった。

「社会のために、という使命感はどこから来るのか。人生を賭してまで事件を起こさなければならなかったのか」と問うと、彼はしばらく考え込んでこう答えた。

「社会の役に立たない重度障害者を支える仕事は、誰のためにもなっていない。だから自分は社会にとって役に立たない人間だった。事件を起こして、やっと役に立てる存在になれたんです」

ぞっとした。ヒトラーを否定し、自らをリンカーンに重ね合わせる彼の心の深淵をのぞき見た思いがした。ゆがんだ正義感を振りかざし、周囲からの称賛を疑わず、心の中の闇を増幅させていったように思えてならない。その闇にのみ込まれ、いつしか「心失者」になっていたのは彼自身ではなかったか。

近づく裁判、募る不安

自身の犯行を正当化し続ける一方で、いずれ来たる裁判の話題に触れると「聞かれたことにだけ答えられればいい」「裁判は時間の無駄」などと短い答えが返ってくるばかりで投げやりな態度を取った。自分の裁判にもかかわらず他人事のような言い方に、奪った命の重みだけでなく、自らの命への実感さえ乏しいように思えた。

だが、横浜地裁が初公判の日程を発表した19年4月ごろから心境に少しずつ変化が見られ始めた。

初公判まで半年となった同年7月。「厳しい判決が出るかもしれない」。そう語りかけた記者に、彼はわずかにほほ笑んで自嘲気味に言った。

「死刑になりたくはありませんが、僕が死ななければ社会が丸く収まらないのでは」

本音なのか、強がりなのか。それは分からない。だが、刻一刻と迫る裁判の行く末に不安を募らせているのは間違いなかった。

年の瀬の12月27日。スケッチを依頼した画家の女性とともに面会室に入った。いつものようにアクリル板で隔てられた向こう側の扉に付いた小窓から、二つの目玉がきょろきょろと動いた。記者の顔を確認してから刑務官とともに入室した彼は珍しく黒縁眼鏡をかけていた。理由を尋ねると、「不細工なので、顔の見えるところをできるだけ減らそうと思って」といたずらっぽく笑った。

横浜拘置支所で接見取材に応じる植松（2019年12月27日、絵・小野眞智子）

裁判の争点はこの時点で責任能力の有無や程度に絞られており、弁護側は事件前に常習的に使っていた大麻の影響で責任能力がなかったとして無罪を主張する見通しだった。だが、当の本人はかねて「責任能力を争う裁判にしたくない」と語っていた。

弁護側が「ない」と主張しているのに、本人は「ある」と否定する。このねじれをどう理解すればいいのか。記者の質問に、彼は「無罪主張するのは弁護士先生の気遣いというか、優しさです」とそっけなく答えた。

強い違和感を覚えた。「重度障害者は安楽死させるべきだ」と主張して譲らない彼が、実は自分こそが「心神喪失状態だった」という弁護側の主張をすんなりと受け入れられるはずがないからだ。

どんなに批判されても自らの主張を曲げない「潔さ」をアピールしながらも、本音では死刑を免れたい。自分ではない他者、つまり弁護側が無罪を主張してくれるならそのままにしておいた方がいいのではないか、という彼なりの計算が透けて見えた。

同席していた刑務官がちらりと時計を見た。残り時間は少なかった。最後に、死刑についてあらためて問うた。それまで冗舌だった彼は一瞬沈黙し、絞り出すように言った。

「死ぬことは、怖いというよりさみしい。こんな楽しい世界からいなくなるのは、さみしい」

取り繕った笑顔が痛々しかった。初公判は12日後に迫っていた。

「死刑判決」覚悟も実感遠く

年明け最初の接見は20年1月7日。初公判の前日だった。横浜拘置支所で面会できるのは1日1組、最大3人までと決まっている。全国的にも注目を集める裁判だけに全国紙や民放など多くのマスコミが面会を求め、他社の記者との同席が当たり前になった。この日の接見が32回目だった。

彼は普段通り、深く一礼してから面会室に入ってきた。だが、儀礼的に挨拶を済ませるとしばらく黙ったまま、感情を読み取るのが困難な無表情を浮かべた。初公判を控えた心境などを尋ねるうちに、表情には次第に怒りのような感情が混ざり、強い口調になった。

「てか、なんか癇《かん》に障るんですよね。僕への仕返しですか」

眉間にしわを寄せ、顎を突き出し、挑むようにこちらをにらみつけた。彼が初めて見せた激情だった。裁判に向けて年末年始に掲載した記事が気に入らなかったらしい。

「いま、気が高ぶっているんで。すみません」。言葉だけの謝罪を繰り返す彼を見つめながら、犯行時もこんな表情をしていたのだろうか、とふと想像した。

次に彼と向かい合ったのは、約3週間後の29日。2度目の被告人質問が行われた第9回公判が終わり、予定されている審理日程の折り返しを過ぎたころだった。彼は初公判の罪状認否直後に小指をかみ切ろうとした右手に大きな白いミトンをはめて現れた。

「言葉だけの謝罪じゃ納得できなかったので」。不規則な行動を取った理由を平然とした口調で語り、その翌日に刑務官の目を盗んで独房で小指をあらためてかみ切ったことを明かした。

手紙を書いたり、イラストを描いたりすることが数少ない楽しみである彼にとって、利き手である右手を傷つける行為は、最大限の「誠意」だったに違いない。だが、犠牲者や遺族への謝罪を口にしながら、事件への反省や後悔は全く見られない。そうした矛盾をはらんだ言動が理解できず、同情する気持ちはみじんも湧いてこなかった。

これまでの裁判の印象について尋ねると、彼は質問には直接答えずにこう語った。

「2回目の公判で、裁判長の顔を見て『あー、死刑だなあ』と思いました。いままで考えてなかったんですけど。『あー、死刑か』と」

淡々とした口ぶりに気落ちしている様子はなく、死刑を現実として捉えていないように思えた。

その後、初公判での自傷行為などに対する懲罰が下され、2月1日から3月1日まで30日間の接見禁止がついた。接見はおろか、手紙のやりとりもできないまま、審理は回を重ねていった。2月17日に検察側が「死刑」を求刑し、2日後の同19日に弁護側が「無罪」を主張して16回に及んだ裁判員裁判は結審を迎えた。

最後に見せた「生への執着」

3月16日、判決はやはり死刑だった。

判決言い渡しから約1時間後、拘置所の面会室で彼と向かい合った。法廷と同じ、黒のスーツに白いワイシャツ姿。覚悟していたのだろう。目の前の彼は確かに元気がなかったが、意外にも穏やかな表情を浮かべていた。

死刑を現実に突き付けられたいま、何を思うのか。記者にとって最初に聞くべき当然の質問だったが、彼には想定外だったらしく「うーん」としばらく考え込んだ。言葉には表れない感情を読み取ろうと彼の表情を凝視しながら、判決直後の第一声を待った。

「死刑に値する罪とは思っていません。受け入れるつもりはありませんが、仕方ない」

いつものように事件を正当化したものの、声はわずかにうわずっていた。見た目からは分からないが、明らかに動揺していた。

彼は「どんな判決でも控訴しない」と接見で繰り返し、法廷でも宣言していた。この日もその考えに変わりはなかった。

生きることに未練はないのか。そう尋ねると「すぐに死刑になるわけじゃないですから」と答え、こう続けた。「最終経歴が『死刑囚』ってやばいですよね」。冗談めかして、力なく笑った。

それから2週間後。彼は自ら「死刑囚」になることを選んだ。

被告本人の希望がどうであろうと、控訴せず死刑宣告を受け入れる弁護人はまずいない。弁護側は死刑判決を不服として控訴していたが、控訴期限ぎりぎりの30日に彼自身が取り下げ、判決を確定させた。

刑が確定すると外部との接触は厳しく制限され、面会や文通ができるのは親族や弁護人らごく少数に限られる。死刑囚となればなおさらだ。これまでのようにやりとりできる時間は、刑場のある東京拘置所（東京都葛飾区）に移送されるまでのわずかしか残されていなかった。

2日後の4月1日。彼は薄い青色のスウェットを着て面会室に現れた。胸には接見ができたことへの安堵感があった。死刑を受け入れた理由や現在の心境を本人にあらためて問わねばならなかったからだ。

「安楽死を望む人の気持ちが分かったような気がします」。彼は自ら切り出した。その真意について尋ねると、「絶対死にたくはない。でも死ぬべきだと分かっているところが似ていると思っているから」と説明した。普段に比べれば口数は少ないが、不安におびえている様子はない。あくまで落ち着いた口調だった。

彼は死への恐怖に「もう慣れてしまいました」と苦笑いを浮かべ、「やりたいことは外にいた時に大体やりましたから」と抑揚のない声で続けた。

面会時間の30分が経過し、接見終了を告げるアラームが鳴った。彼はすぐに椅子から腰を上げた。

「皆さまには大変お世話になりました」

はっきりした声で言って、深々と一礼した。続けてお礼のような言葉も重ねたが、あまりに早口だったため「おかげさまで」としか聞き取れなかった。普段なら面会室の扉が完全に閉まるまでそのままの姿勢で記者らを見送るが、この日は最後まで顔を上げてこちらを見つめていた。愛想笑いのような、どことなく寂しげな顔だった。言葉とは裏腹に、その表情には生への執着がにじんでいた。

いつか気づいてほしい。生きたい——。その思いは、あの日命を突然奪われた19人も同じだったんだ、と。そう願いながら、拘置所を後にした。

この日が最後の接見になった。7日早朝、彼は東京拘置所へ移送された。横浜地裁で死刑判決を言い渡されてから、3週間がたっていた。

3　遺族がぶつけた思い

どうして姉を殺したんですか

「植松聖さん、どうして姉を殺したんですか」

２０２０年２月５日、横浜地裁１０１号法廷。検察官席の横から被害者参加制度を利用した遺族の男性（61）が問いかけた。その声は少し震えていた。

「この裁判は切ない裁判だと思っています。あなたはどう思いますか」

第10回公判。午前10時半から始まった被告人質問で、男性は証言台の前の椅子に腰かける植松に穏やかな表情で語りかけた。

黒のスーツに身を包んだ植松は男性の方に体を向けた。「そう思います」。背筋をぴんと伸ばし、はっきりした声だった。

男性の姉は「『甲E』さん」（当時60）。３つ年上だった。生まれて間もなく脳性まひの障害を患い、意思疎通は難しかった。体を自由に動かせず、食事や排せつに介助は必要だったが、ゆっくりとなら移動できた。園に面会に行くたび、重い障害がありながら懸命に生きる姿にいつも励まされてきた。

男性が質問に立ったのは、事件を起こした動機や新たな事実が知りたかったからではない。

拘置所で面会しても、裁判が始まっても「意思疎通の取れない重度障害者はいらない」と身勝手な主張を続ける植松に、命の重さに真正面から向き合ってもらいたかったからだ。

もう一つ、理由がある。匿名審理は姉の存在を否定することにならないか。事件以降、そんな思いをずっと抱えてきた。姉の命を奪った男の裁判を機に自分が顔をさらし、姉の代わりに法廷に立つことが、姉の尊厳を守り、供養になるのではないか。そう考えた。

事件当日、男性は匿名発表を望んだ。実名を明かせば、遺族が集まる園の控室に置かれたテレビの画面にも死亡者として姉の名前がテロップで流れることになる。それは受け入れがたい現実を無理やり突き付けられるようで耐えられなかった。

神奈川県警は「遺族からの強い要望」を理由の一つとして、被害者を匿名で発表した。「名前を出さないのは家族も差別しているから」「匿名は人生を否定すること」。県警や遺族の対応を批判する意見が相次いだ。「匿名発表に傷ついた」と語る障害者もいた。男性は障害を理由に匿名を望んだわけではなかったが、自分が責められているように感じた。

自宅を訪ねてくる記者は「生きた証しとして実名と写真を公表してほしい」と口々に言った。自分は姉にひどいことをしているのか。心が揺らぎ、ふさぎ込んだ。それでも、姉の実名を出せば事件に巻き込まれたと知った周囲が戸惑うのではないか。そう考えると、とても公表する気持ちになれなかった。

姉との思い出を振り返り、自問自答を繰り返した。食パンとサケが好物で、毎年正月に必ず家族で新年を祝ったこと。うれしい表情や渋い表情を見せてくれたこと。園に入所してスプーンが使えるようになり、家族で成長を喜び合ったこと。父親が月に１度、面会に行き、事件の約２週間前には姉の手を引いて園内を一緒に歩いたこと……。被告人質問を前に自身の考えを文章でまとめる中でようやく確信できた。

「姉の存在を認め、大切に思っている」。名前は出さなくても、自分の顔を出して法廷に立とうと決めた。

男性は用意したメモを手に「植松聖さん」と呼びかけながら、終始、丁寧な口調で質問を重ねた。事件から裁判までの間、ずっと思い悩んできた匿名についてもぶつけた。

男性「私の『甲Ｅの弟』という匿名についてどう思いますか」

植松「重度障害者の家族と思われたくないのは仕方ないと思います」

植松は即座に、そして淡々と答えた。男性は一般傍聴席から見えないように仕切りが設けられている遺族らの座席を念頭に再び問うた。

男性「後ろに白い壁があります。どう思いますか」

植松「仕方がないと思います」

静まり返る法廷に、記者がノートにペンを走らせる音だけが響く。植松は無表情のままだった。
男性は事件後に出頭した時の心境を尋ねた。植松は「一心不乱だったので、とにかく疲れました。亡くなられた方には誠に申し訳なく思います」と答えた。
その直後だった。男性の閉じ込めていた感情が、唐突にあふれ出た。目元をタオルで押さえ、肩を震わせ、声を絞り出した。

男性「（事件当日）私は放心状態でした。姉の安らかな顔に安心して涙が止まりませんでした。いまでもはっきり覚えています」

涙で鼻が詰まる。少し間を置いてから、姉の最期の様子についても尋ねた。

男性「あらためて教えていただきたい。死にざまを」
植松「申し訳ありませんが、細かくは覚えていません」

第2回公判（20年1月10日）では、植松に拘束された園職員の供述調書を検察側が朗読していた。その中に、刃物で刺された瞬間に姉の上半身が起き上がったという記述があった。事件から3年以上たって初めて知った事実だった。

男性「甲Eはゆっくり歩くのが精いっぱいです。起き上がったということはよっぽど痛かったと思います。記憶にありませんか」

植松「ありません」

男性「何回刺しましたか」

植松「多分、3回以上刺していると思います」

男性「どうして殺したんですか」

植松「意思疎通が取れない方は社会にとって迷惑になっていると思ったからです。殺した方が社会の役に立つと思ったからです」

遺族を前にしても、植松は事件を正当化し、障害者に対する差別発言を繰り返した。怒り、悲しみ、むなしさ……。男性の胸中にさまざまな感情が入り交じった。何よりも60年生きてきて突然命を奪われた姉がふびんでならなかった。男性はうつむき、声は次第に小さくなっていった。

男性「あなたのコンプレックスが今回の事件を引き起こしたと思うのですが、どう思いますか」
植松「えー、確かに。えー、こんなことをしないでいい社会を……」

予想外の質問だったのか。珍しく言葉に詰まった植松は苦笑いを浮かべながら言葉を継いだ。

植松「歌手とか、野球選手とかになれたらよかったと思います。ただ、自分の中では（事件を起こすことが）一番有意義だと思いました」

男性は数回うなずき、静かに迫った。「どう責任を取ってくれますか」。植松は「いたたまれない。それでも重度障害者を育てるのは間違っています」と答えた。突き放すような言い方だった。やりとりを始めて約15分。「切なくなってきた」。男性はつぶやくように言って、質問を終えた。

君はいま幸せか

「君はいま幸せか？」

男性に続いて法廷に立ったのは、息子の一矢《かずや》（47）が重傷を負った尾野剛志《たかし》（76）。かねて練っていた質問をぶつけたが、植松から返ってきたのはたった一言。「不自由だから幸せではありません」。重度障害者を襲ったとされる本心を探り続けたが、持論が繰り返されるばかりだった。

事件以来、遺族や被害者家族が口を閉ざす中、尾野は唯一、実名で取材に応じてきた。当事者が声を上げなければ、「障害者は不幸をつくることしかできない」と言ってはばからない植松に屈してしまうと考えるからだ。

園の家族会会長を長く務め、職員だった植松の存在も知っていた。好青年だと思っていただけに事件が起きた時は信じられなかった。この日も植松が園で働き始めた当時を振り返り、語りかけるように言った。

「あなたが園の体育館で自己紹介している姿は、初々しかった」

なぜ、重度障害者の存在を否定する考えを持つようになったのか。入所者と意思疎通を取ろうと努力したのか。事件以来、いくつもの疑問が頭をもたげてきた。尾野は植松の認識を問いただそうとした。

尾野　「障害者がかわいいと友人に話していたというのは本当ですか」

植松　「そう思った方が仕事をしやすいと思ったからかもしれません」

尾野　「なぜ障害者はいらないと思うようになったのですか」

植松「社会には不幸がたくさんあり、彼らの世話をしている場合ではないと思いました」

尾野「園で勤務している時に意思疎通を取ろうと努力したことはありますか」

植松「あります。しかし、完全に理解できない方もいるなと思いました」

尾野「意思疎通できない人とはどういう人ですか」

植松「一番下のラインが名前、年齢、住所が言えない人。会話は一方的にするものではなく、言葉のやりとりができることだと思います」

尾野がいくら質問をぶつけても、植松は言葉でやりとりできるか否かで命を選別するという独自の価値観を主張し、かみ合う問答はほとんどなく議論は深まらなかった。

「初公判での謝罪は誰に対してのものだったのか」。尾野が強い口調で迫ると、植松は「亡くなられた方、家族、迷惑をかけた全ての人、誠に申し訳ありませんでした」と大げさに頭を下げてみせた。

「あなたの気持ちは受け止めるが、やったことは絶対許さない」。尾野は語気を強め、こう指摘した。「障害者の家族は悩みながら子育てをしている。その中で感じる小さな喜びを、あなたは奪った」

黒いネクタイ

判決を迎えた3月16日。姉の「『甲E』さん」を亡くした男性は黒いネクタイを身に着け、その瞬間を待った。

「主文、被告人を死刑に処する」。約45分間に及んだ判決言い渡し。静まり返った法廷に裁判長の声が響いた。男性の目には、証言台の前の椅子に座る植松の横顔はどこか悲しげに見えた。

植松に直接問いかけた被告人質問から1週間後に行われた意見陳述で、男性は自ら証言台に立ち、死刑判決を求めていた。

「想像通りの判決だった。若者に死刑を求めた十字架は一生背負っていく」

3月31日午前0時、死刑判決が確定した。判決を不服として弁護人が控訴したが、事前の宣言通り、植松本人が取り下げた。

なぜ姉は殺されなければならなかったのか。拘置所で面会を重ねても、裁判を傍聴しても、その疑問が解消されることはついになかった。

もちろん、植松が重度障害者に抱いた嫌悪感が事件の引き金となったことは疑いようがない。しかし、何をきっかけに差別的感情が芽生え、殺害をいとわないほどの憎悪へと飛躍させたのか。刑事責任能力の有無のみが争われた裁判ではほとんど解明されなかった。その糸口となる植松の生い立ちや人間性にも迫りきれず、司法の限界を露呈する形となった。事件の真相解明を訴える識者からは控訴を求める声が上がった。

「全てが済んだ」。判決を見届けた男性は、そんな周囲の声をかき消すかのように独りごち、ゆっくりとした口調で続けた。

「遺族として事件を振り返るのはつらい。動機を解明しようという勇気も、この3年8カ月でなくなった。明日から前を向いて生きていきたい」

最首悟からの手紙

「社会にとって正しいことをし、多くの人に受け入れられると信じている。彼はまさに正気だった」

障害のある娘と暮らす和光大学名誉教授で社会学者の最首悟《さいしゅ》（83）はそう考えている。死刑が確定したいまなお、植松に宛てて手紙をつづり続けている。「人はひとりでは生きていけない」。障害者は不幸を生むと断じる植松に、人の価値を生産性や効率性で測る社会に、いつか届いてほしいと願いながら——。

《突然の手紙を失礼致します。最首さんのお考えを拝読させていただきましたが、現実を認識しつつも問題解決を目指していないよう映ります。心失者と言われても家族として過ごしてきたのですから情が移るのも当然です。最首さんの立場は本当に酷な位置にあると思いますが、それを受け入れることもできません》（原文まま、以下同じ）

18年4月下旬。最首のもとに1通の手紙が届いた。封筒の裏の差出人名には「植松聖」とあった。事件以降、最首は障害当事者の親として、学者として、報道機関などを通じて発言を続けていた。

植松から届いた手紙は意思疎通できない障害者を「心失者」と呼び、「国債（借金）を使い続け、生産能力の無い者を支援することはできません」などとつづられていた。丁寧な言葉と裏腹に、重度障害者を「不幸を生み出す存在」と決めつけ、いつまで育てているつもりなのかと問い詰めるような内容だった。名指しこそしていないものの、ダウン症で知的障害のある三女星子《せいこ》（43）を念頭に置いているのは明らかだった。

事件から2年がたとうとしていた同年7月上旬、最首は立川拘置所（東京都立川市）の面会室にいた。45人を殺傷した植松とはどんな人物か、「心失者」とはどのような概念なのか、返事を書く前に本人に会って直接確認したいと考えた。だが、30分の面会時間で議論がかみ合うことはほとんどなかった。

《わたしはどうか。本当のところ、（何が正しいのか）わからないのです。（中略）人にはどんなにしても、決してわからないことがある。そのことが腑《ふ》に落ちると、人は穏やかなやさしさに包まれるのではないか》

面会から1週間後、最首は返事にそう書いた。意思疎通の難しい娘との暮らしでたどり着いた境地だった。以来、植松から返事があろうとなかろうと毎月13日に手紙を送り続けてきた。

19年10月中旬、植松から再び封書が届いた。返事があったのは1年ぶりだった。

《お考えは判りましたが、奥様はどのように考えているのでしょう。聞く必要もありませんが、いまも大変な面倒を押しつけていると考えております》

検閲済みを示す桜の印が押された便せんにはこうも記されていた。

《『朱に交われば赤くなる』と云いますから、障害児の家族が悪いのではなく、生活する環境が悪いということです》

たった10行。自らの園での就労経験を誇示するかのように、介護の苦労を何も知らないとばかりに批判し、あざ笑っていた。重度障害者と一緒に生活していると正常な判断ができなくなってしまうのだ、と。

同年12月上旬、最首は横浜拘置支所（横浜市港南区）で植松と再び対峙《たいじ》した。返事が届いてから2カ月がたっていた。神奈川新聞記者も同席した。

「遠いところ、ありがとうございます」

長く伸びた黒髪を後ろで束ねた植松は深く一礼した。緊張と警戒が入り交じった硬い表情を浮かべていた。

立川拘置所で向かい合って以来、1年5カ月ぶりとなる2回目の面会。初めて面会した時に感じた弱々しさはみじんもなかった。

植松はそれまでの神奈川新聞の接見取材で、裁判で死刑判決が出た際は受け入れざるを得ないとの認識を示していた。最首が再び向き合ったのは、1カ月後に迫った初公判を前に生への執着や罪の意識が芽生えているか確かめたいとの思いからだった。

「何が言いたいのか分からない」。冒頭、植松は最首からの手紙の内容をばっさりと切り捨てた。さらに、最首本人を前に「重度障害者の家族は病んでいる。あなたもそう」「人は働けなくなったら死ぬべきだ」と一息にまくし立てた。

自身が起こした事件については「社会のために必要だった」。死刑制度の是非にも同様の答えを繰り返し、「殺人や強姦のような凶悪犯はいらない」と吐き捨てるように言い、こう続けた。「自分はそれに入りたくない」

沈黙を守っていた最首が静かな口調で問うた。「あなたが死刑を受け入れたら、凶悪犯であると認めることになるのでは」。押し黙る植松。しばらくして「裁判で偉い方が決めたら、仕方ない」。少し目線をそらし、小さくつぶやいた。

30分の面会時間の終わりを告げる電子音が鳴った。

心はなくならない

面会を終えた最首の表情はどこか晴れやかだった。

「相手を『病んでいる』と言えるのは、自分が正常、正しいと思っているから。狂気や錯乱ではなく、まさに正気の犯行だった」。最首は確信を深める一方で、ふと疑問が生まれた。果たして障害者への差別に基づく優生思想が生んだ事件だったのだろうか、と。

《障害者は不幸を作ることしかできません》

事件前、植松は衆院議長に宛てた手紙にそう書いた。

「弱者を排除する冷め切った風潮のある社会に、自分の主張が受け入れられることを理解していた。矛先は障害者でも高齢者でもよかった。彼はただ、誰かに認めてもらいたかったのではないか」。最首の胸にすとんと落ちる感覚があった。

「社会」のために独り善がりの正義を掲げ、「権力」に向けて自己の正当性を語り、「権威」による決定なら望まぬ死刑でさえも受け入れる。植松の言動の数々が、最首にそう思わせた。

娘の星子は目が見えず、会話することもできない。一緒にいても意思をくみ取るのは難しい。食事にも排せつにも介助が必要だ。それでも、音楽を流せばじっと聞き入り、お気に入りの場所に連れて行けば表情をふっと緩ませる。

最首はそんな娘を「鉢植えの花」に例える。

「全くの無防備で、弱者そのもの。水が一滴でも失われたら枯れてしまう。その悠然とした身のゆだね方に、いかに自分が欲だらけなのかを思い知る」

きれいごとや強がりを言うつもりはない。この子がいたからこそ、という思いと、この子さえいなければ、という思いは表裏一体で自分の中にある。

ただ、その日々は植松が言うように「不幸しか生まない」のか。その問いにノーと答えるのは、「情が移っている」からなのか。最首はいずれも、静かに否定する。

「表には出ない心を誰もが持っている。星子もそう。分からないから分かりたい。分からないからこそ、次に何が起きるだろうという期待や希望が湧く。心がなくなることはない」

そんな意思疎通の難しい重度障害者を「心失者」と呼び、次々と刃物で襲いかかった植松。八つ裂きにしてやりたい気持ちはいまも変わらない。だが、胸中には「とにかく生きてほしい」という相いれない思いがある。

「命とは何か。障害者はいなくなればいい、という考えはあまりに浅い。自らの思い込みを考え直し、『分からなくなってきた』とため息をつく瞬間を引き出したい」

生産性や効率性が優先される社会の中で必要とされる存在でありたい――。最首は面会で押し黙った植松の焦りや孤独さを、現代を生きる「普通の青年」の姿と重ね合わせる。

「日本社会には『働かざる者、食うべからず』という、生産能力の低い者を排除する風潮がある。彼のような考えを心に持つ人は社会の圧倒的な多数派でしょう」

背景にあるのは、行き詰まった日本社会の窮状だ。事件後、インターネットの掲示板には「正論だ」「障害者はいらない」といった書き込みがあふれた。現状維持を前提に弱肉強食の社会を許容する「植松的思考」を誰もが胸の内に秘めている、と最首は考えている。

だからこそ、伝えたい。

「あなたがいて、わたしがいる。社会あっての人ではなく、人あっての社会。もう一度、そこに戻りたい」。最首は少しの沈黙を挟んでつぶやくように言った。「ぎすぎすとした息苦しい社会に平穏はない。穏やかさは希望だと思う」

それだけに責任能力の有無だけを争点にした裁判には、むなしさが募った。判決後の会見で、最首は「被告を裁くだけの裁判に終わった。障害者本人やその家族、障害者福祉に関わる人々の願いとは程遠い内容だった」と残念がった。突飛な考え方をする人間が引き起こした特異な事件として断罪してみせるのではなく、植松の主張を「社会への告発」として受け止め、真の動機を引き出してほしいと期待していたからこその落胆だった。

植松への返信は、もう届かない。死刑が確定し、外部との面会や手紙のやりとりは厳しく制限されるためだ。それでもこれまでと同じように、毎月１通ずつ、自身の思いを言葉にして紡いでいくつもりだ。「彼と、彼の主張に賛同する社会の大多数に宛てた手紙だから」。学者として、障害のある子どもを持つ親として、細く、長く、ゆっくりと。

※最首から植松への手紙は、神奈川新聞サイト「カナロコ」（https://www.kanaloco.jp/）に掲載している

4 「被告を死刑とする」

最後に言いたかったこと

死刑判決が言い渡された津久井やまゆり園事件の裁判員裁判
（2020年3月16日午後、代表撮影）

「主文、被告人を死刑に処する」

２０２０年３月16日、横浜地裁１０１号法廷。約45分間に及んだ青沼潔裁判長による判決文の朗読を、植松は証言台の前の椅子に座り、真っすぐ前を向いたまま聞き入った。時折ふうと大きく息を吐き、前方に並ぶ裁判員を左から右へ見渡すしぐさも見られた。

判決理由で裁判長は「被告の重度障害者への考えは勤務経験などからきており、了解可能だ。病的な思考障害とは言えない」と指摘し、植松の事件当時の刑事責任能力を認定。大麻精神病に罹患し、心神喪失状態だったとする弁護側の無罪主張を退けた。

「閉廷します」。裁判長がそう告げた瞬間だった。植松は「すみません」と突然右手を挙げ、人さし指を立てて「一つだけ」と言って発言の機会を求めた。

「閉廷、閉廷」「傍聴人は退廷してください」。裁判所職員の怒号が響き、初公判の時と同じように廷内は一時騒然とした雰囲気に包まれた。発言は認められず、植松は刑務官6人に囲まれながら、退廷する裁判長の背中を見送った。

何を言いたかったのか。判決言い渡しから約1時間後、横浜拘置支所の面会室で神奈川新聞の接見取材に応じた植松は「世界平和に近づくためにはマリファナ（大麻）が必要、と伝えたかった」と説明。その意図については「大麻を吸うことによって意思疎通できなくなったら死ぬしかないと気づけるようになる」と答えた。

弁護側は判決を不服として27日に控訴したが、控訴期限の30日に植松本人が取り下げ、一審横浜地裁の死刑判決が31日確定した。植松は公判の最終意見陳述で「どんな判決でも控訴しない」と宣言し、接見取材でも弁護人が控訴しても自身で取り下げる意向を示していた。

弁護人は4月2日、控訴の取り下げを無効とするよう求める申し入れ書を地裁に提出した。

判決文要旨

横浜地裁の判決要旨は次の通り。

［罪名］

建造物侵入、殺人、殺人未遂、逮捕致傷、逮捕、銃刀法違反

［主文］

被告を死刑とする

［罪となるべき事実］

被告は、津久井やまゆり園に入所している利用者のうち、被告が意思疎通できないと考える障害者を多数殺害する目的で、２０１６年7月26日午前1時43分ごろ、相模原市緑区の津久井やまゆり園敷地内に通用口の門扉を開けて侵入した。

同日午前1時43分から同2時48分ごろまでの間、施設内の各居室またはその付近で、いずれも殺意をもって利用者43人の身体を柳刃包丁等で突き刺すなどし、19人を死亡させて殺害し、24人には各傷害を負わせた。

前記犯行の際、外部への通報を防ぐなどのため、夜勤職員の身体を拘束しようと考え、夜勤職員5人を結束バンドで手すりに縛り付けるなどして、不当に逮捕し、うち2人に全治1週間から2カ月の傷害を負わせた。

被告は、正当な理由なく、同日1時43分ごろ、施設内で、柳刃包丁1本、ペティナイフ3本、菜切包丁1本を携帯した。

［責任能力］

争点は犯行時における責任能力の有無と程度である。裁判所は、被告に完全責任能力があったと認めた。

弁護人が依頼した鑑定医は、被告は大麻精神病であり、犯行にはその影響が深く関与したと判断した。診断基準として指摘したうち、被告が大麻の長期常用者であったことは証拠上、容易に認められる。だが、被告の思考が病的な思考や思考障害によるもので、幻覚や妄想もあったとした点、言動には能動性の逸脱があり、動因逸脱症候群であるとした点については採用できない。

各点を検討するために、証拠上認められる前提事実を示す。

被告は２０１２年12月、やまゆり園で勤務を始め、当初、友人らに利用者のことを「かわいい」と言うことがあった。しかし、仕事中、利用者の自分勝手な言動に接したこと、職員が利用者に暴力を振るい、人として扱っていないように感じたことなどから、重度障害者は不幸であり、家族や周囲も不幸にする存在だと考えるようになった。

それと前後して、世界情勢に関心を持つようになり、過激な言動で注目を集める海外の政治家のニュースを見て、勇気を持って真実を言ってよいと感じたり、国際的なテロに関するニュースを見て、金が不足しているから紛争が起きると考えたりするようになった。被告は遅くとも16年2月ごろまでには、友人らに対し、重度障害者は不要である、政府の許可を得て殺害するなどといった内容の発言をするようになった。

16年2月13〜15日の間、衆議院議長宛ての手紙を渡すため、衆院議長公邸や周辺を訪れ、手紙を受け取ってもらった。手紙には「障害者は不幸を作る」という考えが記載され、具体的な方法として「職員の少ない夜勤に決行する」などと書かれていた。

被告は16年2月19日、手紙を差し出したことなどを理由に措置入院となり、やまゆり園を退職し、3月2日、措置入院解除となって退院した。

16年7月24〜25日、大麻を使用し、26日未明にかけてホームセンターで結束バンドやハンマーを購入し、友人と焼肉店で飲食するなどした。その後、刃物を携帯して車でやまゆり園を訪れ、犯行に及び、警察署に出頭した。

犯行動機は、意思疎通できない重度障害者は不幸で、家族や周囲も不幸にする不要な存在であるから、自分が殺害することで不幸が減り、賛同が得られ、自分は先駆者になれるというものだ。

弁護側鑑定医は、了解できない思考への飛躍・逸脱があるとするが、重度障害者の存在に否定的な内容という点では方向性が同じで、不自然とは言えない。思考の形成過程についても、到底是認できない内容だが、障害者施設での勤務経験などに基づき、病的な飛躍があったとは言えない。被告の考えは了解可能であり、弁護側鑑定医の判断は不合理だ。被告に幻覚や妄想があったことは否定できないが、程度は強くなかった。

犯行時、被告は一貫して重度障害者の殺害という動機に沿った言動をしていた。他方で殺害行為の間に周囲の状況に対応して行動を柔軟に変更するなど、動機と矛盾しない言動もとっていた。能動性の逸脱はなく、動因逸脱症候群を伴う大麻精神病に罹患《りかん》していた疑いはない。

裁判所が選任した鑑定医は、大麻使用障害・大麻中毒を罹患していたとする。犯行の動機は了解可能であり、計画性、一貫性、合目的性が認められる。被告が書いた手紙からは違法性を認識していたことは明らかだ。以上の点に照らすと、犯行に特別不合理な点は見受けられない。大麻やこれに関係する精神障害が犯行に影響したとは考えられず、犯行時、被告の善悪を判断する能力や行動をコントロールする能力が喪失、低下していた疑いは生じない。

［量刑の理由］

19人もの人命が奪われた結果は、他の事例と比較できないほど甚だしく重大だ。殺人未遂にとどまった24人も傷害の程度に軽重はあるが、いずれも相当な生命の危険にさらされ、結果は重大だ。

被告は、職員が少ない時間帯を狙い、複数の刃物や結束バンドなどを用意した上、職員を拘束して通報などを防ぎ、抵抗困難な利用者らの胸や背中、首といった枢要部を複数回突き刺すなどした。計画的かつ強烈な殺意に貫かれた犯行で、悪質性も甚だしい。

動機の形成過程を踏まえても酌量の余地は全くなく、厳しい非難は免れない。被害者遺族らが峻烈《しゅんれつ》な処罰感情を示すのも当然である。

被告が犯行時26歳と比較的若く、前科がないことなど情状をできる限り考慮しても、死刑をもって臨むほかない。

教訓はあぶり出されたのか

障害者19人が殺害された事件から3年8カ月。植松に対する横浜地裁の裁判員裁判は死刑判決を言い渡した。結審までに16回開かれた公判は刑事責任能力の有無や程度に争点が絞られ、障害者への差別意識を持つに至った経緯はほとんど解明されなかった。悲惨な事件を二度と生まないために、社会で共有すべき教訓があぶり出されることを多くの人が裁判に期待した。この結末を、識者はどう見たのか。

「再発の火だね」残ったまま――藤井克徳さん

ふじい・かつのり　１９４９年生まれ。日本障害者協議会代表。東京都立小平養護学校（現特別支援学校）の教諭を経て、日本初の精神障害者の共同作業所などの活動に従事。共同作業所の全国組織「きょうされん」専務理事。

死刑判決は予測の範囲内だ。ただ、私の中では決着は付いていない。「被告が犯行に及んだ理由を知りたい」。市民の期待はこの一点に尽きたが、それに応えられない拙速な裁判だった。何のため、誰のためにあったのか。本人罰して教訓残らず、だ。その要因は、裁判において三つの要素が不在だったことにある。「固有名詞」と「本質的争点」、そして「被告人弁護」だ。

一つ目の固有名詞の不在は、被害者氏名。差別を問うた裁判のはずが、匿名に付されたこと自体が差別にあたる。二つ目の不在は、本質的争点。裁判の争点は刑事責任能力の有無に絞られた。一方、世間の関心事は「なぜ事件が起きたのか」ということ。障害者を卑下する被告の借り物の優生思想は、どこから生まれたか。犯行当時の被告は26歳の青年であり、彼の人格形成期、職業生活期に迫ることが重要だった。彼の人格形成は分からずじまい。入り口でとどまったまま終わった。三つ目は弁護の不在。弁護人との関係性は希薄で意思疎通が不十分。刑事責任能力の有無だけでなく、彼の言論を形成した背景に迫るのも弁護人の役割ではないか。

日本の障害者問題は今後どうなるのか。死刑が確定すれば、残るのは被告の「重度障害者は安楽死させるべき」という発言と彼の名前だけ。風化は一層早まる。氏名の不在もそれをさらに加速させる。ネット上には彼の言動を賛美する声もはびこる。再発の火だねだ。だからこそ裁判は「小さな植松」を内発的に諭すべきだった。日本社会は「小さな植松」「植松の相似形」を生まないための大きなチャンスを失った。

「異常者」は社会がつくり出す――藤田孝典さん

ふじた・たかのり　1982年生まれ。NPO法人「ほっとプラス」理事。社会福祉士。NPO法人で首都圏での生活困難者の支援に取り組む。聖学院大学客員准教授。

死刑判決は予想通りといえば予想通りだが、これで終わりにしてほしくはない。このまま終わってしまうと、同様の事件が繰り返されるのではと危惧している。国は社会保障費をかなり圧縮しなくてはいけないなどと繰り返し喧伝《けんでん》しており、その中で命が軽視されている。被告自身も「社会福祉の対象者は〝お荷物〟なんだ」と感じながら、プロパガンダのように繰り返し受け取っていたのではないか。

社会福祉専門職として自分の言動を振り返らなければならない。たとえば、介護予防するとこれだけコストが抑えられるとか、分かりやすいため学生にそういう説明をすることがあるが、命とお金をてんびんにかけることになる。僕たちは財政を健全化させるために現場で人を支援しているわけではない。あらためて基本的な人権、倫理、そこに立ち返らなければならない。「共生社会の実現」など言葉だけとなっているものを、具体的に政治政策の領域から是正しなければ、被告と同じような考えを持つ人たちが次々と生まれてくるのではないか。次は高齢者、障害者、失業者、生活困窮者、ホームレスが狙われるかもしれない。この事件は特異ではなく、いつ、どこで再び起きてもおかしくない。

強調しておかなければいけないのは、（事件は）あくまで社会環境や経済行動がつくったものということ。そう総括しておかなければ、また「変なモンスター」や「特殊な人間」が現れて事件を起こしても、あいつは特別なやつだから、ということで終わる。「異常者」は私たちの社会がつくり出す。それをどれだけ実感できるかが重要だ。

「命の選別」重ねるジレンマ――森達也さん

もり・たつや　1956年生まれ。映画監督、作家。代表作にオウム真理教の信者に密着したドキュメンタリー映画「A」「A2」。最新作で東京新聞社会部の望月衣塑子記者を追ったドキュメンタリー「i――新聞記者ドキュメント――」。明治大学特任教授。

判決そのものに驚きはない。ただ、気づいたことがある。大きな事件になればなるほど被告の心の中を司法がきちんと解明できなくなっている、ということだ。たとえば、秋葉原の雑踏にトラックで突っ込んだ秋葉原通り魔事件やオウム真理教事件における麻原法廷。大事件が起きるたび死刑という大前提が設定され、司法はそれに抗《あらが》えない状況が加速している。

そもそも今回の裁判は異常だった。19人も殺害された事件で審理期間が2カ月もない。事実関係がほとんど争われなかったことや公判前整理手続きなどを加味しても、あまりに短すぎる。

死刑という結論に向けて、余計なものは排除するという意思を感じるのは僕だけだろうか。

僕たちの意識の奥底にある不可視にしてきた部分に、彼はあいくちを突きつけてきた。命が平等であるならば、出生前診断はやるべきではない。脳死の判定基準はどうすべきか。これらの矛盾が標的になった。だから簡単に切り捨てられない。彼の命を選別するロジック（論理）に対抗するためにも自らの足元の矛盾を見つめて言語化し、あらためて「命は平等」という「きれい事」を掲げ直すしかない。だが、時間が足りなかった。

死刑制度そのものの問題もあった。彼が犯した罪は命を選別し「生きる価値がない」と断定して殺したこと。その彼を僕たちが「生きる価値がない」と断定して処刑する。選別に対する選別。これほどのジレンマはない。

判決確定前に彼に接見し、「控訴してほしい」と頼んだ。この国のためにも、ここで裁判を終わらせる前例をつくるべきではないと思ったからだ。でも彼は、最後まで首を縦に振らなかった。

第3章

匿名裁判

執筆　川島秀宜
デスク　田中大樹

1　記号になった被害者

異常な裁判

やまゆり園事件の裁判員裁判は２０２０年1月8日、被害者48人のうち、実名を希望した１人を除き、匿名で審理が始まった。被害者側が要望し、横浜地裁が氏名や住所といった「被害者特定事項」について、秘匿制度の適用を決定していた。呼称は、アルファベットのみで表すにはA～Zの26文字で足りず、殺人の犠牲者19人を「甲」、殺人未遂の負傷者24人を「乙」、拘束された職員5人を「丙」として区別し、それぞれにアルファベットを割り当てた。たとえば、１人目の犠牲者である19歳の女性は「甲A」になった。

裁判は憲法に基づき、公開が原則だ。秘匿制度は、犯罪被害者の権利拡大により、07年に刑事訴訟法が改正されて導入された。もともと、性犯罪や反社会勢力が関与した犯罪の被害者のほか、被害者の名誉や社会生活の平穏が著しく侵害される恐れがある事件が想定された。最高裁によると、08年から18年まで、全国の裁判所で4万１０００人余りに適用されている。

事件の裁判は3月16日まで17回にわたり、横浜地裁で最も広い１０１号法廷で開かれた。裁判に参加する被害者家族は、検察官のそばに収まりきらず、地裁は公判廷を傍聴席の一角まで拡張。本来は84ある傍聴席のうち、30席を被告席や傍聴席から見えないよう衝立《ついたて》で遮蔽《しゃへい》し、被害者用に割り当てた。横浜地検は、地裁に隣接する庁舎間の被害者家族の移動に、車内が見えないバスを活用した。裁判長の青沼潔は毎回の裁判冒頭、遮蔽内をのぞいたり、立ち入ったりした場合、「身体を拘束し、懲役刑や罰金刑に処すこともある」と注意を重ねた。こうした配慮は、最高裁も「把握していない」という。

刑法学者やジャーナリストらでつくる司法情報公開研究会は判決の2カ月後、被害者の匿名化や傍聴席を縮小した地裁の対応を問題視し、裁判公開原則の重視と傍聴機会の確保を最高裁に求めた。それほど「異常」(研究会共同代表の江川紹子)な「匿名裁判」だった。

被害者の匿名が定着したのは、なぜか。その契機は、事件当日の16年7月26日にさかのぼる。

事件当日に打たれた布石

神奈川県警本部(横浜市中区)の11階。未明の襲撃から半日後の午後2時半、捜査1課のレクチャーが始まった。課長代理の本城宏一がやまゆり園の元職員、植松聖の逮捕と捜査本部の設置を発表し、特定した犠牲者1人の身元を同時に明らかにした。「相模原市緑区在住　A子さん　19歳」。「甲A」の、かつての呼称だった。

本城が逮捕直後の植松の供述や凶器について補足の説明を終えると、詰めかけた記者から矢継ぎ早に質問が飛んだ。大麻使用の形跡、被害者の負傷部位、侵入経路——。被害者の匿名について質問が及んだのは、終盤になってからだった。

本城は、「最終決定ではない」と前置きして「A子さん」とした理由を説明した。「被害者は知的障害者という特異な立場にあり、家族が非公表の極めて強い希望を持っている」。匿名発表を巡る、県警としての最初の見解だった。

県警記者クラブに加盟する17社に対し、県警は被害者を実名で発表するのが従来の原則だ。匿名を希望する場合も、その意向と程度を付記して実名で発表し、報道の是非を各社に委ねてきた。

「A子さん」の呼称は、記者クラブとのこうした信義則を破る県警の決断だった。記者側は違和感を覚えながらも、未曽《みぞう》有の惨事に直面し、事件の大筋をつかむ取材に追われた。一部の記者が「実名発表が原則だ」と食い下がったが、それ以上の追及はなかった。説明を一通り終えた本城は「今後もこの方針でいく」と、さりげなく匿名化の布石を打っていた。

県警は当夜のうちに、殺害されたほか18人の呼称もアルファベットで発表した。26〜70歳の女性9人を「B子さん」から「J子さん」、41〜67歳の男性9人を「K男さん」から「S男さん」として。

「遺族の意向」押し切った県警

県警は「例外的な対応」と認識しながら、「遺族の意向」を根拠に匿名化の押し切りを図る。発生から8日後の8月3日。県警は、初めて匿名発表の説明に特化した会見を開いた。事件以来、神奈川新聞を含む複数の記者クラブ加盟社から、個別に、散発的に、抗議や疑念が寄せられていた。各社を沈静化させようとする県警の思惑が透けていた。

刑事総務課管理官の荻原英人が説明した。荻原は「オフィシャルに詰めたコメント」と強調し、同じ文面を2度読み上げた。「知的障害者の支援施設であり、ご遺族のプライバシー保護の必要性が極めて高いと判断した。遺族からも報道対応に特段の配慮をしてほしいとの強い要望があった」

神奈川新聞県警キャップの川村真幸ら一部の記者が、荻原に迫った。

――県警は遺族への接触を今後も続けるのか。時間がたつにつれ、メディアに何らかの情報を発信したいと考える遺族もいるかもしれない。

「県警としてのコメントではないが、わたし個人の話として、そういうご意向があれば、着任した代理人弁護士が情報発信すればよいのではないか、と考えている」

――時間の経過とともに心情が変わるかもしれない遺族に、継続的に接触して支援するつもりはあるか。

「きょうはどうですか、と聞くわけではない」

――メディアに発信したいと遺族の心境が変化したら、それをメディアに取り次ぐのも、県警の被害者支援ではないのか。

「たら、れば、には答えられない。希望する方もいるかもしれないが、仮定の質問には、答えは差し控える」

――被害者が知的障害の支援施設の入所者であることと、プライバシー保護の関係は。

「コメントとして、これ以上のコメントはない。知的障害者であることを隠したいとか、身内や親族に障害を内緒にしているとか、遺族から具体的なコメントはあったのか、わたしからは申し上げられない」

――プライバシー保護の必要性はなぜ、「極めて高い」のか。その理由が分からない。

「知的障害者の支援施設だから。それ以上は……」

――実名で発表すれば、被害者イコール知的障害者と分かるからか。

「一般論として申し上げれば、障害者と知られたくない人もいる。遺族からどういう要望があったかは答えられない」

──説明になっていない。なぜ知的障害者だからプライバシー保護の必要性が高いのか、もっと丁寧な説明が必要だ。

「それ以上の中身の説明はしない」

──知的障害を理由に特別扱いするのは、逆差別ではないのか。

「県警の対応について、さまざまな意見があることは承知している。警察として個々の意見に見解を述べることは差し控える」

──この事件以外にも、知的障害者が事件の被害に遭うケースが少なからずある。その場合はどう対応しているか。

「一般論として申し上げれば、関係者のプライバシー、公表することで得られる公益、公表が捜査に与える影響など、個別の事案ごとに総合的に勘案して判断している。これは理解してほしいが、今回の事案を盾に実名発表の原則が後退するのではないかという懸念があるとすれば、それはない」

──20年以上、神奈川で記者をしてきて、警察の取材もしてきたが、おっしゃる通り極めて異例の対応だ。異例なことには理由がある。申し訳ないが、理由を説明していない。文面を読んでいるだけ。意図も説明していない。

「それは、あなたがそう感じているだけ。わたしがこれ以上、解説することはしない」

――つまり、十分説明していると。

「これは警察として、オフィシャルに詰めた文章。これ以上、解説することは差し控えたい」

問答は終始かみ合わず、会見は23分で終わった。

被害者のあらゆる情報が隠された事件当初、取材による「遺族の意向」の検証は望むべくもなかった。県警がその根拠とした一方的な説明はこうだ。事件当日の午後、被害者支援室の担当者が園内で19人中18人の遺族に匿名発表の希望を直接確認し、居合わせなかったもう１人の遺族からも代理人弁護士を通じて同様の要望が寄せられた、と。

遺族、混乱のさなかで

実際はどうだったのか。遺族に対する取材や、裁判で明らかになった県警の調書から、当日の混乱が浮かび上がる。肉親の訃報が不意にもたらされた遺族にとって、実名報道の公益性まで考慮できるほどの余裕は、到底なかった。失意のさなかに決めた匿名希望は、いわば必然といえた。県警側が強調する「遺族の意向」は、一時的な判断に過ぎなかった背景が見えてくる。

弟（当時66）が園に入所していた男性は、ラジオを聞きながら就寝するのが習慣だった。あの日。夏空が白むころ、夢うつつの男性はラジオが「やまゆり園」と連呼しているのに気づいた。テレビをつけた。しばらくすると、速報のテロップが打たれた。《2人死亡、負傷多数》。空撮が救急のテントを映し出す。弟が居住する「いぶきホーム」の西棟から離れた場所に設置されているのが分かった。「入所者は１６０人いる。弟は大丈夫だろう」。無事を信じて疑わなかった。

数時間後、電話が鳴った。園からだった。あいさつもそこそこに、職員が告げたのは弟の死。「目の前が真っ暗になった」と男性は振り返る。数十分後、再び連絡があった。「こちらに来てください」。妻と園に急いだ。

救急車やパトカーが行き交い、上空を報道のヘリコプターが旋回していた。集落の平穏は見る影もない。

同じように園に呼び出された女性は、張り巡らされた県警の規制線をくぐり、救急のテント脇を駆け抜け、長女（当時40）が入所する東棟の「はなホーム」に飛び込んだ。「娘はいますか」。鑑識の捜査員に尋ねたが、「立ち入り禁止」と注意された。テレビドラマのような光景で、現実を受け止めきれなかったという。長女の居室は目と鼻の先だったが、安否の確認は許されなかった。

救急隊員は、負傷程度に応じて治療や搬送の優先度を色分けして決めるトリアージに追われていた。重傷の「赤」、中程度の「黄」、軽傷の「緑」と判定された負傷者は病院に搬送され、無事だった入所者は居室や体育館に身を寄せた。それぞれの家族が方々に散った。

園内には血痕が無数に点在していた。すぼめた傘から、水滴がぽたぽたとしたたるように。心肺停止を意味する「黒」に色分けされた入所者の家族、つまり、のちの遺族が誘導されたのは、管理棟の集会所の一室だった。「家族控室」と張り紙があった。

そこは「どんよりと空気の重い部屋」（遺族）だった。出迎えた職員は「申し訳ありません」と憔悴《しょうすい》して低頭するばかり。机上に入所者名簿があった。姉（当時65）の氏名を見つけた男性は、視線を隣に移した。「×」印があった。大半の入所者は「〇」。「この記号はどういう意味ですか」。男性は周囲に尋ねたが、だれも答えようとしない。「×」のさらに隣を見やり、息をのんだ。《5時39分死亡確認》。看護課長が身もだえていた。「守れなくてごめんなさい」と何度も謝りながら。

「〇」か「×」。それは生死を分ける印だった。妹（当時70）の「×」を指し、立ちすくんでいた男性が叫んだ。「死んじゃったのか」。無言でうつむいていた遺族たちは、せきを切ったように声を上げて泣き出した。

備え付けのテレビに、園舎の外観が映し出されていた。遺族の1人が申し立てた。「（死亡した家族の）名前をテレビに出さないようにしてほしい」。ほか2、3人が同調した。異論はなかった。県警は「約束できないが、検討する」と応じた。別の遺族は「警察と園職員と遺族が、名前を出すか出さないかで、とてももめていた」と明かす。この遺族は頭痛にさいなまれ、「わたしは言葉が出ず、一言も発せられなかった」と振り返った。

県警は、遺族を匿名希望に誘導する言動はしていない、と断言する。遺族らによると、半面、実名発表による公益性についての説明はなく、以降も匿名のまま報道対応を続ける方針も、この時、県警から伝えられていなかった。遺族の１人は「その時は匿名を希望したが、事後も、という発想はなかった。そこまで頭が回らなかった」と打ち明ける。

遺族が犠牲者と再会できたころには、日が暮れていた。痛ましい傷痕が刻まれた亡きがらと対面し、最愛の肉親の死を受け入れなければならない苦難が待っていた。

ストレッチャーに載せられた女性（当時65）は、シートに包まれ、顔だけが露出していた。弟は「姉ちゃん」と呼びかけながら、頭をなでた。県警から後日、死因は出血性ショックと聞かされた。「即死でしたか」と尋ねると、「医師によると、傷を負って数分間は……」と答えたきりだった。せめて、苦しまずに亡くなっていたら、と望んでいたが、それすらもかなわなかった。左手に貫通した刺し傷が残されていた。「必死に身を守ろうとしたのか。姉は地獄のような数分間を味わったと思うと、かわいそうでなりません」と嘆いた。

犠牲者の顔に、化粧が施されていた。姉（当時55）を奪われた男性は「きれいで、まるで寝ているようでした」と思い起こす。体は冷たかった。首にガーゼが巻かれていた。治療の跡だと分かった。男性は現実を突きつけられ、１人泣いた。「姉の恐怖、痛みを想像すると涙が止まりませんでした」

最後に襲われた男性（当時43）の左手にも、抵抗した傷痕があった。母親はこの長男を抱き寄せた。表情はうめき声を上げるかのように苦しそうで、ほおは「氷のように冷たかった」。別の男性（当時43）は笑っているようだった、と母親は振り返る。出血しきった顔は、ほおがこけ、やせたように見えた。仏の道を歩み始めたと思った。「いままでありがとう。生まれてきてくれて、幸せだったよ。わたしもすぐ、いくからね」。母親は、そう話しかけたという。

2番目に襲撃された女性（当時40）の髪は、乾いた血液で固まっていた。母親が触れると、「パリパリ」と音を立てた。眼が腫れ上がり、背中に刺し傷が集中していた。女性はうつぶせで寝るのが習慣だった。母親は、寝込みを襲われたと悟った。長女（当時46）を失った母親も、「生命の温かみはありませんでした」と明かした。

現場は、一線の捜査員でさえ狼狽《ろうばい》するほど凄絶《せいぜつ》を極めていた。「こんなのありかよって。夢なら覚めてほしいと思った」。自然災害や爆発事故を除き、これほどの人命が奪われた不条理に遭遇した経験は、いまだかつて、誰1人としてなかった。取材に応じた捜査員は、当時を思い起こし、泣いていた。

原則通り実名か、遺族に配慮し匿名か。県警内部でも、上層部で見解が割れた。幹部が明かす。「管理側の警務部と、捜査を担う刑事部のキャリアとで論争になった」。最終的に警察庁が匿名発表の方針を決めた。

刑事畑を歩んできた幹部の語り口に諦念がにじむ。「この国に、障害者を受け入れる寛容さはあるか。悔しいが、ないだろう」。入所していたきょうだいの存在を、結婚相手にも打ち明けられないままの遺族もいると明かした。「そういう方々から『名前を出さないでくれ』と頼まれ、実名発表に踏み切るわけにはいかなかった」

匿名容認した記者クラブ

県警本部2階の記者クラブ。実名発表の原則を破られた報道側は、加盟社のキャップ級が対応を協議した。表向きの報道は、県警の匿名発表を一様に問題視していたが、内情は違った。神奈川新聞の川村は「温度差がかなりあった。強く異議を唱えようとしたのは、ごく一部の社だけだった」と振り返る。

重大事件が起これば、捜査筋の特ダネを先んじて報じようと、各社の報道競争は激化する。まして、犠牲者数が「戦後最悪」とされる殺人事件だ。情報が集まる捜査1課に「弓を引くのはどうか」と、情報源との関係悪化を懸念するキャップもいた。

県警側は、記者クラブの足並みがそろわない事情を見透かしていた。「一枚岩になれないんでしょ」。取材中、捜査幹部は皮肉った。

県警と記者クラブ間の「実名発表の原則」は、あくまで慣例でしかない。そもそも、実名発表の是非に関わる判断は法制上、警察に一任されている。根拠は、04年に成立した犯罪被害者等基本法に則《のっと》った政府の基本計画だった。

一節にこうある。

《警察による被害者の実名発表、匿名発表については、犯罪被害者等の匿名発表を望む意見と、マスコミによる報道の自由、国民の知る権利を理由とする実名発表に対する要望を踏まえ、プライバシーの保護、発表することの公益性等の事情を総合的に勘案しつつ、個別具体的な案件ごとに適切な発表内容となるよう配慮していく》

つまり、実名か匿名か、警察が決める、という内容だ。

日本新聞協会と日本民間放送連盟は当時、この項目を削除するよう政府に申し入れたが、受け入れられず、05年の計画策定後に「被害者の発表は実名でなければならない」とする共同声明を発表した。理由は、①正確で客観的な取材、検証、報道で、国民の知る権利に応えるという使命を果たす②被害者やその周辺取材が困難になり、警察に都合の悪いことが隠される恐れもある——の二つだった。

匿名発表を巡る警察とメディアの対立は、突き詰めると、05年当時のこの確執に帰結する。やまゆり園事件も例外でなかった。

県警の匿名発表に対し、記者クラブが対応を固めるまで、13日を要した。捜査本部に口頭で申し入れたのは、①実名発表が原則で、メディア側が自律的に実名報道の是非を判断する②今回の匿名発表を前例にしない——の2点。それは、19人の匿名化の、記者クラブによる容認にほかならなかった。応対した本城は「それぞれの立場は理解しており、報道各社の原則についても理解している。今後の広報について、今回の匿名で発表したという事実にしがみついて、それにならうことはない」と回答した。

捜査1課と記者クラブとの攻防はこうして終息したが、県警に対する批判は、依然として続いていた。神奈川新聞は当時、こう主張している。《失われたものの大きさを理解するためには、実名を起点とする取材が不可欠だからだ。被害者の歩みや人柄、家族の心情などを深く理解しなければ、たどり着くことはできない》（16年10月15日、特集）

そして、「理不尽に『明日』を断たれた19人の人柄であり、生きた証し」（同月25日、社説）を報じようと、記者たちは取材にまい進する。人づてに園関係者を訪ね歩き、聞き込みを重ねて犠牲者を特定していった。遺族の自宅を訪ね、時には葬儀場まで出向いた。ある遺族は、押し寄せた記者が斎場に立ち入らないよう、県警に対応を要請していた。

募ったメディア不信

神奈川県弁護士会の犯罪被害者支援委員会は重大事件の被害者に対し、主体的に代理人への委任を働きかけている。メディアスクラム（集団的過熱取材）から被害者を守るためだ。やまゆり園事件でも、最終的に1人を除く18人の遺族に代理人が着任し、一様に取材の自粛を求めた。

代理人を通じて談話を寄せた遺族の1人は、安堵していた。匿名発表によって「自宅に大勢記者が押しかけるということも避けられた」。「今後も、静かな生活を乱されたくありません」と切望した。

メディアの取材が不信を招き、態度をさらに硬化させた遺族もいた。読売新聞は事件から2年を迎えた18年7月26日の朝刊で、兄（当時55）を殺害された女性との会話について、「優しい兄奪われた　風化恐れ思い語る遺族」との見出しで、「この6月、女性は初めて取材に応じた」と報じた。しかし、代理人弁護士によると、女性は取材に応じた認識はなく、会話の内容を報道する意図も伝えられていなかった。「記事が掲載されたことで非常に憤慨している」という。代理人はこの日のうちに県警記者クラブの加盟社に対し、女性に接触しないよう要望した。

匿名で発表された被害者は17年2月、横浜地検が植松を起訴すると、「V」と化した。「Victim（被害者）」の頭文字。便宜上、それぞれに数字が割り振られた。「A子さん」と呼ばれた19歳の女性は「V1」になっていた。

このころには、神奈川新聞はある程度の犠牲者の実名を把握していた。県警を批判し、実名報道の重要性を説きながら、実際は匿名報道を続けたのはなぜか。当時の報道部長、鈴木達也は「事件発生当初は入所者の安否を明らかにするため、実名を伝えること自体に意味があったが、時間の経過とともに、実名はその人柄と一緒に報じる局面に入っていた。遺族と信頼関係を築けていない状態で、それはかなわなかった」と説明する。

メディア不信は、検察によっても、あおられていた。19年4月、横浜地検は被害者の家族を集め、裁判官、弁護人の3者による公判前整理手続きの内容について、非公式に報告した。裁判を担当する検事自らが説明した。関係者によると、翌20年1月に裁判が始まる見通しを伝えた検事は、「これから話す内容は、マスコミに話すのはやめていただきたい」と、くぎを刺した。メディアスクラムを懸念していた。「マスコミの取材で苦しんでいる被害者もいる。報道され、またマスコミの取材が集中して嫌な思いをするのはよくない」。半面、「検察側は被害者とともにありたい」と強調した。

19人は「V」から裁判で「甲」のA～Sに転じた。20年2月の第14回公判で、「甲E」と呼ばれた女性（当時60）の弟は意見陳述し、匿名について言及した。「県、県警、地検、地裁、そしてやまゆり園のみなさん、この3年半、本当に優しく助けていただきました。匿名により非難され、申し訳ありませんでした」。そして、続けたのは、傍聴席の記者たちに向けた嘆願だった。「後ろにいらっしゃる報道のみなさん、匿名により取材に苦労され、世の中に伝えるのに大変だったと思います。この事件を機に報道の仕方をもう少し考えていただければ、ありがたく思います」

やまゆり園事件後、さらなる犠牲をもたらし、「戦後最悪」とされた京都アニメーション放火殺人事件（19年7月）。京都府警も当初、犠牲者の実名を一括して公表しなかった。京都新聞によると、従来通り公表方針の府警側と「遺族の了承が必要」と判断した警察庁側で、見解が対立したためだ。遺族が了承した10人の実名が公表された事件15日後を転機として、結果的に全員の実名が公表された。

府警記者クラブは、メディアスクラムを回避するため、加盟社が対応を協議した。京都新聞が主導した。事件40日後、ほか25人の実名が公表されると、加盟社の代表者が取材の可否について遺族の意向を確かめ、取材に応じる場合は代表取材か囲み取材を提案するよう加盟社で申し合わせた。神奈川のメディアが踏み込めなかった対応だった。

2　実名の意味

命は等価という通念

わたしたちメディアはなぜ、犠牲者の実名報道にこだわるのか。「生きた証し」を伝え、事件を社会全体で共有するため――。重度障害者19人が刺殺されたやまゆり園事件でも、クリエーター36人が殺害された京都アニメーション放火事件でも、そう主張してきた。それは、命は等価であり、あるがままに尊いという通念によって立つ。やまゆり園事件の遺族は当初、障害者差別が潜在する現実を告発し、その通念自体を揺さぶり、そして匿名化を望んだ。

19人の呼称に「甲」とA～Sのアルファベットが割り当てられ、20年1月に始まったやまゆり園事件の裁判。前夜、1人の遺族が3年半の沈黙を破り、「甲A」とされた長女（当時19）の名前と顔写真の公表に踏み切った。一生懸命生きていた「美帆」の証しを残したい、と。その決断は、命に優劣をつける被告の偏見、さらにはこの国のありようを克服するためでもあった。生きた証しとは、実名とは、何だろう。本節で考えたい。

「あなた」の限界

追悼とは、「遺影と名前に向かって祈るもの」と、神奈川県知事の黒岩祐治は考える。県主催の追悼式が巡り来る毎夏、黒岩はその信念と現実との落差を突きつけられている。県職員が家族会と園の運営側に遺族の意向を確認するたび、実名による追悼は容易でないと思い知らされる。

県は事件当初から、19人の実名を把握していた。匿名による対応を決めたのは、犠牲者の知的障害を理由に「遺族のプライバシー保護の必要性が極めて高い」と判断した県警と「歩調を合わせる」（保健福祉局）ためだった。黒岩は「障害者だから実名で追悼できないというのは違和感を覚える」とはがゆそうだが、「遺族の反対を押し切ってまで、実名は公表できない」と折り合ってきた。

実名を匿《かくま》いながら、しかし、19人の個性を尊重し、それぞれの死を悼むにはどうすればいいのか。県は腐心する。園職員に犠牲者の人柄について聞き取りを重ね、17年7月の追悼式で試みたのが、生前のエピソードを紹介する次善策だった。呼称は無機質な記号でなく、「あなた」とした。

祭壇に語りかけるように、黒岩は670人の参列者に披露した。「寒い冬のラーメンを楽しみにしていた、あなた」「お天気が良い日の日なたぼっこが好きだった、あなた」

以降、2回の追悼式。読み上げられたエピソードは一語一句、全く同じだった。19年夏は、入所者が19人をしのんで描いた絵を飾り、かろうじて既視感を払拭《ふっしょく》できた。県職員は葛藤する。

「本当は実名で追悼したい。事件を風化させないためにも」

参列した遺族は、17年が12組25人、18年が9組19人、19年は7組10人と減じる一途だ。全国の知的障害者の家族を対象に共同通信が19年6～7月に実施したアンケートによると、8割近くが事件について「社会の関心が薄れている」と懸念し、3割は「事件は風化し、結局何も変わらなかった」と答えた。

20年7月の追悼式は、新型コロナウイルス感染拡大の影響で中止になった。

隠された存在

県警の匿名発表と県のその追認に対し、「手の合わせ方も変わり、いまのような状況では一人ひとりの死を悼みにくい」（ＮＰＯ法人日本障害者協議会）といった批判が、障害当事者や福祉団体から集中した。

実名報道を原則とする神奈川新聞も、「理不尽に『明日』を断たれた19人の人柄であり、生きた証し」（16年10月25日、社説）を語り継ぐには実名公表が不可欠である、と主張した。命は等価であるとも論じている。《世の中のあらゆるものの価値はすべて平等である。それぞれに尊い。みながみな心ゆくまま存在していい》（17年7月26日、1面コラム）

こうした通念を、遺族の1人は、きれい事とみなしていた。弟を殺害された女性の談話が物語る。

《わたしは親に弟の障害を隠すなと言われて育ってきましたが、亡くなったいまは名前を絶対に公表しないでほしいと言われています。この国には優生思想的な風潮が根強くありますし、全ての命は存在するだけで価値があるということが当たり前ではないので、とても公表することはできません》

長男がやまゆり園に入所する男性が匿名で取材に応じ、遺族の苦悩を代弁した。「社会には、いろんな人がいますよ。悔しいが、偏見や差別をなくそうなんて、無理でしょう」。なぜ、実名を明かせないのか。「だって、いままでだって、ずっと、ひっそり生きてきたんだから」。男性は、犠牲となった入所者は生前から「隠された存在」だったと明かした。

障害者が支援を受けながら集団で暮らす大規模施設は、欧米をまねて「コロニー」と呼ばれ、

「親亡き後」の生活を託せる終生の居場所として１９６０年代に登場した。70年代に入ると、国や自治体はこぞって建設に乗り出す。適地とされたのは、人里離れた片田舎だった。

81年の国際障害者年を契機に当事者の人権が省みられ、脱施設化と生活の「地域移行」が唱えられるまで、コロニーブームは続く。東京五輪に沸く64年、山あいの集落に建てられたやまゆり園も、そのひとつ。３万平方メートルの敷地に並ぶ二つの居住棟に、事件前は１６０人が身を寄せていた。

長男（当時43）が犠牲になった女性は、夫が２００４年に死去し、「体の大きい息子を力で押さえつけられなくなった。女手ひとつで育てていくのは難しい」と考え、入所を決めた。別の遺族の女性も、長男（当時49）を28歳のころ、入所させた。長男は他害行為が目立ち、夫に先立たれ、「わたしが年老いた時、自力で息子を押さえつけられるか不安だった」と打ち明けた。

両親が高齢で病気になったり、将来のために集団生活に慣れさせようとしたり、入所の事情はさまざまだ。いずれも苦渋の決断に変わりはない。

追悼された功績

京都市内、ほぼ満員の劇場。エンドクレジットに、死傷者全員の実名も並んでいた。19年9月に封切られた京アニの新作映画。クレジットは「制作に参加した全員の生きた証し」（同社）だった。場内にすすり泣く声が漏れ聞こえ、上映後に拍手も起こったという。

第1スタジオの放火殺人事件から3カ月後の19年10月、社長の八田英明は「やってきたことをフィルムに残すことはクリエーターとして大事なこと」と、記者会見で打ち明けた。翌11月の追悼式に、2日間でファンら1万人余りが参列した。

京アニ事件の犠牲者35人（当時）が一様に実名で追悼される転機は、事件40日後、京都府警が先行して公表した10人に加え、25人の実名を明らかにした19年8月27日だった。25人は当初、やまゆり園事件の犠牲者19人と同様、「遺族の意向」を根拠に警察に身元を明かされていなかった。

実名公表を待たず、国内外から弔意が寄せられた。「我が国のアニメ界にとって、計り知れない悲しみであり、損失であります」（日本動画協会）、「京アニのアーティストは、その傑作で、世界中に世代を超えて喜びを広めている」（米ＡｐｐｌｅＣＥＯティム・クック）といったように。

共同通信は「憧れの先輩」「抜群のセンスと作画技術」「クラスで3本の指に入るほど作画がうまかった」「才能がある上に勉強熱心ですごく努力をしていた」といった元同僚や指導者らの証言を配信した。神奈川新聞もそうした記事を掲載し、「日本一のアニメーター」「絵の質支えた功労者」と見出しを打って生前の功績をたたえた。

被害者支援も異例だった。義援金を寄せた個人や法人の税負担を軽減し、集まった33億4千万円の全額が遺族や負傷者にそのまま配分されるよう、政府が制度設計した。特定の犯罪被害者に対する寄付として、税の優遇は初めての試みで、税制の公平性を巡って国税庁内で賛否が割れたが、「被害の甚大さを踏まえ、自治体が主体となって義援金を集めることは問題ないとの結論に至った」（共同通信、19年9月18日配信）という。

死後も命に優劣

「追悼って、何を悼むんだろう」。やまゆり園家族会の前会長、尾野剛志は問いかける。一方はひとくくりに「あなた」と呼ばれて毎夏に同じエピソードが読み上げられ、他方はそれぞれの生前の功績がたたえられる。どちらの犠牲者も、当初は実名が匿われていたが、最終的に警察の対応は分かれた。支援の格差も歴然となった。

長男の一矢は、事件で瀕死《ひんし》の重傷を負っていた。尾野はさらに自問する。「生きた証し」ってなんだろう――。「ただ生きているだけじゃ、だめなのかな」。そして、同じ事件で弟を殺害された遺族の、あの告発が去来する。この国では「全ての命は存在するだけで価値があるということが当たり前ではない」という。堂々巡りだ。

姉（当時65）を殺害された男性は、姉の知的障害を理由に、妻との結婚を相手方の親族に反対された。だから、「家族に障害者がいることで差別を受ける現実があることは知っています」。

尾野は釈然としない。やまゆり園の19人は「人に有益かどうか」（植松聖）で生殺を選別され、死後も「あるがままの生」が受け入れられないでいる。「それじゃ、二重に殺されたも同然じゃないか」

20年1月8日の初公判で、一矢を除く被害者47人が「甲」「乙」「丙」にアルファベットを割り当てられ、匿名で審理が始まった。この前夜、3年半の沈黙を破り、「甲A」とされた長女（当時19）の名前と顔写真を手記とともに公表した母親がいた。「甲でも乙でもなく、ちゃんと美帆という名前があるから」と。

名は生きた証

美帆さんの呼称は16年7月の事件後、「A子さん」、「V1」、「甲A」と移り変わった。代理人弁護士の滝本太郎によると、これまで実名を明かせなかったのは、障害を隠そうとしたわけでない。メディアスクラムや、差別と偏見を恐れていたからだった。姓の公表は「怖い人が他にもいるといけないので」と控えた。

裁判で「美帆」のみの呼称を地裁に希望したが、「フルネームか匿名」しか認められず、「甲A」の呼称を余儀なくされた。滝本はあらためて上申書を提出し、地裁は3回目の公判から「美帆」に変更すると決めた。遺族の願いがかなった。

母親によると、美帆さんは12月の冬晴れの日に誕生した。1歳上の兄に次ぎ、家族にとって「待ちに待った女の子」だった。3歳半で自閉症と診断された。障害の程度は最重度。幼少期

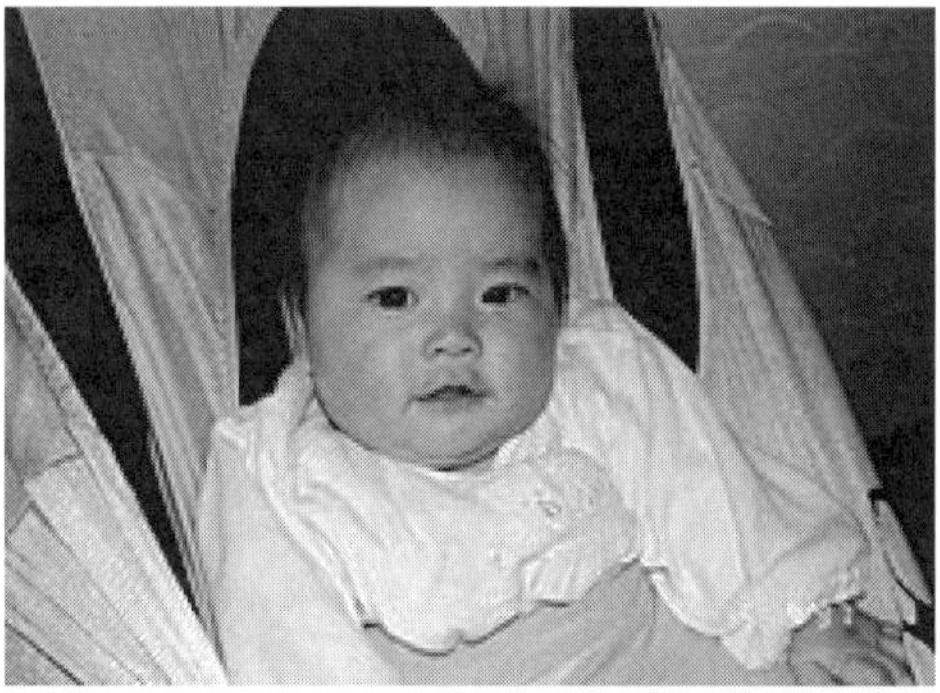

上: 生後半年の美帆さん
中央: 8歳の美帆さん
左下: 中学1年の美帆さん
右下: 19歳の美帆さん(いずれも遺族提供)

は音に敏感で、雑踏を嫌った。飛行機が上空を通過すると体がこわばり、あいさつされただけで泣き叫ぶような子どもだった。9歳から大きなてんかん発作が目立ち始め、小学5年生ごろから週1～月1回ほどの発作に苦しんだ。

言葉こそ話せなかったが、物事が示されたカードや身ぶりで意思を伝えていた。中学2年で児童寮に入りたてのころ、一時帰宅後に寮に戻ろうとしても「帰らない」といったそぶりで車から降りようとしなかった。2年ほどすると、リュックを背負って泣かずに帰寮できるようになっていた。面会後に「バイバイ」と手を振って母親を見送った。「甘ったれの末娘」が、「ずいぶん大人になったな」。母親は「親としては寂しい気持ち」もあったが、頼もしく、うれしかったという。「わたしがいなくなっても、職員さんたちに見守られながら、寮でこんなふうに生きていくんだな」と想像した。

絵本に描かれた電車を指し、名前を教えて、とねだる姿を母親は覚えている。東武鉄道の特急「スペーシア」とJR京浜東北線がお気に入りだった。アンパンマンやミッフィー、ジブリ映画の「魔女の宅急便」や「天空の城ラピュタ」を好んだ。3人組バンド「いきものがかり」の音楽に合わせ、「ノリノリで踊っていたのがいまでも目に浮かぶ」という。

16年4月にやまゆり園に入所すると、「かわいらしい笑顔で一躍人気者になった」と園職員は思い起こす。美帆さんは成人を控え、髪を伸ばして晴れ着姿で写真に納まるのを楽しみにしていた。葬儀は、地元で音楽葬として営まれ、お気に入りの童謡や、いきものがかりの楽曲を流した。着物を着せてあげた。延べ２００人ほどが見送った。

母親は女手ひとつで美帆さんを育てた。四つの仕事をかけ持ちしていた時期もある。娘の境遇を理解しようと、本を読みあさり、講演会に通った。理解者を求め、学校や地域で自らの体験も語った。「ひまわりのような笑顔」を振りまいた美帆さんは「わたしの人生の全てでした」と母親は回想する。「娘に障害のこと、自閉症のこと、てんかんのこと、いろいろ教えてもらいました。わたしの娘であり、先生でもあります。優しい気持ちで人と接することができるようになりました」

一生懸命生きていた美帆さん。「その証しを残したいと思います」。だからこそ、明らかにしたのが、実名だった。あるがままの生にほかならない。母親は「美帆の名を覚えていてほしい」と望んだ。

裁判の終盤で、全治2カ月の重傷を負った40代の次男の呼び名を「ジュン」と明かした母親もいた。秘匿決定に基づき、審理中の正式な呼称は「乙E」とされたが、母親は「いつも呼んでいる呼び方で意見を述べたい」と決意した。

同じ社会を生きる仲間として

神奈川新聞の実名報道の原則は本来、やまゆり園事件でも例外でなかった。報道部長の佐藤奇平は「理不尽に命を奪われた方の『生きた証し』である実名を、同じ社会を生きる仲間として共有し、遺族らの怒り、悲しみも分かち合い、背景や問題点を探って同様の犠牲者を二度と生み出さない社会をつくるため」と説明する。

ただ、実際は違った。独自取材で犠牲者19人の氏名を特定していたが、18人は匿名、美帆さんは名前のみで報道を続けた。実名で報道できるほど、遺族と十分な信頼関係を築けていないためだが、理由はそれだけでない。障害者に対する根深い差別や偏見が潜在する事実を受け止め、「現時点で実名報道に踏み切れば、被害者家族に不利益を与えかねない」と佐藤は判断した。一部のメディアも、初公判を契機に実名報道に切り替えようと検討したが、直前に断念していた。

美帆さんの名前を母親が公表したのは、「障害者やその家族が不安なく落ち着いて生活できる国になってほしい」「悲しい事件が二度と起こらない世の中になってほしい」と願い、社会が考える契機にしてほしいと考えたからだった。男性裁判員は判決後、取材に応じ、「匿名で審理せざるを得なかったのは、美帆さんのお母さんが希望する社会の裏返しで、障害者も生きやすい社会になっていないからだと痛感した」と話した。

裁判員に対しては、審理中の呼称と実名の対照表が配られ、生前の写真もモニターに映し出された。別の男性は「美帆さんもそうだが、みなさん豊かな表情をされていた。とても悲しい気分にはなったが、ぐっとくる瞬間があった。実名と写真を照らし合わせると、記号では伝わりきらない、訴えかけてくるものがあった」と打ち明けた。

女性裁判員は「匿名による審理は被害者の意向であるから仕方ないと理解していたが、大事な命が奪われたのに記号なのか、と良心が痛んだ」と振り返る。補充裁判員の女性も「記号ではあったが、一人一人の命の重さに向き合おうと努力した」と明かした。

植松は裁判で、弁護側の質問に「匿名裁判は重度障害者に対する問題を浮き彫りにしている」と答えた。その真意を接見取材で問うと、「被害者は人間でないと家族も知っているから、実名を公表できないんでしょう」と説明した。尾野や美帆さんの母親は我が子の名前を明かし、裁判で植松と対峙し、社会に根付く障害者差別に抗った。

3　19人の生きた証し

美帆さんと18人

犠牲者は裁判で当初、「甲A」と呼ばれた美帆さんを含めた19人全員が匿名で審理され、18人はなおも実名は明らかにされていない。遺族への取材や、裁判で明らかにされた神奈川県警の調書から、それぞれの人柄や性格が見えてくる。「甲B」から「甲S」とされた18人の個性を、居住していたホームごとに紹介する。

はなホーム

甲Bさん＝女性（40）

1歳を過ぎると、積み木遊びや発語のような以前までできた動作が、徐々に困難になった。大学病院で発達障害と診断された。両親は将来を想像すると、ショックで不安になったが、大切な初子であるのに変わりはなかった。女児に限って発症する難病のレット症候群と判明したのは9歳。寝たきりではなかったが、両手両脚が不自由で、成長とともに身体機能が低下した。17歳で身体障害は最重度と認定された。多動とけいれんでなかなか寝付かず、両親はけがをしないようにと、夜間も気を抜けなかった。37歳で入所させた。「お嫁に出すような気持ち」で。

コーヒーが大好きだった。父親にねだり、もらえたら、満面の笑みでうなずいた。一時帰宅すると、真っ先にコーヒーメーカーに近づいた。コーヒーを飲み、お気に入りのソファに座った。家中の様子を確認するように動き、また同じソファに座る。母親は「何げないこんなことが、娘にとっては喜びであり、わたしたち家族にとっても喜びでした」。

家族が最後に会ったのは、16年7月8、9日の一時帰宅の時。好物のピザや揚げ物が振る舞われた。近くのカフェで、幼少からの友人に出会い、喜んでいたという。両親は二十数年前、どちらかが先立った時を考え、街を見下ろせる霊園に墓を建てた。「まさか娘が先に入るなんて」と母親は悲しんだ。毎朝、遺影にコーヒーを供えている。

甲Cさん＝女性（26）

３歳の定期健診で、名前を呼ばれても反応しなかった。母親が児童相談所に相談し、病院で自閉症と診断された。知的障害は最重度だった。成年後見人によると、自傷他害行為があり、強度行動障害と認定された。園の居室にあった生活用品は寝具のみで、テレビは天井につるされ、エアコンは鉄製のカバーで覆われていた。出入り口は内側から開けられない仕組みになっていた。

会話はできなかったが、写真付きのカードを使って意思を伝えていた。双子を見て「おんなじ」といい、動物園の象を見て「おおきい」とびっくりした。誕生日のケーキのろうそくを吹き消す練習をしたり、カメラを向けられるとピースサインをしたり。母親が財布からお金を取り出す様子をまねし、買い物を覚えた。皮をむき、切った食材をフライパンで炒め、野菜炒めをつくったこともある。

ドライブが大好きで、プールや川がお気に入りだった。母親と最後に会った日、園の駐車場に止まっていた車のドアノブをつかみ、「ドライブに行こう」というしぐさでせがんだ。母親は事件後、包丁が持てなくなり、事件のニュースやサスペンスドラマが見られなくなった。毎朝、笑顔の遺影を眺めているという。「ずっと話しかけていたい、でももう会えない」と現実を突きつけられ、泣いている。

甲Dさん＝女性（70）

6歳で風邪をこじらせ、脳炎を発症して障害が残った。小学校に入学したばかりだったが、入院を余儀なくされた。退院後も通学できず、施設に預けられた。やまゆり園に入所したのは、開所当初の１９６４年。「ありがとう」「いいえ」「いやだ」といった短い言葉は話せたという。

両親に代わって介助した16歳上の兄と仲良しだった。面会に訪れた兄の歌に合わせ、体を動かして声を出し、一緒に歌った。「散歩に連れて行って」というように兄の手を引き、「帰るからね」と告げられると、寂しそうな顔をした。もう一度、手をつないで園の周りを散歩すると、今度はこくりとうなずき、兄の手を離した。兄は「面会できる時間ぎりぎりまで一緒にいた」と振り返る。２人が最後に会ったのは、事件16日前の家族会。兄が園に到着すると、いつものように手を引き、居室まで連れ立った。

園職員がソーラン節を歌うと、もっともっと歌って、と求めるように喜んだ。「園の行事の時も、お兄さんと一緒にステージを見て音楽を楽しんでいました」と話す。兄と離れて１人でいる時、一緒に納まった写真を眺めていたという。兄は事件後、体調を崩し、入院した。めい（兄の娘）は「末っ子の叔母が亡くなってから、父は弱々しくなった。父の心が壊れると思うとつらい」と打ち明けた。

甲Eさん＝女性（60）

京都の病院で難産で産まれ、２歳で脳性まひと診断された。最重度の知的障害があり、自由に体を動かしたり、コミュニケーションを取ったりはできなかったが、うれしい、痛い、渋いといったような表情で気持ちを伝えていた。食事、着替え、排せつ時に介助が必要だったが、補助がなくても立ったり、座ったり、ゆっくり歩けたりもした。食パンとサケが大好きな半面、嫌いな食べ物は口に入れない頑固な一面もあった。28歳で児相からやまゆり園を紹介され、入所した。スプーンをわずかに使えるようになったという。弟は「大きな驚きで、感動しました。職員はとても熱心に接してくれた」と感謝する。

99年に亡くなった母親は生前、「わたしがいなくなっても、お姉ちゃんをよろしくね」と弟に伝え、晩年まで気遣っていた。２０１６年の正月、恒例の新年会で家族に囲まれた。父親は、事件16日前の面会が最後になった。２人は手をつなぎ、廊下を歩いたという。園職員は「どんな困難にも負けない強い人だった。重い病気になった時も、お父さんの励ましに応えるように回復してくれました」と話した。

にじホーム

甲Fさん＝女性（65）

最重度の知的障害で、耳が聞こえず、発語もできなかったが、身ぶり手ぶりで意思を伝え、写真から物事を理解できたという。20年ほど前にやまゆり園に入所した。

妹が、施設に預けられていたこの姉の存在を知ったのは、10歳のころだった。母親に突然、打ち明けられた。人懐こい性格で、初対面の妹をにこにこほほ笑んで出迎え、2人はすぐに打ち解けた。園職員に妹を指し、「妹だよ」と紹介しているようだった。

おしゃれが大好きで、全身を使ってほしい物をねだり、買ってもらえるとうれしそうに笑った。妹は「つい甘やかし、買えるだけ買ってしまう。いつも大荷物でした」。フリルやレースの服がお気に入りで、職員からほめられると、服をつまんで見せびらかし、妹を指して「妹に買ってもらったの」というように喜んだ。妹は「仕事で疲れていても、わたしはこのために頑張っているんだと思えました」と振り返る。

遺影はピースサインで笑顔を浮かべている。妹の娘や孫たちがよくするポーズ。「姉とわたし、孫たち家族の血がつながっているのだと感じます」と妹はいう。園職員は「いつも笑顔で仲間の中心にいました」と話した。

甲Gさん＝女性(46)

長女として産まれ、2、3歳ごろ、健診で知的障害と大腸が膨らむ巨大結腸症と診断された。発せたのは「ママ」や「パパ」といった言葉のみで、ハイハイをするのも遅く、家族は心配した。小学校は特別支援学級だった。15歳で糖尿病も併発した。

中学でバスや電車で「冒険」する楽しさを覚え、新幹線で愛知県まで旅立ったこともある。

迎えに来た母親に不機嫌になったが、母親は「当時を思い出すと温かい気持ちになります」。26歳で園に入所した。当初は「ママ、ママ」と寂しがり、母親の手をつかんで離さなかったが、職員に心を開くようになり、冒険もしなくなった。

　母親と最後に会ったのは16年7月12日。マニキュアを塗り、うれしそうに両手の爪を見せた。おしゃれが好きで、８月６日の夏祭りに浴衣を着るのを楽しみにしていた。母親は「もう一度浴衣を着せてあげたかった」と悔やむ。園職員によると、ディズニーランドが大好きだった。「ミッキーマウスの歌をよく歌ってくれました。いつか一緒に行きたかった」と話した。

甲Hさん＝女性（65）

　小学校入学前に発達の遅れが分かり、医師に普通学級に通うのは難しいと指摘された。１９７２年にやまゆり園に入所し、２００９年に脳出血で右半身不随になると、寝たきりになり、園内を自由に動き回れなくなった。唯一自由になる左手を動かし、一生懸命に気持ちを伝えようとした。網膜剥離で視力も落ちた。

　電車やバスに子どもやお年寄りがいると、席を譲るような「自分より弱い立場の人に常に心を寄せられる優しい子」だったと母親はいう。弟も「純粋で優しく、その優しさを人に分け与えられる人だった」と明かした。園職員によると、洗濯物をせっせと畳んだり、作業に汗を流したりする「働き者」だった。会話ができなくても、「おなかをポンポンとたたいて合図を送ってくれました」と思い出す。

弟が最後に会ったのは、事件16日前。園を訪ねると、にこりと笑い、喜んでいた。「じゃあ、これで帰るね」と伝えると、大声で泣いていたという。

甲Ｉさん＝女性（35）

2歳までは病気やけがなく育った。2、3歳になっても話せず、歩けず、発育の遅れが表れ始めた。4、5歳のころ、ほかの子どもと同じような動作ができず、両親は身体障害を疑った。1986年に最重度の知的障害と認定された。車いすを利用し、専業主婦だった母親は保育園や幼稚園に通わせず、つきっきりで世話をした。

2002年に父親が早期退職し、介助を手伝うようになった。家族で海や山に出かけ、キャンプや紅葉を楽しんだ。ドライブが大好きで、車窓に移ろう景色を楽しんだ。フルーツとコーヒーが好物だった。2人のきょうだいが結婚して親元を離れると、04年から両親と3人暮らしになった。母親の入院に伴い、やまゆり園に短期入所していたが、12年に母親が死去し、父親は本入所を決断した。父親は「離ればなれはつらかった」と話す。14年に誤飲で入院したため、月1回の一時帰宅もできなくなった。

父親が最後に面会したのは、事件17日前。腕に力が入らず、いつものように一緒に散歩できなかった。寂しそうな顔をしていたという。父親は「娘の笑顔に何度も救われた」と感謝する。

園職員は「お母さんから受けた愛情を感じながら、笑顔で過ごしていました」と振り返る。

甲Jさん＝女性（55）

弟によると、母親の妊娠中の投薬で障害を抱えて産まれた。家族に脇を抱えられれば歩け、スプーンを持たせてもらえれば、上げ下げもできた。水を飲みたければ、「びび」と訴え、用便の時はおなかをぽんぽんとたたいた。母親に食事をもらうと、顔をくしゃくしゃにして喜び、気に入らないと、手で払いのけるしぐさをした。弟は「私たち家族にとっては特別なサインでした」。

園職員によると、家族としばしば、1泊旅行に出かけていた。「園に戻ると、疲れて寝込んでしまうほど、旅行をとても楽しんでいた。でも、すぐ元気になって、園のみんなと一緒に散歩したり、作業したりしていました」と思い起こす。

つばさホーム

甲Kさん＝男性（41）

両親にとって初子で、母親はうれしくて涙が止まらなかったという。一度に飲むミルクの量が少なく、飲みきるまで時間がかかった。医師にダウン症と診断され、3年ほどしか生きられない場合もあると知らされた母親は「短命かもしれないが、前向きに暮らそう」と決意した。

知的障害は重度。母親は「すがる思い」で、ダウン症の専門病院で投薬治療を受けさせた。抵抗力が弱く、しばしば発熱した。右足が内側に巻き込む障害があり、１歳半のころに手術した。３歳の誕生日を迎え、家族でケーキを囲んで祝った。

成長とともに、箸を使った食事、入浴、排せつといった身辺の基本的な動作は時間をかければできるようになった。母親が洗濯物を干そうとすると物干しざおを用意したり、怒られると謝ったりもできた。アニメ「ドラゴンボール」が大好きで、主人公の必殺技「かめはめ波」のまねをし、家族を笑わせた。

35歳になると、体力が衰え始めた。ぜんそくにかかり、通院するようにもなった。せき込む姿に母親は「短命」の言葉を思い出し、心配になった。施設に通うようになると、母親は電柱の陰から様子を見守った。当初は道を間違えたが、１人で施設にたどり着けた時、得意げに笑った。やまゆり園に定期的に短期入所を始めたのは事件の２年前。「ドラゴンボール」のＤＶＤを持参し、旅行気分だった。事件２日前にも入所し、５日間で帰宅するはずだった。「短命といわれながら、懸命に生きていた」と母親は泣いた。

甲Lさん＝男性（43）

１歳のころ、「パパ」「ママ」といった言葉は発せたが、ハイハイのまま、立とうとしなかった。脳性まひと診断され、医師に「長生きできない」「治療薬はない」といわれた。母親は

「死なせてなるものか」と反骨心が芽生えたという。知的障害は最重度で、6歳から施設に通い、11年にやまゆり園に入所した。二つ程度の言葉は話せ、親しい職員と会話できた。ペースは遅いながらも歩け、高所にある物も手を伸ばして取れた。

母親と最後に会ったのは、事件16日前。バスに乗り、ＪＲ相模湖駅前の行きつけの食堂で、フライ定食と焼きそばを注文した。すべてを1人で平らげ、楽しそうに笑った。家計に余裕はなかったが、月1回の面会日、母親は奮発し、好きな物を好きなだけ食べさせてあげた。帰り際、季節外れのツバメが駅舎に営巣しているのに気づいた。親鳥がひなにえさをあげていた。興味津々でいつまでも見つめていたという。母親は「神様が最後に美しい光景を見せてくれたのかな」。園職員によると、野球や電車が大好きだった。「野球観戦に出かけて買ったユニホームが似合っていました」と話す。

いぶきホーム

甲Mさん＝男性（66）

2、3歳ごろの定期健診で、知的障害が分かった。最重度だった。戦後の混乱期で、小中学校に通わず、自宅で過ごした。「あー」「うー」といった言葉しか話せなくても、表情で家族に感情を伝えた。幼少期は活発で、7歳上の兄によると、よく走り回っていた。16歳のころ、役所の職員に勧められ、施設に入所した。集団生活に慣れるためだった。母親の元を離れるのを嫌がり、息子を溺愛していた母親も離れがたい様子で、父親が2人を引き離さないといけないほどだった。

20歳になり、やまゆり園に移った。10年余り前にリウマチを患うと、手足が不自由になった。利用していた車いすを嫌がり、床をはって移動することもあった。食事や排せつは自分でできた。母親が月1回の面会に訪れる朝、玄関に座り込んで到着を待った。母親が亡くなってからも、その面影を探していたという。もう再会できないと理解できるまで、それから数年を要した。

ラジオが大好きだった。ダイヤルを回し、きれいな音が出ると喜んだ。分解し、組み立てにも挑戦していた。園職員は「機械をいじるのが得意だった。チューニングがうまくいかなくても、根気強くラジオと格闘していました」と話す。兄が面会に訪れると、「ラジオ、ちょうだい」というように手を広げた。2人が最後に会ったのは事件16日前。兄は手土産のラジオを渡し、「また来るよ」と別れた。ラジオのおもちゃと一緒に火葬された。兄は「天国で母を独り占めにして、ラジオを分解して楽しんでいるかな」と空想する。

甲Nさん＝男性（66）

姉によると、生後半年で高熱を発し、脳性まひで重度の障害が残った。家族に介助され、一緒に暮らしていた。祖母は唯一の男孫を、とてもかわいがったという。

１９７７年にやまゆり園に入所した。姉が結婚後、親元を離れ、両親だけで介助するには負担が大きかったからだ。当初は入所に納得せず、激しく抵抗したという。自傷他害を防ぐため、身体を拘束されたこともあった。姉は「家に帰りたいという、弟なりのささやかな抵抗だったのでしょう」と振り返る。86年ごろ、網膜剥離で全盲になった。体は不自由でなかったが、移動の安全のため、車いすを利用した。

姉が面会に訪れると、「早くどこかに連れて行って」とねだるように、「あー」「うー」と声を上げた。義兄の車でドライブに出かけ、盲目だったが、楽しそうに体を揺らしていた。事件１カ月前、バスで江の島（神奈川県藤沢市）を旅行した。水族館でイルカや魚は見えないはずだったが、家族が「きれい」とはしゃいでいると、楽しそうに笑っていた。姉は旅行先で必ず写真を撮り、アルバムにとじていた。写真は一緒に火葬された。

歌が大好きで、身ぶり手ぶりで、家族を楽しませた。園では専ら、食堂で過ごし、職員が演歌を流してくれた。果物が好物で、とりわけ桃とサクランボを好んだ。園職員は「すてきな香りを楽しんでいた。お気に入りのクリームやアロマがありました」と話した。

甲Ｏさん＝男性（55）

生後数カ月で高熱を発し、脳性まひで身体が不自由になった。小学生のころ、自宅を訪ねた先生から、数字やひらがなを教わった。会話はできなかったが、紙に書かれた「りんご」の文字を理解して台所からりんごを持ってきたり、家族の誕生日を書けば、その家族を指して「お祝いしよう」というジェスチャーをしたりもできた。時間に敏感で、父親が遅く帰宅すると、身ぶり手ぶりで不満を表現した。

30代半ばでやまゆり園に入所した。右足にまひがあったものの、介助すれば、自ら立ち上がって歩け、付き添えば、排せつもできた。スプーンやフォークを扱い、食事もできた。歌番組を見ると、踊ったり、はねたりしていた。妹は「兄としての自覚もあって、正義感もありました」と振り返る。

父親が死去してから、母親はタクシーで園を訪ねた。運賃はかさんだが、「息子に会うため。旅行のよう」と楽しみにしていた。母親はとりわけかわいがり、将来を心配した。その母親も亡くなった。園職員は「わたしたちが気づかないことにもすぐに気づいてくれた」と話す。職員の働きぶりを、いつも見守っていたという。

甲Pさん＝男性（65）

生まれつき重度の知的障害があり、生後すぐ施設に入所した。「いい」や「いや」といった簡単な言葉は話せた。めい（兄の娘）を「ちび」と呼び、大人になっても「ちび、ちび」と目を細めて呼びかけていた。兄は「心優しい弟だった」と回想する。

動物が大好きで、動物の絵本を土産にもらうと、喜んだという。とりわけ犬が好きだった。

居室にぬいぐるみを飾り、パンダのぬいぐるみもお気に入りだった。事件の数年前に十二指腸潰瘍で入院し、手術した。園職員は「静養中、ぬいぐるみに癒やされているようだった」と思い起こす。

兄は脚が不自由になり、事件の3年ほど前から面会できなくなった。「幼少から施設に入り、一緒に過ごせなかった時間を取り戻そうとした矢先に事件が起こった。本当に悔しいです」と話した。

すばるホーム

甲Qさん＝男性（49）

両親にとって初子だった。2～4歳のころ、言語の発達が遅く、病院で知的障害と診断された。父親は「障害があっても自分たちの子どもに変わりない。絶対に見捨てない」と母親に誓った。

囲碁が得意で、父親とよく対局した。その様子は真剣そのもので、園職員によると、自慢の碁盤も持っていた。外出が大好きで、車の助手席で安全を確認して父親にほめられると、うれしそうだった。グラタンが好物で、都内の喫茶店にしばしば出かけた。成人になり、念願のパンチパーマにしてスーツ姿で記念撮影すると、はにかんでいた。母親は「格好ばっかり立派になって」とちゃかしたが、内心は成長を実感し、喜んでいた。

28歳ごろ、やまゆり園に入所した。幼少期に中度だった障害の程度は重度になっていた。入所当初は不満そうだったが、次第に文句も言わなくなり、行事を楽しむようになった。白内障で視力を失うと、車いすを利用し、おむつが必要になった。食事も箸が使えなくなり、手づかみになった。

父親が死去してから、母親は体調不良もあって面会の頻度が減った。49歳の誕生日、母親から電話で「おめでとう。いくつになったの」と尋ねられると「49だよ」と答えた。「良い子にして、みんなと仲良くね」といわれ、「もういいよ」と照れくさそうだった。それが母親との最後の会話になった。

甲Rさん＝男性（67）

兄によると、生まれつき最重度の知的障害があった。「兄ちゃん」と兄に付いて回り、山や川に出かけてサワガニや虫を捕って一緒に遊んだ。手をけがして指から出血すると、すぐ泣き出してしまうほど、繊細な性格だったという。子どもが1人で歩いているのを見つけ、「危ないよ」と話しかける優しさもあった。

兄が実家を離れてからも、家事や草刈りを手伝った。兄は「両親や家を守ってくれた」と感謝する。父親が亡くなり、1人で介助できなくなった母親は、やむを得ずやまゆり園に入所させた。一時帰宅すると、職員に着せてもらった服を兄に見せびらかして「先生に着せてもらった」といったしぐさをした。兄は「職員さんを本当に信頼していました」と振り返る。兄が最後に会ったのは事件16日前。「兄ちゃん帰るからな」と呼びかけると、右手を挙げて「おー」と笑顔で返事した。その様子を眺めていた職員は「いい顔をしているね」といってくれた。

元職員は、定年退職前に餞別《せんべつ》をもらった。北島三郎の名前が入ったそろいの湯飲み。2人で一緒に出かけたコンサート帰りに二つ買い、一つをプレゼントしてくれた。北島の大ファンで、毎晩必ずラジカセで演歌を聴きながら就寝していたという。宿直の夜、「先生、巡回だよ」と教えてくれた。非常灯だけの薄暗い廊下を、2人で一緒に歩いた。ほかの入所者の布団を敷いてくれたり、着替えを手伝ってくれたりしたという。元職員は「まるで『準職員』のようでした」。湯飲みを形見として、大切に使っている。

甲Sさん＝男性（43）

3歳の健診で、発語できず、家族が児相に相談すると、自閉症の傾向を指摘された。16歳で発作を起こすようになり、通院して投薬を始めた。

家族で山や海に出かけ、長野県の高原に旅行するのが毎年の楽しみだった。母親とともに12年間、特別支援学校に電車で通学した。卒業後に社会福祉法人の作業所で働き、少額ながら給料をもらっていた。「障害があっても息子にはいろいろな経験をして社会参加してもらいたかった」と母親は明かす。

父親の入院を契機に、やまゆり園に短期入所を始め、２００４年の死去に伴い、本入所した。畑仕事をしたり、散歩したり、ドライブに出かけたり、園の生活が気に入っていたという。自宅では母親にべったりだったが、一時帰宅が明けて園に戻ると、にこにこしながら「もう帰っていいよ」というように手を振った。母親は寂しさの半面、頼もしさも感じていた。園の小旅行先で家族に必ず土産を買った。事件があった7月も御殿場に出かけ、職員に手伝ってもらい、自宅にスイートポテトを送った。母親とも16年、富士サファリパーク（静岡県）に日帰りで旅行した。

毎正月に一時帰宅し、家族で箱根駅伝を見ながら、のんびり過ごすのが決まりだった。母親は事件後、年賀状が書けなくなった。「『あけましておめでとうございます』が書けないのです。『おめでとうございます』だけはどうしても書けません」。姉は「ただ1人の、血を分けた弟でした。自分の中の何かが壊れ、考えれば考えるほど、自分が分からなくなります」と打ち明けた。

死刑判決の10日後、3月26日の月命日。津久井やまゆり園の正門前に設けられた献花台は、たくさんの花束で埋め尽くされていた。19人が暮らした居住棟は解体され、新築工事が進む。園長の入倉かおるは合掌し、心の中で19人に語りかけた。「これからも園を見守ってください」

第4章

優生思想

執筆　川島秀宜
デスク　田中大樹

１　「生きるに値しない命」という思想

ヒトラーと植松

「ヒトラーの思想が降りてきた」。事件５カ月前の２０１６年2月、植松聖は緊急措置入院先の旧北里大東病院で、医師に打ち明けた。7月の逮捕後、この発言が報道されると、ナチス・ドイツによる「Ｔ４作戦」との相関が指摘され始める。障害者らの安楽死政策と称した大虐殺計画だ。作戦名は、実行本部があったベルリン市内の「ティーアガルテン通り４番地」に由来する。

　ドイツがポーランドに侵攻し、第２次世界大戦が勃発した１９３９年9月１日、ヒトラーは「不治の患者」に対して「慈悲の死」をもたらす権限を、ナチス高官に極秘裏に与えた。「不治の患者」には、知的障害者や精神障害者のほか、遺伝性疾患患者、同性愛者、路上生活者らも含まれた。「慈悲の死」は安楽死を意味し、ガス室に詰め込まれ、一酸化炭素ガスが注入されて中毒死させられた。

　カトリック教会から反発を受けて作戦が中止された41年8月まで、公式の資料に残るだけでも7万人余りが犠牲になった。中止命令後も精神科医や看護師らが続行し、薬殺や計画的な飢餓といった方法も含めて計20万人以上が殺害されたと伝えられている。組織的な殺害技術は、

６００万人のユダヤ人が虐殺されたホロコーストに応用された。ドイツ精神医学会がＴ４作戦への関与について公式に謝罪したのは、２０１０年になってからだ。

ドイツ中西部の都市、ハダマー。日本障害者協議会代表の藤井克徳は15年、現存する精神科病院のガス室跡を訪れた。7畳半ほどの地下室に一度に50人が「シャワーを浴びる」と喧伝されて詰め込まれ、外部から施錠されてガス殺されたと説明を受けた。藤井は全盲だ。当時の光景が脳裏に浮かび、耳を澄ませば、うめき声が聞こえてきそうで「背筋が凍った」という。

その悪寒を、藤井は16年7月26日、思い出した。やまゆり園を襲撃したとして逮捕された金髪の男が「障害者は不幸をつくる」「安楽死させられる世界を」と主張しているのを知って。ヒトラーも、植松も、障害者は「生きるに値しない」と決めつけ、虐殺を決行した。「ナチスの思想が時空を超え、再来したようだ」。藤井は戦慄《せんりつ》した。

「生きるに値しない命」という思想。その源流は、１９３３年にナチス政権が誕生する13年前にある。20年に出版された、刑法学者カール・ビンディングと精神科医アルフレート・ホッヘによる共著『生きるに値しない命を終わらせる行為の解禁』だ。「精神的に死せる者」（精神障害者）は「生きるに値しない」と断じ、安楽死は「福祉にとって望ましい目標」と主張した。ヒトラー内閣成立の半年後、遺伝病子孫予防法（断種法）が制定され、40万人が強制的に断種させられた。そして、Ｔ４作戦に至る。

「世界平和のため」として重度障害者を殺害したのは、植松だった。裁判でホロコーストに対する評価を問われた植松は「ユダヤ人の殺害は間違っている」と否定したものの、Ｔ４作戦については「そこまでは間違っていなかった」と明確にナチスを支持した。

ただし、植松は事件当時、Ｔ４作戦を知らなかった。さらに「ヒトラーの思想が降りてきた」との発言は「軽い冗談だった」と接見取材で明かしている。ヒトラーとの近似は、やまゆり園を退職直前、同僚に指摘されて初めて認識したまでだ。障害者の虐殺計画は、ヒトラーに由来するわけでなかった。福祉現場に従事する介助者という立場で、自ら着想していた。

植松は神奈川新聞に寄せた手記にこう書いている。《人間は「優れた遺伝子」に勝る価値はありません。歌手なんて登場しただけで泣き崩れてしまう人もいるわけですから、本当に凄《すさ》まじい存在ですよね》。裁判で遺族や検察官の質問に対し、歌手や野球選手になっていたら事件を起こしていないと答えた。自身が「優れた人物」で有意義な人生を送っていれば、「楽しくて事件は思いつかなかった」と。

現代にも脈々と息づく

「良質」な遺伝子を優先し、「劣等」な存在を排除する思想が学問として提唱されたのは、ナチスが台頭する半世紀前、19世紀後半だ。英国の人類学者フランシス・ゴルトン（１８２２—１９１１年）が、家畜の品種改良と同様の人類の「血統改善の科学」を主張し、「eugenics（優生学）」と命名した。ギリシャ語に由来し、「eu（良い）」、「gene（種）」、「ics（学問）」を意味する。

ゴルトンは、『種の起源』で自然淘汰《とうた》の進化論を説いたチャールズ・ダーウィンの従弟に当たる。自然淘汰の概念を人間社会に適用した「社会ダーウィニズム」も欧州の思想家らによって唱えられ、優生学は20世紀初頭にかけて欧米で支持された。ドイツよりも早く、手術によって生殖能力を断つ断種法が、米インディアナ州で１９０７年に世界で初めて成立し、各州に広がっている。「福祉国家」として知られるスウェーデンでも、34年に断種法が成立した。

日本も例外でない。障害者らに対する強制不妊手術を容認する優生保護法が、48年に施行された。「不良な子孫の出生防止」が目的とされた。

優生学に基づく思想は、ナチスが起源ではなく、ドイツに限定されていたわけでもなかった。優生保護法とやまゆり園事件との相関については、被害者の証言を引きながら、次節で考える。

藤井は「優生思想は現代の日本にも脈々と息づいている」と警告する。生殖能力や障害の有無によって生命に優劣をつける政治家（肩書は当時）の発言を列挙してみる。

自民党の衆院議員・杉田水脈《みお》

「ＬＧＢＴのカップルのために税金を使うことに賛同が得られるものでしょうか。彼ら彼女らは子供を作らない、つまり『生産性』がないのです」（月刊誌『新潮45』２０１８年８月号の寄稿で）

郵 便 は が き

料金受取人払郵便

代々木局承認

6948

差出有効期間
2020年11月9日
まで

1 5 1 8 7 9 0

203

東京都渋谷区千駄ヶ谷 4-9-7

(株) 幻 冬 舎

書籍編集部宛

1518790203

ご住所 〒

都・道
府・県

フリガナ

お名前

メール

インターネットでも回答を受け付けております
http://www.gentosha.co.jp/e/

裏面のご感想を広告等、書籍の PR に使わせていただく場合がございます。

幻冬舎より、著者に関する新しいお知らせ・小社および関連会社、広告主からのご案内を送付することがあります。不要の場合は右の欄にレ印をご記入ください。

不要 □

本書をお買い上げいただき、誠にありがとうございました。
質問にお答えいただけたら幸いです。

◎ご購入いただいた本のタイトルをご記入ください。

『　　　　　　　　　　　　　　　　　　　　　　　』

★著者へのメッセージ、または本書のご感想をお書きください。

●本書をお求めになった動機は？

①著者が好きだから　②タイトルにひかれて　③テーマにひかれて
④カバーにひかれて　⑤帯のコピーにひかれて　⑥新聞で見て
⑦インターネットで知って　⑧売れてるから／話題だから
⑨役に立ちそうだから

生年月日　西暦　　年　　月　　日（　　歳）男・女				
ご職業	①学生	②教員・研究職	③公務員	④農林漁業
	⑤専門・技術職	⑥自由業	⑦自営業	⑧会社役員
	⑨会社員	⑩専業主夫・主婦	⑪パート・アルバイト	
	⑫無職	⑬その他（　　　　）		

このハガキは差出有効期間を過ぎても料金受取人払でお送りいただけます。

ご記入いただきました個人情報については、許可なく他の目的で使用することはありません。ご協力ありがとうございました。

鹿児島県阿久根市長・竹原信一

「高度医療のおかげで以前は自然に淘汰された機能障害を持ったのを生き残らせている。結果　擁護施設に行く子供が増えてしまった」（09年、自身のブログで。原文まま）

愛知県知事・神田真秋

「（人には）良い遺伝子と、弱い、悪い遺伝子もある。弱い、悪い遺伝子を持った方、表に出た方にきちんと対応しなければいけない」（07年、入庁式の訓示で）

東京都知事・石原慎太郎

「ああいう人ってのは人格があるのかね」「ああいう問題って安楽死なんかにつながるんじゃないかという気がする」（1999年、重度障害者施設視察後の記者会見で）

いずれの発言も、障害当事者や福祉団体の抗議を招いた。優生思想はわたしたちの身近に潜み、殺害という実力行使によって極端に表出したのがやまゆり園事件だったと、藤井はみる。

プラトン、ルソー、福澤諭吉も

優生学の確立前、つまり、ゴルトン以前はどうだったか。「優生思想は人類史をずっと貫いてきた」と岐阜大教授の竹内章郎《あきろう》（社会哲学）は指摘する。西洋哲学の開祖、古代ギリシャのプラトンまでさかのぼる。

《身体の面で不健全な人々は死んで行くにまかせるだろうし、魂の面で邪悪に生まれつき、しかも治療の見込みがない者たちはこれをみずから死刑に処するだろう》（プラトン／藤沢令夫訳「国家」『プラトン全集11』岩波書店、２３８～２３９ページ）

児童教育のバイブルとされるルソー（１７１２―78年）の『エミール』にもあった。

《ひよわで病気がちの生徒を引き受けた人は、教師の職務を、看護人の職務にかえてしまう。無益な生命の世話をすることに、生命の価値を高めるために当てていた時間を使い果たしてしまう。……わたしは、病弱な、腺病質な子供は引き受けたくない。……そんな生徒にむだな労力をかけたところで、社会の損失を二倍にし、社会から一人ですむところを二人奪うだけ》（ルソー／戸部松実訳「エミール」『世界の名著30　ルソー』中央公論社、３７３ページ）

平等思想をうたったホッブズ（１５８８―１６７９年）はこう説く。

《生来の愚か者、子ども、狂人に法がないのは獣についてと同様である。また彼らには、正・不正を主張しうる資格もない。なぜなら彼らは、契約を結んだり、契約の帰結を理解する能力を持ったことがなく》（ホッブズ／永井道雄、上田邦義訳『リヴァイアサンⅡ』中央公論新社、11ペー

ジ）

国内の思想家はどうか。女性解放運動の先駆者、平塚らいてう（1886―1971年）が顕著だ。

《一般はなお無制限の多産について自らは何の責任も感じていません。ことに下層階級のとうてい多くの子供を養育してゆくだけの力のないのが明らかであるにもかかわらず、……無知な、無教育な厄介者を社会に多く送り出して、いよいよ貧困と無知と、それにともなう多くの罪悪の種子とをあたりにまき散らしています。……アルコール中毒者であったり、癲《てん》癇《かん》病者であったり、癩《らい》病や黴《ばい》毒患者であったり、はなはだしきは精神病者でありながら、子孫をのこしています。……普通人としての生活をするだけの能力のないような子供を産むことは、人類に対し、社会に対し、大きな罪悪である》（平塚らいてう「母性の主張について」『平塚らいてう著作集2』大月書店、336～337ページ）

福澤諭吉（1835―1901年）は《天は人の上に人を造らず人の下に人を造らず》《生まれながらの貴《き》賤《せん》上下の区別なく》と士農工商の四民平等を唱えたと偉人視されるが、ゴルトンのように人種改良に踏み込んでいる。

《人間の婚姻法を家畜改良法に則とり、良父母を選択して良児を産ましむるの新工《く》風《ふう》あるべし。……強弱、智《ち》愚《ぐ》、雑婚の道を絶ち、その体質の弱くして［心の］愚なる者には結婚を禁ずるか又《また》は避《ひ》孕《よう》（＝避妊）せしめて子孫の繁殖を防ぐ》（福澤諭吉「福翁百話」『福澤諭吉著作集第11

巻』慶應義塾大学出版会、２１４～２１５ページ）

優生思想を問う時、「『善さ』の希求が『悪さ』の排除と一体であることに注意しなければいけない」と竹内。これらは一例に過ぎず、東西の賢人が唱えた思想の「悪」の側面は「歴史のさまつな問題として見過ごされてきた」と指摘する。

竹内によると、ナチスは健康事業を優生政策と一体化して推進していた。たとえば、日本の母子健康手帳はナチスの母親証（ムッターパス）制度に由来し、母子保健事業のほか、ナチスはがん対策や高齢化対策にも世界に先駆けて取り組んでいた。生存権を世界で初めてうたったワイマール憲法はこの当時、すでに存在し、ドイツは福祉国家の範型だった。

優生の極致は「超人」だ。超人思想を説き、ここ数年、名言集がベストセラーになったニーチェ（１８４４―１９００年）と植松の相関をみてみよう。絶対悪の評価が定まったヒトラーと比較するより、わたしたちはむしろ、善悪一体である優生思想の危うさを実感できるはずだ。

ニーチェと植松

２０１８年春、精神鑑定中に収容されていた立川拘置所（東京都立川市）の居室。植松は哲学書の漫画版を開き、うなずいていた。「神は死んだ」の一節で知られるニーチェの『ツァラトゥストラはかく語りき』。神の死後、人間が志向すべき存在は何か。「超人」であると説いた叙事詩的古典だ。

ニーチェは同書で、善悪の二元論を説くゾロアスター教の開祖（ドイツ語でツァラトゥストラ）を主人公として「神の死」を宣言し、キリスト教に基づく弱者の道徳からの価値転換を試みた。新たな強者の道徳を体現する存在として提唱したのが「超人」。格言めいたニーチェの論述は多様な解釈が可能で、実存主義哲学の先駆けとなった一方で、ナチスにも利用された。

植松は拘置所の本棚から、この漫画本を「たまたま手に取った」という。ニーチェの存在は聞きかじっていたが、超人思想は知らなかった。《君たちは人間を克服するために、何をしたか》。勇ましく、高らかに「生」をうたうニーチェに触れた。「美しくある、格好よくあることは、すごく大切だと学びました」と植松は振り返る。古《いにしえ》の哲人が自説を代弁している、と高揚したそうだ。

《私は「超人」に強い憧れをもっております》

植松はこの数カ月前、そうつづった手記を神奈川新聞記者に寄せていた。

ニーチェの名言を並べた自己啓発本のように、この漫画本も大幅に戯画化されていた。ニーチェは「毒にもなる」と竹内は警告する。「高く羽ばたくためには、踏み台を強く踏み込まなければいけない。超人への傾倒は、弱者の強烈な否定と裏腹な関係にある」。ニーチェはかたや、弱者を「末人《まつじん》」「畜群《ちくぐん》」と名付けて蔑《さげす》んだ。植松は重度障害者を「心失者」と呼んだ。

立川で精神鑑定を終え、横浜拘置支所（横浜市港南区）に戻った植松は19年春、青ばんだ眉を両手で隠し、恥じらいながら接見の記者を迎えた。「ちょっと失敗しちゃって」。眉毛やひげを指ではさみ、手探りで１本ずつ抜いているという。拘置所では、電気ひげそりは購入できるが、毛抜きは持ち込めないからだ。時折、流血する。「邪悪」な体毛は根絶しなければいけない対象らしい。「毛嫌い、とはよく言ったものです」と笑った。

事件１年前、10万円で全身脱毛を試みた。「毛根から消滅させるんです。とどめを刺すんです」。二重《ふたえ》と鼻筋の美容整形にも、70万円をつぎ込んでいる。「美しさには、それだけの価値がある。それで超人になれるんです。パーフェクトヒューマンです」

不浄なるは、「男はひげ、女ならデブ」。事件当時まで交際していた女性は「モデルのような女性には紳士的だったが、ふくよかな女性にはぞんざいに接した」と証言する。さらに忌み嫌ったのは、「糞尿《ふんにょう》」だった。ある日、気色ばんで記者に反問してみせた。「くそを垂れ流してまで、生きたいと思わないですよね」。やまゆり園に在職中、粗相する入所者に憎悪を募らせていった。

高潔なニーチェはこううたう。

《われわれは一切の生の屑《くず》や廃棄物に同情してはならない、——上昇する生にとって、たんなる妨害であり、害毒であり、裏切りであり、隠れた敵であるようなもの（中略）は滅ぼされるべきである……。深い、深い意味で言うなら、「あなたは殺してはならない」は非道徳的である》（ニーチェ／氷上英廣訳「遺された断想」『ニーチェ全集第12巻』白水社、１２０ページ）

１９４８年に国連で採択された世界人権宣言は「すべての人間は、生まれながらにして自由であり、かつ、尊厳と権利とについて平等である」と標榜《ひょうぼう》する。植松は「そんなの建前でしょう」と一蹴した。

ニーチェもまた、容赦ない。

《不出来な者どもにみとめられた平等権―これは、最も深い非道徳性であり、道徳としての反自然そのものである！》（ニーチェ／原佑訳「権力への意志」『ニーチェ全集第12巻』理想社、２１７ページ）

植松は２０２０年1月20日、30歳になった。拘置先の風呂場の鏡に映る「老けて劣化した自分」が許せないという。加齢のたび、「脳みそが死んでいく感覚」に陥るらしい。差し入れの菓子は、植物性油脂が含まれていたら捨てている。「血行を悪くする。毒の塊だから」。脂質を抑えたツナの缶詰を好み、表情筋を鍛える「あいうえお体操」にいそしむ。腕立て、腹筋、背筋、スクワットを各１００回が日課だ。筋肉痛を味わうと、「エナジーがみなぎる」のだとか。

植松が美に執着し、「超人」を愛《め》でるのはなぜだろう。「人間性が未熟で、容姿も歪だから」と答えた。植松は事実、劣等感にさいなまれている。前述したように数年前の「パンダ事件」は耐えられなかったという。パンダの着ぐるみでパーティーに登場すると、取り巻きができた。かぶり物を脱いだ途端にしらけ、人波が引いた。自身の容姿は「周囲を不快にする」と絶望したそうだ。

「醜態」の報いとして「きれいな絵」を描くという。滝登りの鯉や観音像を鮮やかに仕上げてみせた。自らも般若やおかめの和彫りを背負う。

理想を希求し続け、あるがままの自己を受け入れられない夢想家は、「満たされない現実とのはざまを埋めようと、神聖化されたカリスマや崇高な言葉に依存するようになる」と、東京大准教授の熊谷晋一郎（当事者研究）は読み解く。劣等感を抱えながら、自立した「超人」に焦がれる植松も当てはまり得るという。

自立は「孤高」に昇華されるが、半面、「孤立」と化す。熊谷いわく、超越性への依存からの回復は「頼れる隣人を見いだせるかどうか」に懸かる。植松は、家族や友人の話題をかたくなに受け付けない。ニーチェは、キリスト教的「隣人愛」をあざける。裁判が迫ると、植松は筋トレで自らを追い込み、強さを誇示するべく「パンプアップして挑む」と勇んだ。

「超人」への敬愛は、社会人になって芽生えたという。それは、才能と努力を兼ね備えた存在であると説明する。米大統領のトランプを例示した。

2　強制不妊とやまゆり園事件

「公益」という大義

植松は衆院議長に宛てた手紙で、重度障害者の殺害は「全人類の為」と主張した。どういうことか。裁判で説明した。１０００兆円超の借金を抱える日本で、障害者手当は「税金の無駄遣い」であり、「重度障害者を安楽死させれば、その分のお金が循環し、世界平和につながる」という。植松にとって、やまゆり園襲撃は「公益」のためだった。

「公益」のために障害者を淘汰する法制度が、１９９６年までこの国にあった。旧優生保護法(以下、旧法)に基づく強制不妊手術だ。ナチスの断種法にならった国民優生法を前身とし、48年に施行された。

目的は「優生上の見地から不良な子孫の出生を防止する」(第1条)こと。知的障害、精神疾患、遺伝性疾患の人々に対する不妊手術について、医師が「公益上必要」(第4条)かどうか判断し、都道府県の審査会が適否を決めた。国は、身体拘束、麻酔使用、だました上での強制手術も容認。96年に母体保護法に改定されるまで、全国で少なくとも１万６５００人が手術を強いられたとされる。７割が女性だった。

政府が「真摯《しんし》に反省し、心から深くおわび申し上げます」(首相の安倍晋三)と謝罪したのは２０１９年4月になってからだ。「救済一時金」として、生存する被害者本人に一律３２０万円を支給する法律も同時に施行された。

国に旧法の過ちを認めさせ、謝罪と補償を実現した原動力となったのは、宮城県に住む70代の被害女性の、二十余年にわたる闘いだった。活動名を飯塚淳子という。飯塚は旧法が改定された翌１９９７年から、市民団体とともに国に被害を訴え続けてきた。

２０１５年に飯塚が人権救済を日本弁護士連合会に申し立てると、この報道に偶然触れた宮城県内の佐藤由美（仮名、60代）が自らの手術記録を入手して18年1月、全国で初めて国家賠償請求訴訟を仙台地裁に起こした。手術記録が処分されていた飯塚も、県に手術の事実が認定されると、同年5月に訴訟に合流した。「飯塚さんが道を開いた」と、知的障害がある佐藤の気持ちを義姉の路子（仮名、60代）が代弁する。

人間の優劣を正当化し、生命を選別した強制不妊手術とやまゆり園事件。飯塚が恐れるのは、その動機を支配していたのが、狂気でなく、公益を大義とする「善意」だった不気味さだ。飯塚が回想する。

国家に狂わされた人生

《私を含め、周囲の人たちはみんなあなたの幸せを望んでいたはずです》

１９９７年、飯塚のもとに中学時代の担任教諭から手紙が届いた。飯塚は16歳で卵管を縛る不妊手術を強制された。退院後、両親が「子どもができなくなる手術をした」と密談しているのを聞いた。問い詰めたが、口ごもるばかりだった。「なぜ自分が？」。ずっと不可解だった飯塚は、手術の経緯を知るこの元教諭に問いただし続けていた。

手紙の後半に、半世紀前の弁解がつづられていた。《それが、結果として、あなたに大きな不幸をもたらしたとは、本当に残念でなりません。善意が裏目に出たことに大きな衝撃をうけ、今更ながら自責の念にかられております》

１年後。貧困から飯塚を職業訓練先の職親《しょくおや》に預けた父親からも便りがあった。80歳で亡くなる直前だった。《早く手術した方が安全だと通知があったのだ　妊娠されてからでは遅い》

飯塚は手術直前、軽度の知的障害とする知能判定を受けていた。父親は、将来を思案した職親と民生委員から同意を迫られていた。

《印鑑押せとせめられてやむなく印鑑押せられたのです　優生保護法にしたがってやられたのです》（原文まま）

手術後、生理のたびに激痛で転げ回った。夢だった介護職も断念した。子どもを産めない引け目から、結婚と離婚を繰り返した。「幸せ」「善意」「安全」。２人が並べた美辞にぞっとする。

「なんて身勝手なの。人生を狂わされたのは、わたし自身なのに」

《障害者は不幸を作ることしかできません》

２０１６年７月に植松が逮捕され、衆院議長に宛てた手紙の内容が報道されると、飯塚は２人からの手紙を思い起こした。恭しい言葉遣いで書き連ねられていたのは、一方的な正義。その計略に「狂気」はないと明記され、「日本国と世界の為」「全人類の為」と強調されていた。飯塚は「人ごとでない」と震えた。

送検の車中、植松は笑っているようだった。１時間足らずで45人が殺傷された。神奈川県警の調べに、「手間だから」と無防備の首を狙ったと供述していた。

力ずくで生殺を支配し、命をもてあそぶ独善を目の当たりにし、忌まわしい強制不妊手術の記憶がよみがえったのは飯塚だけでない。東京都の北三郎（仮名、77）も、両脚の付け根に刻みつけられた2センチほどの執刀痕がうずいた。

13歳だった北は、異母の弟ができると、反抗心から粗暴になり、中学を1年で退学させられた。実父からも疎まれ、預けられたのが、仙台市内の教護院（現児童自立支援施設）だった。1年後、強引に連れられた産婦人科病院でズボンを脱ぐようせかされた。手術台に寝かされ、背中に注射を打たれた。意識が遠のいた。

麻酔が切れた途端、下半身を激痛が襲った。睾丸《こうがん》が風船のように膨らんでいるのが分かった。手術痕が赤らんでいた。1カ月後、教護院の先輩がささやいた。「子どもができない体になったんだよ」

精管切断（パイプカット）だった。「なんで、おれがこんな目に遭わなきゃいけないんだ」。障害があったわけではない。反抗期で自身を見捨てた父親と教護院がたくらんだ手術と思い込んだ。家族と絶縁した。佐藤が国賠訴訟を起こしたのを報道で知ると、より深刻な真実に気づく。加害者は国家であった、と。

突然の侵入者に刃物を振り下ろされたやまゆり園の入所者の恐怖を察し、北は「やりきれない」と言葉を詰まらせた。「おれ自身も、いや応なく体を傷つけられた被害者だから」。20年1月、やまゆり園事件の初公判。「命の優劣を正当化する考えがなぜ生まれるのか、知りたい」と、北は倍率75倍の傍聴券を求めて並んだ。

暴走した「善意」

旧法はもともと、終戦後の人口抑制が狙いだった。外地からの大量の引き揚げ者や出産ブームで人口が急増する半面、食料や住宅不足が深刻化していたからだ。

人口問題を研究する政府系の財団法人は１９４６年、人口急増に対応する経済再興と出生調整が急務だと提言。構成委員の市川房枝や加藤シヅエらフェミニストたちが、不妊手術が任意だった前身の国民優生法から「強制法」に改めるべきだと主張し、議員立法として提出された旧法は48年に成立した。

すべての国民の生存権はこの当時、憲法によって保障されていた。生存権を世界で初めてうたったワイマール憲法がありながら、断種法を制定したナチスが台頭したのも、世界恐慌による経済悪化が背景にあった。

当時の日本は戦後の混乱期、性被害による妊娠や多産による貧困で、違法な「ヤミ堕胎」も横行していた。条件付きで中絶を合法化し、「母性の生命健康を保護すること」（第１条）も目的だった。

連合国軍総司令部（ＧＨＱ）の最高司令官マッカーサーが旧法を「むやみな堕胎や乳児殺しといった悪行を正す、近代的な法律だ」「（米国の）多くの州よりも進んでいる」と評価する手紙が最近、熊本市で見つかっている。

旧厚生省は都道府県に宛てた49年の通知で、本人同意なしの手術は「憲法の精神に背くものではない」と障害者の人権侵害を正当化した。神奈川県も手術費の補助制度を整備し、実績づくりにまい進する。

東京大大学院教授の市野川容孝《やすたか》（医療社会学）は、その妄信を、戦後復興のための「公益」という大義と、健常者側の「善意」が支えていたと指摘する。60年代に入ると、経済成長の途上、高度な生産性を実現する国民の「質」向上が公然と語られ、「そこに優生政策がすっぽりとはまった」。

一方、精神科病床は急増した。精神科医の岡田靖雄は「生産的でない人間は隔離すべき、という国民の需要があった」と打ち明ける。岡田も半世紀前、不妊手術に助手として関わった一人だ。勤務先の精神科病院から年２回、医局に不妊手術の候補者を挙げるよう課され、自身も黒板に女性患者１人の名前を書き出した記憶がある。ただ、本人の同意があったのか、誰が手術を申請したかは、覚えていない。それほど「ありふれた日常」だった。

岡田はしかし、精神医療の歴史をひもとくうち、精神疾患の遺伝性を強調する旧法の誤りに気づく。60年代に自著で暴いたが、賛同する同僚はほとんど現れなかった。先進的な医師がそろっていたにもかかわらず。

「善意」が暴走した当時のようなきな臭さを、市野川はやまゆり園事件にも嗅ぎ取る。植松は記者に宛てた手紙で「生産能力のない障害者は不幸をばらまく」と主張し続けた。犯行は、

「公益」のための「不幸を最大まで抑える現実的な問題解決」だったと明かした。

　ここでも語られた生産性。岡田は、植松を逆説的に「国民的英雄」とみなしていた。「当時の国が、精神科医が、国民が、慢性的にやってきたことを、彼は一挙にやろうとしたわけだから」

　植松は実際、神奈川県警の調べに自らを「救世主」と呼び、事件前も周囲に「伝説の指導者になる」「革命を起こす」と吹聴していた。接見取材にも「国が動いてくれないなら、自分でやるしかないと思いました」と答えている。賛同者はネット上で、植松を「神」ともてはやした。

　飯塚とともに国賠訴訟を起こした佐藤の義姉、路子は「訴訟は、やまゆり園事件にも表れた根深い優生思想との闘いでもある」と打ち明ける。

　仙台地裁は２０１９年５月の判決で、旧法を違憲とし、「１９９６年に改正されるまで長年存続したため、優生思想は社会に根強く残った」と指摘した。さらに「根強く残っていた優生思想が正しく克服され、何人も差別なく幸福を追求でき、一人一人の生きがいが真に尊重される社会となり得るよう」付言したが、一方で手術から20年以上が経過して賠償の請求権が消滅したと判断し、訴えを棄却した。

　佐藤と飯塚は控訴し、２０２０年１月に仙台高裁で二審が始まった。ほか全国６地裁で争われている。札幌市の小島喜久夫（79）は、初めて実名を公表した原告だ。19歳のある日、不意に実家に現れた駐在所の巡査に手錠をはめられ、そのまま精神科病院に連行された。医師の診断もないまま「精神分裂病」と決めつけられ、抵抗すると、頭部に電気ショックを見舞われた。精管を切断された。妻麗子とともに素顔をさらし、過去と闘うのは「命に優劣をつける考えを克服するため」という。「だから、俺は逃げも隠れもしない」

　優生学を提唱したゴルトン以降の優生思想の核心にあるのは「人間の淘汰を出生前に完了すること」。市野川はそう指摘し、続ける。「優生学者の夢は、１９６０年代以降の出生前診断の技術によって初めて実現可能となった」

　妊婦の血液を採取して胎児のＤＮＡを調べ、ダウン症を含む3種類の染色体異常を調べる新出生前診断は、国内では２０１３年から臨床研究として実施されてきた。胎児の異常が分かった妊婦の9割が中絶を選んでいる。

　岡田は新出生前診断のほか、科学技術の発達によって登場した遺伝子操作やゲノム編集にも、優生学的な危うさをみる。脳性まひ者の団体「全国青い芝の会」も、やまゆり園事件を受けた声明で、出生前診断を優生思想に基づくとして反対している。

3　能力主義の陰で

競争に慣れ過ぎたわたしたち

「こいつ、しゃべれるか」。植松はやまゆり園を襲撃時、拘束して連れ回した夜勤職員をそう問い詰め、入所者一人一人の生殺を会話ができるかどうかで支配した。自身の刑事責任については、「責任能力が『なければ』即死刑にするべきだ」と主張し、「心神喪失（責任能力がない）なら無罪」と定める刑法と正反対の持論を裁判で展開した。結審直前にも、「この裁判の本当の争点は、自分が意思疎通できなくなる時を考えること」と陳述している。植松は事件当時から死刑宣告まで、一貫して「できるか、できないか」という能力の優劣に執着していたのだった。

「優生思想を突き詰めると、能力主義にたどり着く」と岐阜大の竹内は指摘する。スポーツ競技、受験、就職活動。既得権益に縛られず、平等に競争の機会をもたらすのが能力主義だ。翻って問うてみたい。互いの能力を自由に競い合い、比較や評価する日常に慣れ過ぎたわたしたちは、知らぬ間に、期せずして、誰かを傷つけてはいないか。そして、競争の渦中で、自分自身が苦しんだ経験はないだろうか。

　逃れられない能力主義と、どうつき合っていけばいいのか。競争と無縁な福祉に支えられる

「障害者」と、優勝劣敗の「競技者」という両面に帰属するパラアスリート。「彼らの世界にヒントがある」と東京大准教授の熊谷晋一郎は提言する。東京大会が1年後に開幕する予定のパラリンピックを実例に、本節で能力主義の暗部を見つめる。

パラアスリートという「超人」

車いすや義足のアスリートが背中から翼を生やし、神々しく輝く。国際パラリンピック委員会（ＩＰＣ）が制作を発表した初の公式ゲームのキャラクターだ。タイトルは「ザ　ペガサスドリーム　ツアー」。人気ゲーム「ファイナルファンタジー15」でディレクターを務めた田畑端《はじめ》が手がける。

制作元のＪＰ　ＧＡＭＥＳ社によると、プレーヤーはパラスポーツに挑み、秘められた「エキストラパワー」（特殊能力）を引き出しながら成長していく。パラアスリートのペガサスのような「進化」を、オーラをまとうように翼で表現したという。若者を取り込み、東京大会を盛り上げる狙いだ。ＩＰＣ会長のアンドリュー・パーソンズは「傑出したパラアスリートたちの能力がどのように表現されているのか楽しみにしている」とコメントした。

競技が高度化したパラリンピックは「超人の祭典」と呼ばれる。２７０万枚の入場券を完売し、「史上最高の成功」とたたえられたロンドン大会（12年）。英テレビ局は、障害を乗り越えようと躍動するトップアスリートをＣＭに起用し、「スーパーヒューマンに会いに行こう」と呼びかけた。南アフリカの「ブレードランナー」と呼ばれた両脚義足の選手が、オリ・パラ両方の陸上種目に出場した快挙もあった。

パラ陸上・走り幅跳びの芦田創《はじむ》（トヨタ自動車）は、東京大会で「金メダルしかいらない」と公言する。17年に7メートル15を跳び、日本記録を更新した。メダルをうかがえる7メートル超えは、6メートル52で予選敗退したリオデジャネイロ大会（16年）の「ふがいない自分」を克服した転機だった。さらなる高みを目指し、豪シドニーに練習拠点を移した。

芦田が見据えるのは、アジア記録の7メートル53、さらに世界記録の7メートル58だ。「そのレベルに到達できれば、健常者とそこそこ渡り合える」。健常者の国内トップが競う大会への出場が「障害者と健常者の壁をぶち破る手段」と信じる。「ブレークスルーを起こしたいんです」

パラリンピックの発祥は、１９４８年に英ロンドン郊外の病院で開催されたアーチェリーの大会にさかのぼる。もともとの目的は、戦争で負傷した兵士のリハビリだった。下半身まひを意味する「パラプレジア」と「オリンピック」を組み合わせた「パラリンピック」の呼称は、第2回の東京大会（64年）が起源だ。当時はパラアスリートは存在せず、箱根療養所（現箱根病院、神奈川県小田原市）に入所していた傷病兵らが選手に選ばれた。

ＩＰＣと国際オリンピック委員会（ＩＯＣ）が連携協定を結んだシドニー大会（２０００年）以降、選手のエリート化が進んだ。障害の程度に応じてクラスが分かれるパラリンピックは、オリンピックより種目が多い。IPCはこの大会後、メダルの価値を高めようと、クラスを統合して種目を絞った。

競技の高度化に呼応するように、パラリンピックに対する国内の世論にも変化が生じるようになった。NHKによると、「オリンピックと同様に純粋なスポーツとして扱うべき」とする意見が増えている。18年10月の調査で、障害者スポーツに対する印象についても、6割が「感動する」、3割近くが「すごい技が見られる」と答えた。一方で「競技性より障害者福祉の視点を重視して伝えるべき」とする回答は、5％に留まる。パラアスリートの強化費は、厚生労働省から、オリンピックと同じ文部科学省に移管された14年度から大幅に増額され、練習環境も充実するようになった。

メダル量産を狙う東京大会。「水を差すな、と言われるかもしれません」。18年7月に東京大先端科学技術研究センターで開かれたシンポジウムで、熊谷が異論を唱えた。パラリンピックは能力格差を助長しかねない――。

大会は「夢と感動、勇気」（スポーツ庁）をもたらす半面、「わたしはなんて能力がないのだろうと、自分を責めてしまう一般の障害者が現れないだろうか」。熊谷自身も脳性まひで電動車いすを利用し、「運動能力にコンプレックスを抱えてきた」という障害者だ。熊谷は、やまゆり園事件にも言及した。能力至上の偏見が福祉現場に持ち込まれた事件だったからだ。

成熟したこの社会は、能力による自由な競い合いで成立している。だから、「能力主義自体は誰も否定できない」。そう前置きして熊谷は警告した。「事件後を生きるわたしたちは、否定しきれない能力主義と、うまくつき合っていかなければいけないのです」

シンポから３カ月後、その不安は的中する。

パラリンピックが生む分断

ＪＲ東京駅に張られたポスターに、大学職員の男性はたじろいでいた。そこに、パラアスリートの競技写真と、こんなキャッチコピーがあった。

《障がいは言い訳にすぎない。負けたら、自分が弱いだけ。》

東京都が制作した東京パラリンピックのキャンペーン広告だった。男性は思わずツイッターに投稿した。《東京都庁で障害者雇用されると、障害を理由にできないことがあっても、「言い訳だ！」と上司に詰められるわけですね》

ポスターは選手が自らを鼓舞するせりふで、主義主張を他者に強いる意図はなかった。ただ、男性の投稿は共感を集め、都に批判が集中する。都は「不快な思いをした方々におわびする」と、掲示から1週間余りで撤去を決めた。２０１８年10月の騒動だった。

男性は取材に、統合失調症を患っていると明かした。障害者雇用枠で大学に採用されていた。幻覚や幻聴を覚え、周囲に中傷されているような被害妄想に陥ったのは19歳。疲れやすく、集中力が長続きしないのも特有の症状だが、「怠け者」と誤解されやすいという。ポスターについて、「別世界にいるパラアスリートのストイックな美学を押しつけられたようで、傷ついた」と振り返る。「やろうと頑張っても、できないことがあるから困っているのに」

障害の克服を美徳とする発想は「できる者とできない者の分断を生む」。日本財団パラリンピックサポートセンター（パラサポ）理事長の小倉和夫は、そう考えていた。ポスター騒動は「その実例ではないか」。パラサポは、パラアスリートを安易に「超人」と呼ばないようにしている。小倉の信念だった。

日本パラリンピック委員会は、東京大会で最多22個の金メダルを狙うと表明した。「メダル最優先でよいのだろうか。元来はもっと人間味にあふれ、和やかな大会だった」と、小倉は１９６４年の前回東京大会を振り返る。

中東の衛星テレビ局アルジャジーラは、やまゆり園事件があぶり出した日本の能力主義について、瀕死の重傷を負った尾野一矢や強制不妊手術の被害者のほか、パラアスリートに取材し、２０１８年11月に報道した。リポーターのドリュー・アンブローズは「障害を巡る議論は、東京大会に向けて一層激しくなるだろう」と占う。

競技が高度化した結果、「パラアスリートは障害者の象徴でなくなった」。パラリンピックの社会的影響を調査する一般社団法人コ・イノベーション研究所代表理事の橋本大佑は指摘する。

橋本は、障害がある立場になって考える現状の「心のバリアフリー教育」は障害者に対する評価の二極化を招く恐れがある、とみている。一方はパラアスリートのように「特別な能力がある」という過大評価。他方は、目隠しや車いす体験で印象づけられる「大変で気の毒」「かわいそう」といった過小評価だ。

心のバリアフリー教育は、やまゆり園事件を契機に進み、東京大会がレガシー（社会的遺産）に掲げる「共生社会の実現」を達成するための行動計画に盛り込まれた。「誤った評価が形成されれば、レガシーは破綻する」。橋本は17年、そう政府に提言した。

レガシーの失敗例は、パラアスリートの超人性を際立たせ、「史上最高の成功」とたたえられるロンドン大会（12年）だ。

英政府による大会直後の調査で、健常者の8割が「大会によって障害者に対する印象が改善した」と回答したが、障害者の反応は正反対だった。民間調査によると、大会1年後の健常者の態度が「変わらない」「悪化した」と答えた障害者は8割に達した。2割近くは「敵対的な行為や恐怖を感じる行為」を経験していた。

英コベントリー大准教授のイアン・ブリテンは『障害は乗り越えるべきもの』とするパラアスリートの能力主義が浸透し、一般の障害者が負い目を感じてしまった。大会レガシーの柱だった『共生社会』は、結果的に遠のいた」と読み解く。

英国はロンドン大会前、リーマン・ショックの余波に見舞われ、政権交代後の緊縮財政で障害者支援は縮小された。一方でパラアスリートの強化費は増額され、4年後のリオデジャネイロ大会（16年）でメダルの上積みに成功している。国連はこの年、緊縮政策を人権侵害と指摘し、広がる格差に対して「深刻な懸念」を表明した。

英ケント大准教授のサキス・パップスの調査によると、ロンドン大会は一般の障害者のスポーツ参加を促す原動力にならなかった。パップスは「当時の緊縮財政と障害者福祉に否定的な報道が弊害になった」とみなす。東京大会はいかにしてレガシーの成否を判断するのか、ロンドン大会を教訓に「明確な指標が必要だ」と忠告する。

アスリートに学ぶ「生きづらさ」の先

一方、「超人」とたたえられるパラアスリートたちも、勝敗が明確に決する能力至上の世界で、悩み、苦しんでいる。

「水の女王」は、横浜市のスイミングスクールで黙々と練習に打ち込んでいた。パラ競泳の成田真由美。19年9月の世界選手権以降の選考会に、東京パラリンピック出場が懸かっていた。

１９９６年のアトランタから、シドニー、アテネの連続３大会で、15個の「金」を含むメダル20個を獲得し、いつしかその称号が定着した。困難を乗り越える成田の「意志の力」は、首相の安倍晋三による所信表明演説（２０１３年）で、たびたび言及された。

13歳で脊髄炎を発症して下半身がまひし、車いす生活になった。脚が勝手に震える症状が練習中に現れると、中断してコーチが制止させる。交通事故による頸椎《けいつい》の損傷で左手もまひし、後遺症で体温調整がうまくできないという。激しい練習で体温が上がるたび、バケツに張った冷水で首筋を冷やさなければならない。

練習は「楽しくない。苦しいですよ」と明かした。ゴーグルに涙がたまるほどだ。「でも、楽しかったら競技者じゃなくなっちゃう」

「できないことがある弱者」と「身体機能を高めた強者」。「障害者」と「アスリート」に帰属するパラアスリートには、周囲からの矛盾する印象が共存していると、日本パラ陸上競技連盟副理事長の花岡伸和は考える。「健常者から勝手に張られるレッテルに、生きづらさを感じてしまうんです」

花岡は車いすマラソンでアテネ（04年）、ロンドン大会（12年）に出場し、最高5位に入った。強くなければ、期待に応えなければ——。パラリンピックが注目されるようになると、現役当時、そうした重圧に苦しめられるようになる。自律神経を乱し、胃腸炎になった。ただ、世界と戦うトップとして「しんどければ、しんどいほどいい」と気に留めなかった。

引退して指導者に転じ、同じように不調に陥る選手を目の当たりにしてから、客観的にその深刻さに気づいた。「アスリートは超人ではない」とも。「言ってみれば、自分は超頑張ってきた凡人ですよ」。障害は乗り越える対象ではない、という。「付き合っていくものです」

海外のパラアスリートも、苦悩はさまざまだ。「パラリンピックの平等は一般の障害者の平等とかけ離れている」（英国の元陸上選手）、『悲劇の障害者』像が利用されている」（カナダの元女子バスケットボール選手）、「競技パフォーマンスのみが強調されている」（カナダの元陸上選手）といったように。

近年の障害者福祉は、克服すべき障害が「個人でなく社会にある」とする観念（障害の社会モデル）に基づく。たとえば、エレベーターがない施設の2階に移動したい車いす利用者の困難について、身体機能でなく、施設側の設備に原因を求めるという考え方だ。国連の障害者権利条約や、16年に施行された障害者差別解消法も、この観念に立つ。

半面、アスリートの美学は克己心に支えられている。ポスター騒動に表れたように、自分に打ち克たなければ、「言い訳」になる。「だから、パラスポーツはややこしい」と、パラ陸上の芦田は明かす。5歳で右腕に難病のデスモイド腫瘍を発症し、放射線治療の影響で成長が止まった。「願っても右腕は戻らない。できないことはありのまま受け入れる。でも、障害を事実以上の意味にしてはいけない。そこから可能性を伸ばすんです」。アスリートとして、障害に向き合い続けた結論だった。芦田は左右の身体のバランスを保つため、右側の背筋は左側より3倍のトレーニングをこなす。

「世界で一番を決めるだけだったら、オリンピックだけで十分。成果至上のパラリンピックなら、やる意味がない」。花岡は、パラ固有の価値を発揮してこそ、オリ・パラ一体運営の真価を見いだせると信じている。たとえば「生きづらさのコーピング（対処法）」を提案する。「パラアスリートは障害によるストレスにうまく対応している。その方法を一般化できたら、障害者の生き方が健常者の生きる手引きになり得る」

障害の社会モデルに基づけば、「社会のデザインとミスマッチを起こしている度合いが強い人を『障害者』と呼ぶ」と東京大准教授の熊谷は指摘する。「いま、多くの人が潜在的に生きづらかったり、将来に不安を抱いていたりしている。全員がすでに障害者になっているといっても言い過ぎではない。それは社会が包摂力を失っているからです」。わたしたちは、逃れられない能力主義との付き合い方をパラアスリートに学べるはずだ。熊谷の提言だった。

パラリンピックの聖火の起点は、ギリシャのオリンピア遺跡に限定されたオリンピックのようなしきたりはない。東京大会は、発祥地の英ストーク・マンデビルと47都道府県700超の市町村で採火される演出が決まった。聖火リレーの理念はオリンピックの「Hope Lights Our Way（希望の道を、つなごう。）」に対し、「Share Your Light（あなたは、きっと、誰かの光だ。）」。多様性を照らす。

4　死刑と植松の命

植松は生きるに値しないのか

20年3月16日、植松は死刑判決を言い渡された。裁判で「どんな判決でも控訴しない」と宣言した通り、弁護人の控訴を自ら取り下げ、判決が3月末に確定した。「生きるに値しない命」は「ない」と、植松の独善に抗うのであれば、植松自身の生命の価値はどう考えればいいのか。あくまでも、わたしたちと等価であるはずの命に死をもたらす刑罰だからこそ、黙過したくない。

裁判で被害者側の代理人弁護士13人は「わたしたちは哲学者ではなく、法律家」と前置きし、「法に基づき、死刑にすべき」と意見陳述した。そこで思考を停止してしまっていいのか。かつて「不良な子孫の出生防止」を名目に、障害者らに対する強制不妊手術を容認したのは、旧優生保護法という紛れもない「法」だった。

植松は生きるに値しない、とみなし、彼を処刑することはできない。植松の主張とそっくり重なり、否定したはずの彼の過ちを肯定することになるから。この取材で幾度も聞いた「パラドックス」。「落とし穴」が待ち受ける。死刑によって、わたしたちが植松の命を奪う意味を、本章の終わりに問うてみたい。

裁判が踏み込まなかった「本質」

20年1月8日、横浜地裁の初公判開廷から十数分後だった。「うー」。証言台で前かがみになった植松はうなり、右手の小指をかみちぎろうとした。「やめなさい」。刑務官が飛び掛かる。裁判長は休廷を宣言し、植松に退廷を命じた。植松は前日の7日、神奈川新聞の接見取材に「気合を入れて謝りたい」と打ち明けていた。翌9日朝、勾留先の居室で、小指の第1関節付近をかみ切った。

植松は以降の裁判で、両手に拘束具のミトンを装着させられた。自傷や他害を防ぐ精神障害者用の厚手の手袋だ。自らの演出で転じたのは、自らが嫌悪した対象だった。「何と愚かな」。至近で傍聴した、やまゆり園園長の入倉かおるはあきれた。

弁護人は、襲撃当時の植松に大麻の慢性症状による精神障害があったとして、「責任能力はない」と無罪を主張した。植松が「心失者」と名付けて蔑んだ心神喪失者として、自身が弁護されるという矛盾。植松は「自分には責任能力がある」と弁護人の主張を全面的に否定し続けた。

本心なのか、裏をかこうとしているのか――。被害者側は戸惑った。植松は過去、都合よく精神障害の有無を演じ分けていた。16年2月の措置入院から退院するため、「猫をかぶって良い子を装った」という。翌3月に相模原市に申請した生活保護は、うつ病と欺いて受給が決まった。

植松の言動に翻弄《ほんろう》された裁判。争点は、植松が精神障害だったか否かに絞られた。「事件の本質はそこなのか」と劇団「Pカンパニー」代表の林次樹《つぐき》はいぶかる。劇団は19年2月、この裁判を先取りした法廷劇を演じた。「生きる価値のない人間」は存在しない。しかし、それなら、被告の生命はどうなるのか――。死刑廃止派の弁護人が煩悶《はんもん》する物語だ。「被告の死刑は当然」という世論に対し、「被告を排除することでは何も解決しない」と弁護人は最終的に思い至る。

20年9月の再演が決まった。実際の裁判の結末に基づき、脚本や演出を差し替えるつもりだ。林は「事件が突きつけたのは生命の価値。司法がついに踏み込めなかった本質を、フィクションとして突き詰めたい」。

現実の裁判で植松個人の「生命の価値」に迫ったのは、弁護側でなく、被害者側だった。遺族代理人弁護士の滝本太郎は「奇跡的にここにある以上、とても大切な価値あるもの」と切り出し、「だからこそ、貴重な命を刑罰として失ってもらわなければならない」と応報としての死刑を求めた。滝本は結審後、責任能力を巡る主張に徹した弁護側に対し、「死刑制度の違憲論を最後まで主張しなかった」と批判した。死刑廃止派の目立った運動もなかった。

一方、あらゆる被害者が手放しで死刑を望んだわけではない。弟（当時43）を殺害された女性は、植松に「絶望しながら一生を過ごしてほしい」と求めた。陳述書に葛藤がにじんだ。

「しかし、日本に終身刑はない。そうなると、選択肢は一つしかありません」

遺族が背負う十字架

「死」を突きつけられた植松は、身じろぎもしなかった。

20年2月12日、横浜地裁で開かれたやまゆり園事件の第14回公判。姉（当時60）を殺害された男性は意見陳述の冒頭、「死刑を求めます」と宣告した。男性は犠牲者19人の遺族で唯一、弁護士に代理を委任していなかった。「自分の気持ちを直接伝えたいから」。植松に過去9回、拘置所で面会もしていた。

「きょうは最後になりますね、たぶん」。男性は、対話はこの陳述の限りになるとにじませ、判決までに「いまから心の準備をするべきですよ」と伝えた。1カ月後、地裁が言い渡した判決は死刑。望み通りだったが、容易には割り切れなかった。「若者に死刑を求めた。その十字架は一生背負わなくてはならない」

男性の「死刑宣告」は、かねてなされていた。「十字架」という、その苦難を引き受ける覚悟も。19年9月にさかのぼる。横浜拘置支所（横浜市港南区）の面会室。神奈川新聞記者が立ち会った。

「あなたに死刑宣告しようと思っている」

4畳ほどの空間。2人はアクリル板越しに対峙した。植松の表情がこわばる。敬語も突如、ぞんざいな語調に転じた。「どうでもいい」。吐き捨てると、あごを突き出し、眉間にしわを寄せ、男性をにらみつけた。

男性はひるまない。「世の中なめてるよ」

植松は「はいはい」。射るような眼差《まなざ》しが一層、鋭くなる。

男性は気丈だ。「文句を言ってるんじゃない」

「上等だ。てめぇ」。植松は震えた。「黙って聞いてればよ。くせぇ演技に飽き飽きしてんだよ」

わずかな沈黙があった。

男性「いまの気持ちを伝えにきた」
植松「あぁ、そっすか」
男性「表情変わったね。現実を突きつけにきたんだよ」
植松「上等だ。あぁ、よく分かんねぇ」
男性「おれも十字架、背負うよ」
植松「ふーん。じゃ、なれよ」

公判は結審まで16回。50時間近い審理で、影を潜めたむき出しの激情だった。

植松は1月10日の第2回公判で死刑を悟ったという。神奈川新聞記者の接見取材にこう明かした。「裁判長の顔を見て、死刑宣告されると感じた。目を合わせてもらえなかった。あぁ、死刑だなぁと思った」。2月19日の最終陳述で、「わたしはどんな判決でも控訴いたしません」と言い切った。

植松は死刑判決が確定後、この宣言は「調子に乗って言い過ぎた」とおどけながら、迫りくる死の恐怖は「もう慣れてしまった」と接見取材に答えた。自らの死を、そう簡単に割り切れるのか。植松は、死刑執行前に「第3次世界大戦」が勃発すると妄信する。イルミナティカードのデマに取りつかれていた。

手紙に秘めた死刑の暗喩

1982年に米国のゲーム会社が発売したイルミナティカードは、未来の出来事を暗示する「予言のカード」と愛好家に信じられている。500種類余りのカードの一部は、実際に起きた事件や災害を的中させたと取りざたされ、秘密結社による陰謀論まで飛び交う。新型コロナウイルスの感染拡大も予言したとネット上で話題になり、東京スポーツは2020年2月、ドーム状の建物にコウモリが巣くうようなカードのイラストに言及して「新型コロナウイルス予言していた!?　イルミナティカードの都市伝説」と報じた。

植松も入れ込んだ1人だった。カードから「ことし、横浜に原爆が落ちる」「9月7日が危ない」と妄信し、裁判でも同じ発言を繰り返した。SF作家の山本弘は「世界にはびこる陰謀論をパロディーにした、ただのカードゲーム。イラストや数字は都合よく、いかようにもこじつけられる。フェイクの世界観にのめり込むと危険だ」と警告する。陰謀論をあおり、最終的にカードの解釈を視聴者にゆだねるテレビ番組も人気だ。植松がそうした番組に感化されていたとしたら、「デマをまき散らしたテレビ局の責任問題だ」と指摘した。

前述したように植松に自身を「選ばれし者」と曲解させ、やまゆり園襲撃を決意させたカードの数字がある。「１３０１３」だ。「13」「０」「13」と分割すると、「Ｂ」「Ｏ」「Ｂ」と読み取れる。イラストのパイプをくわえた男が「ＢＯＢ（ボブ）」。「伝説の指導者」という設定だ。植松はこの５桁を逆さから「３」「10」「31」と切り取り、「31」は加算して「４」と解読。語呂合わせで「さ」「と」「し」、つまり「聖《さとし》」に結びつけ、自らをボブと重ね合わせた。事件半年ほど前から、「自分は救世主」「革命を起こす」と周囲に触れ回り始める。

交際していた女性によると、「６」にも執心していた。植松自身も、裁判で「６６６は悪魔の数字。人間は悪魔だと思っている。優しい悪魔になりたい」と答えた。新約聖書の「ヨハネの黙示録」で「獣の数字」とされる。陰謀論では、足し合わせた「18」も同義だ。

植松が襲撃予告の手紙を衆院議長宛てに持参したのは、「平成28年２月15日」。五つの数字を合算して「18」になる日取りを選んだという。襲撃はもともと、10月１日の計画だった。裁判で理由を問われ、「１００１」の並びが「門のようで『門出』を表すから」と説明した。自家用車のナンバーも「１００１」だった。

数列に超越的な啓示を見いだそうとする植松。勾留先に、社会学者の最首悟は18年７月から毎月欠かさず手紙を送り続けている。死刑をにおわせる不吉な暗喩《あんゆ》を込めて。契機は、その３カ月前に届いた植松からの手紙だった。重いダウン症で知的障害を抱える三女、星子の存在を否定する内容がつづられていた。

星子が産まれたのは、かつて全共闘の活動家として鳴らした東京大の助手時代。星子は８歳で失明し、発語もできなくなった。権威主義にとらわれた大学という組織のただなかにいた最首は、他者に依存しなければ生きられない星子に、生き方そのものを覆された。大学が尊ぶ自主独立という価値観の対極にある、頼り、頼られるという関係性。最首はそれを人間の「二者性」と呼ぶ。星子は、いわば「自立」という閉塞から最首を解放し、安らぎをもたらしてくれた。

最首は18年7月と19年12月の2回、神奈川新聞記者とともに植松と面会している。植松は、星子を念頭に「不幸を生み出す」「安楽死させるべきだ」と切り捨てた。最首は死刑の覚悟を問うた。「裁判で偉い方が決めたら仕方ない」。権威からの要請であれば、命をも差し出すという植松。自らの才知が及ばない超越性には追従する。怪奇な数列に対するように。

最首は、星子が教えてくれた「他者がいて、自分もいる」という二者性の尊さを逆説的に植松に知らしめようと考えた。それが、手紙の暗喩だ。「植松青年は気づくだろうか」。最首は死刑判決が宣告された20年3月も、13日に21通目を投函《とうかん》した。

悪人の抹消というパラドックス

「これから裁判員になり得るみなさんは、死刑制度をどう考えますか」。東京大大学院教授の市野川容孝は19年12月、授業で学生に問いかけた。引き合いに出したのは、やまゆり園事件だった。

植松は重度障害者を「生きるに値しない」と決めつけ、入所者43人を殺傷した。死刑はどうか。社会は死刑囚に対し、最終的に「生きるに値しない」と断罪しているのではないか――。そうした問題提起だった。「だとすれば、わたしたちは彼を処刑することで、彼の考えを部分的に認めてしまうことになる」。市野川は、死刑制度そのものに反対する。旧優生保護法下の過ちを論及してきたライフワークに根ざしている。

市野川は１９８５年から障害者運動に介助者として参加し、優生保護法が母体保護法に改定された翌97年、強制不妊手術の謝罪と補償を国に求める市民団体に研究者として合流した。国連の自由権規約委員会は98年、強制不妊手術の被害に対する補償について法的措置がなされるよう、日本政府に勧告した。その時同時に勧告されたのが、死刑制度廃止の検討だった。

強制不妊手術の補償については、生存する被害者本人に一律３２０万円を支給する法律が２０１９年４月に施行され、不十分とされながらも実現した。一方で日本はなおも、死刑制度の廃止を勧告され続けている。オウム真理教の13人の死刑を執行した18年7月、欧州各国から一斉に非難を浴びた。

強制不妊手術の補償と死刑制度の廃止。「二つは別問題なのでしょうか。少なくともわたしは、都合よく切り離すことはできない」と市野川。事件が突きつけた「生きるに値しない命」はあるのか、という問いに対し、「ない」と喝破するのなら、「死刑そのものについても考え直すべきだ」と指摘する。「この国で死刑制度が自明視されていることと、この事件が起きてしまったことは、互いに無関係ではないとわたしは思います」

やまゆり園事件に着想し、長編小説『月』（ＫＡＤＯＫＡＷＡ）を書いた作家の辺見庸も当初から、この事件に奇妙なパラドックスをみていた。「植松を死刑にすることで、人間には生きていい人間と、そうでない人間がいるという彼の二分法を肯定することになる」と。

『月』は、目が見えず、しゃべれず、歩けない園入所者「きーちゃん」を語り手とし、「なぜ、在るのか」と自問する重度障害者の内面をひらがなを多用して描いた物語。元職員の「さとくん」は「にんげんとはなにか」を考え、「世の中をよくしなければいけない」と、きーちゃんたちの殺害を決行する。

植松は次のような読後の感想を、神奈川新聞に寄せている。《小説『月』を拝読し、できる限り私の考えを擁護してくださっていると思いました。時折バカにした表現はそのバランスをとる為と感じます。「善良無害をよそおう社会の表層」との帯文に深く共感しました》

辺見は『月』で、死刑制度にも触れている。《なにもしないくせに、きれいごとばかりをいう。「生きるに値する命／生きるに値しない命」の区別などないという。へえ、そうですか。そのくせ、死刑の判決と執行はどしどしすすめられている》（２９９ページ）

植松は、この一節についても書いていた。

《有害な生命は抹殺すべきと考えます。そうすれば、そうならないよう務めるはずです》（原文まま）

辺見には、東京拘置所（東京都葛飾区）で数十回にわたって接見した確定死刑囚がいた。1992年に千葉県市川市で一家4人を殺害し、2017年12月に執行された関光彦（当時44）だ。辺見は、関との面会に立ち会った刑務官の、急変した表情が忘れられない。ほおが紅潮し、涙があふれ、唇が震え出したという。「処刑が近いのだと思った」

松本智津夫（麻原彰晃）らオウム元幹部7人の死刑が先行して執行された18年7月6日。テレビ各局は臨時ニュースに切り替え、生放送で報道した。一部の特番で、処刑された元幹部の顔写真に「執行」のシールを貼り付ける演出があった。ネット上で「死刑のショー化・見世物《みせもの》化に他ならない」（東京工業大教授、中島岳志）といった批判が寄せられた。

「死刑囚の死に、われわれはあまりにも鈍感ではないか」と辺見は問う。対照的に、あの刑務官が見せた狼狽は「人としてごくまっとうな、尊い反応だった」。刑場で死刑囚を絞首せしめるのは、法でなく、国家でもない。「われわれが刑務官にやらせている」。「植松を早く処刑しろ」といった発言も、ネット上に目立つ。辺見は続ける。「死刑という生体の『抹殺』をなんとなく黙過する人々と、『抹殺』を1人で実行した植松との距離は、それほど遠いわけではないんじゃないか」

元裁判官で弁護士の森炎《ほのお》は、死刑という結論は「社会からの排除、抹消」という観点では導けないという。植松を生きるに値しない極悪人とみなしたり、怪物視したりして処刑すれば、「彼の考えと重なってしまう」。

ならば、市野川や辺見が考えるように、植松の死刑は否定されるべきなのか。森は、自己保存本能（生きたいという欲望）と人間の尊厳の見地から肯定されると指摘する。「他人を殺した上で、自分だけは生きたいという欲望は、真に人間的とはいえない。重度障害者の人間の尊厳を踏みにじり、非人間的な殺人を犯した植松も人間であるために、自分だけは生きたいという欲望を乗り越えることが求められる」。その法制度が、死刑であると。

ホロコーストに関与したナチス高官13人に死刑が要請された道理と重なるという。「人間が人間であるためにどうしても必要なこと。死刑でなければ、社会は歴史の新たなページをめくれないでしょう」。ただし、植松個人の生命に着目した時、われわれは特定の人間に死を強いる苦難に直面する。森はそれを「試練」と呼ぶ。

粛々と行われる殺人

幹部職員が挙手し、合図を送った。ガラス窓越しの別室で、刑務官3人が、それぞれの正面にあるレバーを同時に引く。「バーン」。踏み板が抜けるとどろきが、張り詰めた静寂を破った。瞬間、囚人は眼前から消えた。天井から垂れ下がった絞縄《こうじょう》が、落下の反動でぶらんぶらんと揺れ動いていた。

１９７１年、東京拘置所の刑場。初冬の肌寒い朝、強盗殺人犯の男に死刑が執行された。当時は任官2年目の刑務官だった弁護士の野口善国《よしくに》は、その始終を鮮明に覚えている。「目の前で人が死ぬのを初めて見た。忘れられませんよ」
きしむ絞縄を静止させようと、両手を伸ばした野口は、階下をのぞき込んだ。立ち会いの医務官が男の上着をはだけ、聴診器を当てていた。胸元がどくんどくんと脈動しているのが分かった。医務官は救命しない。絶命を見届けるのが職務だった。「いまならまだ助かるのに」。野口は、あべこべの世界に戸惑った。

男は執行直前、「お世話になりました」と幹部職員に握手を求めたという。生命の温《ぬく》もりは、陰り、消えた。「死刑は法に基づいた正義という。でも、」。野口は「正義」を疑う。「実際は人が人を殺していた」

法務省は２０１０年、東京拘置所の刑場を初めてメディアに公開した。神奈川新聞記者ら21人が取材した。立ち会った職員の説明も踏まえると、死刑宣告から執行までの工程はこうだ。

刑場は六つの部屋に分かれている。金色の仏像が安置された「前室」で正式に執行を宣告された死刑囚は、医療用ガーゼで目隠しされ、両手足を手錠とゴム製バンドで拘束される。カーテンが開き、14畳ほどの「執行室」が現れる。蛍光灯がまぶしい。藤色のじゅうたんの中央が、赤色のテープで１・１メートル四方に縁取られている。踏み板だ。数人の刑務官にここまで運び込まれる。

絞縄は直径３センチ、長さ11メートル。床から壁伝いに点在する四つの金属の輪を通り、天井の滑車をくぐって死刑囚の首にかけられる。隣室の壁面に並んだ三つのボタンのうち、いずれかが踏み板を作動させる仕組みだ。刑務官は直前に抵抗されても、実力行使で立ち上がらせる。幹部職員の指示で、3人がそれぞれのボタンを同時に押すと、死刑囚は落下し、自重で絞首せしめられる。

男性職員は「手が震えるほどの緊張感のなか、遺族や社会正義のために自分がやるしかないと言い聞かせている」と明かした。「正義」が語られた。

刑場の公開を指示したのは、当時法相だった千葉景子。千葉は公開1カ月前、歴代法相で初めて執行に立ち会った。「命令権者として、書面にサインして終わり、では済まされないと思った」と振り返る。4人を殺傷した尾形英紀（当時33）と、放火殺人犯の篠沢一男（当時59）が絶命するまでを、踏み板からガラス窓越しに8メートル離れた「立会《たちあい》室」で立て続けに見届けた。

宣告から執行まで数分。淡々粛々と処理される「死」に、たじろいだ。殺生は段取りでなされるものなのか、と。機械的な進行がむしろ、生々しい肉感をそぎ取り、おぞましく映った。「人を殺している苦痛を、誰も感じたくないからなのかもしれない」と感じた。死刑は「正義」なのか。千葉は沈思し、答えた。「社会を成立させるための、幻想なのかもしれません」

植松は判決確定後の20年4月1日、死刑を待つ心境を「安楽死する人の気持ち」と例えた。「絶対死にたくない、でも死ぬべきだと思っているところが同じ」という。「生きるに値しない」と決めつけた重度障害者と、自身の境遇を重ね合わせていた。6日後、横浜拘置支所から東京拘置所に移送された。いずれ、確実に死がもたらされる。同じ刑場で。

第5章

共に生きる

執筆

1、3　成田洋樹、石川泰大

2、6〜11　成田洋樹

4　山本昭子

5　佐藤奇平

デスク　田中大樹、高田俊吾

1　被害者はいま

津久井やまゆり園で20年以上にわたって暮らす尾野一矢《かずや》（47）は、事件で瀕死の重傷を負った。元施設職員の植松聖から意思疎通が取れない障害者と断じられ、標的にされた。不安のどん底を経験した家族は事件を機に絆を一層強め、地域での新生活に希望を見いだそうとしている。

家族団らんを重ねて

冬の柔らかな日差しに包まれた２０１９年12月中旬、横浜市港南区のやまゆり園芹が谷園舎で暮らす一矢の元に、父母の剛志《たかし》（76）、チキ子（78）＝座間市＝が訪れた。事件後から続ける、週1回の家族だんらんの場だ。

一矢がチキ子手作りのおにぎりを食べ終えると席から立ち上がり、取材でそばにいた記者に近寄ってきた。「一本橋」と告げ、右手を差し出した。手と手を触れ合わせるいつもの遊びをしようという合図。幼少のころ、姉のきえ子とその友人と一緒に楽しんだお気に入りの手遊びという。

「いっぽんばーし、こーちょこちょ。にーほんばーし、たーたいて。さんぼんばーし、つーねって。階段上って、おっちょこちょい」

記者はそう声をかけながら手のひらを合わせ、手先から上腕に向かって中指と人さし指で交互に触れて最後におでこを軽くつついた。目の前には、一矢の柔らかな笑顔が広がった。

別れ際、一矢から「成田さん、また来る？」と問われた記者は、「また来ますよ」と再会を約束した。何度も訪ねるうちに名前を覚えてくれたようだ。

家族だけでなく来訪者とも他愛のないやりとりを重ねる一矢。やまゆり園で3年ほど勤めた植松には、一矢と心を通わせる瞬間はなかったのだろうか。

「この子のために」病室での誓い

「お父さん、お父さん、お父さん……」。生死の境をさまよった一矢は、意識が戻ると同時に何度も叫んだ——。事件が起きた16年7月26日から、家族の生活は一変した。

午前5時過ぎだった。

「障害者施設で入所者刺される」「15人心肺停止」——。テレビをつけた瞬間、衝撃的な字幕が目に入った。画面の向こうで、アナウンサーが強い口調でニュースを繰り返す。

現場上空からの中継で大きく映し出されたのは、見覚えがあるS字型の居住棟が連なる茶色い建物。オレンジ色の大型テントが張られ、周囲をせわしく動き回る救急隊員らの姿が、事態の深刻さを伝えていた。

剛志はいまもなお、事件があった日のことが頭から離れない。

「あの光景は、目に、耳に、いまもはっきり残っている。きっと死ぬまで消えないと思う」

あの日、チキ子を助手席に乗せ、自宅から約40キロ離れた園へと車を走らせた。ハンドルを握る手は震えていた。

付近では片側1車線の狭い道路にパトカーや救急車が長い列をなし、到着したころには午前7時半を回っていた。事件発生からすでに5時間がたっていた。

施設の入り口や廊下に血が点々と残り、体育館にはけがのなかった入所者がぼうぜんとした表情で座っていた。そこに一矢の姿はなかった。不安が一気に募った。

焦る気持ちを抑え、職員らが集まる部屋に向かうと、テーブルの上に4枚の紙が並んでいた。入所者の安否が書き込まれた名簿だった。

無事だったら「〇」、そうでないなら「×」。祈るような気持ちで、記号が混在する名簿を指でなぞり、目で追っていく。

「尾野一矢」。ようやく見つけたわが子の名前に記号はなく、代わりに病院名があった。

病院に着いたのは午前9時半。首やのど、腹部を刺され、意識不明の状態で運び込まれた、と医師から聞かされた。必死に抵抗したのだろう。手の甲にはいくつもの切り傷があった。

長女のきえ子も含めて家族全員がそろった時だった。一矢の右目から、涙がスーッと流れるのを見た。「俺たちの声が聞こえている。だから、絶対大丈夫」。信じることしか、できることはなかった。

翌日、一矢の意識が戻った。病室に駆け付けた時、思いもよらぬことが起きた。

「お父さん、お父さん、お父さん……」

一矢が叫んだ。何度も、何度も。普段あまり言葉を話さない息子が、「お父さん」と呼んだのは初めてのことだった。

「自分のことをこんなに思ってくれていたんだ」

喜びと驚き。だが、剛志の胸にこみ上げたのは、それだけではなかった。

自分は本当に息子のことを理解していたのか。何も考えていないと勝手に決めつけていなかったか――。罪悪感だった。一矢を力いっぱい抱きしめながら、誓った。

「残りの人生を、この子のためだけに生きていこう」

血縁なくても「一度も後悔ない」

一矢はチキ子と死別した前夫の子どもで、剛志と血のつながりはない。

初めて会ったのは、一矢がまだ幼いころ。チキ子の家を訪ねると、玄関に立って黙ったままこちらを見ていた。

「色白でぽっちゃりとしていて、まるでお人形さんのようだった」

一矢は水にぬれるのを嫌がったので、髪がひどく汚れていた。剛志は泣いて暴れる一矢を抱きしめて髪を洗った。辛抱強く世話をしているうちに、膝の上におとなしく座っていられるようになった。

　着替えの練習も始めた。パジャマのボタン代わりに大きなホックを縫い付けたり、洋服の表裏をわざと逆にして置いたり。チキ子が「ここをパチンと留めるんだよ」と教えると、一矢は手を動かさず、口で「パチン」と繰り返した。うまくできたと思ったのだろう。うれしそうにはにかむ一矢を囲んで、家族に笑顔が広がった。

　トイレ、食事、歯磨き……。一つのことを覚えるまで数カ月。小学校の特別支援学級を卒業するころには身の回りのことができるようになった。

　一方で、地域住民からの風当たりは強かった。「目障りだ」「早く施設に入れろ」——。周囲から心ない言葉を浴びせられたことは数え切れない。

　小学校からの帰り道。民家の軒下で見つけたダンゴムシやアリを持って帰ってくると「うちの敷地で何かを盗んでいった」と文句を言われ、牛舎にいる牛に草をあげれば「変なものを食べさせた」と言いがかりをつけられた。

「それでも、障害のある子どもの親になったことを後悔したことは一度もない」

　剛志は幼いころ、知的障害のある近所の子どもをからかったことがある。「障害を持ちたくて持ったわけじゃないんだよ」。母にきつくしかられた時の言葉が、いつも胸にあった。

「かわいい」と思うだけでは子育てはできない。大声で騒いだり、暴れたり……。思い通りにならないいら立ちを一矢にぶつけてしまったこともある。後ろめたい気持ちがずっとあった。

一矢は成長とともに障害が重くなり、夫婦で仕事を抱えながら自宅で介助するのは難しくなった。中学1年生からは親元を離れて障害児施設で暮らし、23歳の時にやまゆり園に入所した。剛志は15年度まで17年にわたって家族会会長を務め、月1回は園に顔を出した。だが食堂で家族一緒に時を過ごしても、一矢は食べ終えるとすぐに自室に戻っていった。息子が何を考えているのかは分からなかった。

園での生活が長くなるにつれ、一矢の一時帰宅は減っていった。「あの子にとってのわが家は園なんだね」。親離れしていく息子に、うれしさと寂しさが入り交じった。

施設から地域での暮らしへ

そして事件は起き、日常は断ち切られた。九死に一生を得た一矢は退院後、別の施設で一時的に暮らすなど不安定な日々が続いた。髪は薄くなり、白髪も増えた。体重が6キロも落ち、剛志が傷痕を見ようとすると「怖い」と取り乱すこともあった。

夫婦は一矢の元を週1回訪ね、親子水入らずのひと時を過ごした。一矢の心身の傷は次第に癒え、生き生きとした表情を見せるようになった。以前より言葉がはっきりと出るようにもなった。おなかがいっぱいになれば「（もう食べるのは）やめとく」と訴える。

「本当の気持ちはいまも分からない。でも、ちゃんと意思を持っている。事件をきっかけに、親子の絆が強まったような気がする」

事件現場となった園の再建を巡っては、自由度の高い少人数のグループホーム（ＧＨ）などで暮らす「地域生活移行」を求める声が身体障害者や福祉職から上がった。だが、剛志は元の場所で大規模施設としての再出発を訴え続けた。

「重度の知的障害者を受け入れてくれるＧＨがないのに、地域に出て行けというのはおかしい」

管理されがちな大規模施設での暮らしに否定的な障害当事者らが参加する集会にも足を運び、時に批判を浴びながらも施設の必要性を説いた。

そんな剛志が考えを変えるきっかけになったのは、記録映画「道草」で知られる映画監督の宍戸大裕《だいすけ》との出会いだった。重度の知的障害者が「重度訪問介護制度」を使って介助者の支援を受けながらアパートで１人暮らしをする日々を撮り続けてきた宍戸から「新たな生活の選択肢として支援付きの１人暮らしもある」と教えられ、支援実績がある東京都西東京市のＮＰＯ法人「自立生活企画」を紹介された。そこの職員の話に耳を傾け、実際に「支援付き１人暮らし」をしている当事者と家族にも会い、ゆったりした自由な暮らしぶりに目を開かれた。

「施設にいれば確かに食事などに不自由はしないが、本人は果たして幸せなのだろうか。施設にこだわっていた自分は間違っていたのかもしれない」。施設以外の選択肢を初めて手にしたことが、剛志の背中を押した。「最終的にどこに住むかを決めるのは一矢自身だが、『支援付き

１人暮らし』を実現させてあげたい」

18年夏からは、一矢と昼食をともにする場にベテラン介助者の大坪寧樹《やすき》が加わった。地域での生活を見据えて、自立生活企画から派遣されている。大坪は、障害者運動のリーダーの１人だった身体障害者の新田勲《いさお》の介助を長らく務めた。13年に72歳で亡くなった新田は１９７０年代に都内の入所施設「府中療育センター」を出て地域で自立生活を始めた先駆者。重度障害者が支援を受けながら地域で暮らす費用を行政が保障するよう求め続け、重度訪問介護制度の礎を築き上げた１人だ。

大坪との面会を重ねてきた一矢は「大坪さん」と呼んで慕い、関係性を深めている。

昼食時、フォークを手にした一矢は、チキ子が昼食に用意したウインナーを大坪の口に運んだことがあった。剛志から「大坪さんにもあげたら？」と呼びかけられ、それに応えて好物を差し出した。口を大きく開けて食べた大坪との何気ないやりとりに、一矢も穏やかな笑みを見せた。

「相手に何かを与える喜びを感じ始めているように見える」

チキ子は、笑顔が増えた息子の変化を感じ取っていた。施設では支えられる側であることが多いだろうから、他者に何かを与える機会があることがうれしいのかもしれない――。一矢の胸中は分からないが、そんな気がしてならなかった。

家族団らんの場では事件の話をすることはない。「心身ともに深く傷ついた一矢は、事件の

食後に一息つく（左から）尾野一矢さん、大坪寧樹さん、尾野剛志さん、チキ子さん（2019年12月18日、横浜市港南区）

ことは早く忘れたいと思っているはず。だから私たちも一矢の前では話題に出さない。一矢にとって楽しいことが多い日々にしたいから」。過去ではなく、前を向いて生きていく。チキ子にはその思いが強い。

一矢に伴走する大坪は支援の輪を広げようと介助者集めに奔走し、地域で共に暮らす日々を待ち望んでいる。「地域生活ではさまざまな人たちと出会う。一矢さんの経験を共有できるようになるのがいまから楽しみ」

一矢の新たな住まいは、両親の自宅からほど近い座間市内のアパートに決まった。自立生活企画が借り上げたそのアパートで体験を重ねた後、地域での暮らしを実際に始める。施設生活が計35年ほどに及ぶ一矢は、新たな一歩を踏み出そうとしている。

遺族や被害者家族が口を閉ざす中、剛志とチキ子は唯一、実名で取材に応じてきた。当事者家族が声を上げなければ、「障害者は不幸をつくることしかできない」と言ってはばからなかった植松に屈してしまうと思うからだ。

「一矢の幸せのためなら何でもやる」

事件後、剛志はその一心で生きてきた。

毎回欠かさず傍聴した裁判は、大方の予想通り死刑判決で終わった。だが、判決は一つの通過点にすぎない。社会に根付く差別や偏見が事件を起こしたと考えているからだ。戦後最悪とされる事件も風化と無関係ではいられない。忘れ去られれば、悲劇はいつか繰り返されてしまう。危機感は強い。

だからこそ命が尽きるその日まで、語り続けるつもりでいる。障害のある人が差別されず、地域で当たり前に暮らせる社会にしていくために。

2　ある施設長の告白

障害者支援に携わっていた元職員の植松聖が起こしたやまゆり園事件は、福祉関係者の足元を揺るがした。「障害者を排除するという彼の極端な考え方は、施設で働いたからこそエスカレートしたのではないか」。川崎市の施設長がそう問題提起するのは、排除や虐待につながる差別感情の芽はどの施設にも潜在している恐れがあると考えるからだ。だからこそ自らにも問いかける。「私が勤める施設で彼が働いていたら、事件は起きなかっただろうか」

職員と入所者との主従関係

事件当時、障害者施設「桜の風」（同市中原区）の施設長だった中山満は、高齢の元アルバイト職員の言葉にがくぜんとした。

「気持ちは分かるけど、殺しちゃいけないよね」

事件から数日後、たまたま街中で出くわし、交わした会話。話の流れから「気持ち」が指しているのは、植松が逮捕直後に警察の調べに供述した「障害者なんていなくなればいい」だと受け取った。仕事熱心で優しい人柄だった元アルバイト職員の思わぬ共感に、身近に潜む問題の根を突き付けられた思いだった。

障害者に接し、十分理解があると思われる人ですらとらわれてしまう差別感情の芽は、どのようにして生まれるのか。施設のありようと無関係とは言い切れない、と中山は言う。

「施設では職員と入所者の間で主従関係が生じやすい。（行動を改めない入所者に）何度も言っただろうと、私だって言いたくなってしまう時がある。少しでも油断すると、上から目線になる恐れがある」

入所者の呼称一つとっても注意は必要だと指摘する。親しみを込めて「ちゃん」付けや、あだ名で呼ぶことが主従関係に陥りかねないとして、桜の風では「さん」で呼ぶことを励行している。

「大人の入所者に対して、子どもに接するような言い方をすれば、相手も『従』の役割を果たそうとしてしまうことがある。やがて職員の顔色をうかがったり、こびを売ったりするような入所者も出てくる」

内心は違っても従わざるを得ないという、すでにゆがんだ関係。職員の心理はどうなるのか。

「自分の言うことを何でも聞くので気持ちよくなる。支配下に置いているような感覚になる。周りの職員からも『言うことを聞かせられる、支援が上手な人』と評価する雰囲気が漂うようになる」

エスカレートすれば、命令口調になり、尊大な態度を取るようになる。「手間の掛かる人たちの面倒を見てやっている自分は偉い」「自分が生殺与奪の権限を持っている」。第三者の目が入りにくい閉鎖的な施設には、思い違いが生じる危うさが常に存在している。中山は「だから職員は高い倫理観を持ち、『落とし穴』を自覚しなければならない」と警鐘を鳴らす。

支援と管理が逆転

２０１３年に開設した桜の風には、知的、身体障害者約40人、精神障害者約20人が入所（17年２月の取材時）。川崎市が指定管理者制度を導入している施設で、社会福祉法人「育桜《いくおう》福祉会」ともう一つの社会福祉法人が共同で運営している。育桜福祉会が支援する知的、身体障害者の大半は最重度の「障害支援区分６」で、言葉での意思疎通が難しい人が少なくない。暴れるなどの強度行動障害がある人もいる。

支援のあり方を模索し続ける桜の風でも、支援のつもりが、入所者を意のままに行動させようとしている時がある。入所者が管理の対象になるという主客が転倒した状態に近づく。

ある30代の男性入所者は、散歩や体操への関心が薄かった。職員はやる気を促すための策を練った。１日１回運動したらシールを１枚あげ、平日に毎日続けて５枚たまったら好物の缶コーヒーを飲むことができるという約束を交わした。

やがて支援の歯車が狂いだす。「運動に行かないとシールをあげないよ」「シールもらえなくていいの」。本人の頑張りを引き出すためのシールが行動を操る手段に逆転する。

ある時「シール５枚」を達成できず、落胆する男性の姿を見かねた職員から相談を受けた副施設長の佐野良は「来週は頑張ろうと励まして、きょうは缶コーヒーを飲んでもらおう」と助言した。

「支援計画が崩れる。いいんですか」と問い返す職員を、佐野は諭した。「あなたは仕事で嫌なことがあったら、気分を晴らすために飲みに行ける。缶コーヒーをお預けにするのは、楽しみが奪われてつらい思いをしている人に、飲みに行っては駄目と追い打ちをかけるのと同じだ」

佐野が自戒を込める。「現場では支援と管理が逆転していても、気づきにくい時がある。少しでも油断していると、本人の行動を制限するという危うさを見失いかねない」

もしコンビニで働いていたら

「もしも彼がコンビニで働いていたら犯行に及んだだろうか。やまゆり園の実情を詳しく知らずに軽々しくは言えないが、施設で多くの障害者と接したがゆえに起きた事件ではないか」

中山があえてそう問いかけるのは、障害者施設の関係者が事件について語る動きが広がっているように思えないからだ。「凄惨《せいさん》な事件だったため、別世界の出来事と受け止めているのか。自らの問題として考え続けている施設職員はどれだけいるだろう」。いま、誰もがわが身を顧みなければ過ちの芽は摘まれぬままだ。

事件から半年がたった17年1月下旬、横浜市で開かれた施設職員研修の全国大会で他県の職員は取材に「あのような人物を採用したことが間違い」「不審者に備えて（身体を拘束する）さすまたの研修を行った」と語った。どこか人ごとのような響きだった。

低賃金の福祉現場は人材確保にきゅうきゅうとしている現実がある。中山は「猫の手も借りたい現場では、多少素養に欠けていても夜勤をしてくれる人なら採用してもおかしくない。でも、『採用したのがまずかった』『暴漢が起こした事件』と片付けてしまっては、自分が日々行っている仕事が問われているということに考えが及ばなくなる」と危惧する。

植松の数々の供述からは意思疎通が難しい重度障害者を狙って危害を加えたことがうかがえた。「社会に最も役に立たない、無駄な人間とみなして犯行に及んだのだろう。冷静にターゲットを選別している印象が強い」と話す中山には、社会に潜在する差別意識が反映された事件と思えてならない。佐野は「障害者のことを気にも留めなかったり、さげすんだりする光景は日常的だと思う」と指摘する。

施設に向ける社会のまなざしが厳しくなれば、外で問題行動が起きないよう内部での管理が厳しくなる。鍵をかけて入所者の行動を制限したり、力ずくで行動を押さえ込んだり、虐待につながる温床は広がる。

中山の問いかけは続く。「犯行の背景には『世間を代表して犯行に及んだ。世の中のためにやった』という意識があったと思う。みんな障害者を邪魔に思っているじゃないか、差別して何が悪いんだ、と」

確かに事件の5カ月前、植松は衆院議長に宛てた犯行予告ともとれる手紙に記していた。

《保護者の疲れきった表情、施設で働いている職員の生気の欠けた瞳、日本国と世界の為と思い、居ても立ってもいられずに本日行動に移した次第であります》《重複障害者に対する命のあり方はいまだに答えが見つかっていないところだと考えました。障害者は不幸を作ることしかできません》

その目に映っていた施設の様子、それを踏まえて語られた「正義」、等しくあるべき命の否定。「施設や社会のありようを問い直すために、事件について語り続けなければならない」。その責任は施設に関わる人たちにこそあると中山は考えている。

3　揺れるやまゆり園

事件現場となった津久井やまゆり園の歴史は、この国の障害者福祉政策の歴史と重なる。

戦後、障害者の地域生活を支える制度は乏しく、介護に疲れた親が将来を悲観してわが子を殺害する事件が起きるたびに「施設不足」が語られた。１９６０～70年代には、障害者を長期にわたって保護する場所として大規模入所施設が全国に次々と造られていった。

やまゆり園もそのうちの一つだった。東京オリンピックが開催された64年、神奈川県津久井郡相模湖町（現相模原市緑区）千木良に県立施設として開設された。相模湖からほど近い山あいに立地し、敷地面積は3万平方メートルに及ぶ。水源地の振興策の意味合いもあり、多くの住民が雇用された。

時を経て２００５年度からは指定管理者制度が導入され、神奈川県は社会福祉法人「かながわ共同会」（以下、共同会）に運営を任せている。

建て替えを巡り論争

事件当時、19歳から70代までの知的障害者約１６０人が暮らし、最重度の「障害支援区分６」が８割近くを占めた。入所期間10年以上が６割を超え、開設当初から50年超にわたって入所している人もいた。短期入所中に被害に遭い、亡くなった人もいた。

事件後、けがを負った入所者だけでなく、被害を免れた入所者の生活も一変した。現場となった居室から避難して体育館での不自由な暮らしを余儀なくされたり、ほかの施設に移らざるを得なかったりした。職員も必死だった。入所者に不安を与えないよう、平静を装いながら懸命に支援に取り組んだ。惨劇に直面したショックのあまり、心的外傷後ストレス障害（ＰＴＳＤ）で労災認定された職員もいた。

施設には事件の痕跡が残っていた。惨劇の記憶を払拭するために全面的に建て替えて再出発するか、それとも経費を抑えて大規模改修にとどめるか。家族会と共同会は「事件が起きた建物での支援の継続は難しい」として全面建て替えを県に要望した。事件から約２カ月後、県知事の黒岩祐治は「理不尽な事件に屈しない」として要望通りに現在地での全面建て替えの方針を決めた。

ところが、翌２０１７年１月、県が大規模施設再建案を説明する公聴会を開いたところ、障害者団体や識者から異論が噴出した。「大規模施設の再建は、地域生活を基本とするいまの福祉の流れに反する。時代錯誤だ」「どこで暮らしたいか、入所者の意向の確認を」といった意見が相次いだ。地域で暮らす障害者たちは当事者運動のスローガンである「私たち抜きに私たちのことを決めないで」を掲げ、事件を機にどんなに重度の障害があっても地域で生活できる社会に変えていくべきだと訴えた。

これに対し、黒岩は「建て替えの判断自体が間違っていると言われるのは心外」などと不快感を示した。入所している重度知的障害者の意向確認については障害ゆえに「難しい」として消極的だった。だが、公聴会で反対意見が続出したことなどを考慮し、県障害者施策審議会に専門部会を設けて有識者の判断をあおぐことにした。

12回の審議を重ねた専門部会は17年8月、入所者の大半が同年春から仮住まいをしている横浜市港南区の施設周辺と相模原市緑区の現在地の２カ所に小規模施設を分散させる案をまとめた。入所者が望む暮らし方を探るため、外部の識者らも交えて「意思決定支援」を行うことも提案した。県はこれらの案に基づき、新たな再建構想を17年秋にまとめた。紆余曲折をたどった建て替え問題は、一定の決着をみた。

重い口を開いた職員

心に大きな傷を負った職員が事件について語ることはほとんどなかったが、事件から１年半となった18年１月に１人の職員が取材に重い口を開いた。

事件後、手向けのユリや菊のにおいが苦手になったという。暑かったあの夏の血なまぐさい現場の記憶が呼び覚まされてしまうからだ。事件から1年ほどたった17年秋に座間市のアパートから9人の切断遺体が見つかった事件のニュースも正視することができなかった。

「多くの犠牲者が出た事件に触れると、あの惨劇がフラッシュバックしてしまう」

事件が起きた日は、発生間もない時間帯に車で駆け付けた。担当していた居住エリアに足を運ぶと入所者が無残にも倒れている姿を目の当たりにした。

植松とは担当する居住エリアは異なったが、15年末の職場の忘年会で支援のあり方を巡って議論になった。威圧的な態度で臨めば入所者の行動をコントロールできる――。そんな趣旨の植松の発言に「優しく寄り添う形での支援をした上でそんなことを言っているのか」と諭した。だが、その場で翻意させることはできなかった。

「頭ごなしに教え込むのではなく、どんな支援が望ましいのか自分で気づいてもらうことが大事」。そう考えて様子を見守ったが、約2カ月後の16年2月に植松は職場を去った。

自分から積極的に向き合っていれば凶行を回避できたかもしれない……。「何らかの罪悪感を持っている職員は私だけではないはず」。じくじたる思いは消えない。

事件後、施設ではなく地域のグループホーム（ＧＨ）での生活を目指すべきだという声が障害者や支援者から上がった。長期入所者が少なくない園への風当たりも強まったが、「現状で本当に地域での生活がいいと言えるのか」と疑問を投げかけた。

「大規模施設であっても当事者一人一人に対して丁寧に支援している。地域にＧＨが十分に用意されていない中で、そこでの暮らしを望む当事者の希望にどれだけ応えられるのか」
障害者支援の職に就いて10年以上たつ。事件以降、入所者の穏やかな生活を取り戻すという使命感だけで乗り切ってきた。共に食事し、入浴も一緒。家族のような時間を過ごす日々という。

支援実態の検証へ

時は過ぎ、19年3月には事件現場となった建物の解体作業が終わった。県は6月、新たに建設する2施設の定員を各66人と公表した。

21年度の開設に向けた動きが本格化する中、事件の初公判を翌月に控えた２０１９年12月に事態が急変した。別の障害者施設の園長を務める共同会幹部が女児への強制性交容疑事件で逮捕されたことなどを踏まえ、黒岩は新設2施設を運営する法人をあらためて公募する方針を県議会で表明した。共同会への指定管理期間は24年度まで残っていたが、「社会福祉法人として人権を尊重し、すべての人の尊厳を守るべき立場にある共同会の道義的責任は看過できない」として指定期間を短縮して仕切り直す意向を示した。

さらに黒岩は植松の裁判を機に園の支援の質が問われる情報が寄せられているとして、支援の実態を検証する第三者組織を立ち上げる方針を明らかにした。20年1月に発足した検証委員会の委員には、国学院大教授で弁護士の佐藤彰一ら障害者福祉に詳しい３人の識者が就いた。

園の支援記録を精査したところ、不当な身体拘束の疑いがあるケースが25件あることが分かったといい、改善の必要性を訴えた。

「利用者目線の福祉をつくる」として矢継ぎ早に放たれた黒岩の新方針。共同会や入所者家族にとっては「寝耳に水」だった。「なぜ別施設の不祥事を主な理由として公募に切り替えるのか」「職員や入所者をなぜ不安に陥れるようなことをするのか」と反発。指定期間短縮に向けた協議に共同会は応じず、県議会も黒岩の新方針に疑義を示すなど膠着状態が続いた。

黒岩は公募する方針を示してから約3カ月後の3月、検証委が指摘した拘束事案について再発防止策をまとめることなどを条件に、指定管理期間を22年度末まで継続する譲歩案を県議会で明らかにした。これを受け、共同会は「改善すべきは改善し、最善の支援に努めたい」として協議に応じる意向を示した。

新たな2施設は共同会による運営でスタートすることになったが、黒岩は23年度以降の運営法人を公募する方針自体は変えていない。運営法人を巡る動きは、再燃する可能性がある。

「虐待の疑いが極めて強い行為」

新型コロナウイルスの感染拡大は、検証委の議論にも影を落とした。会合は5回にとどまり、職員への聞き取り調査はできず、20年5月中旬に公表された中間報告書は事件前後の15～19年度の支援記録や関係資料を基にまとめられた。

報告書は、24時間の居室施錠を続けていた身体拘束事案を確認したとして「一部の利用者に虐待の疑いが極めて強い行為が長期間行われていた」と問題視した。また、身体拘束は「切迫性」「非代替性」「一時性」の3要件を満たさない限り法令で禁じられているが、園では3要件のうち一つでも該当すれば行ってよいと認識していたことが会議録で判明したという。

利用者の見守りが困難なことを理由に身体拘束をしていた事例もあり、報告書は「漫然と身体拘束が行われていたと考えられる」と指摘。「障害者虐待防止法では正当な理由のない身体拘束は虐待に該当し、重大な人権侵害であることを肝に銘じることが重要」と訴えた。

一方、設置者の県の責任についても言及した。共同会に運営を任せきりにしてしまう傾向があり、支援の質を把握し改善に取り組む姿勢が乏しかったと批判した。

共同会は24時間の居室施錠について「不十分な記録だったということもあるが、必ずしもすべてが事実ではない。食事、トイレ、入浴時は開錠していた」と主張。身体拘束に関しては「3要件の厳守が徹底されていなかったことについては再発防止に取り組む」とコメントした。

検証委は「今回明らかになった課題は、園だけにあるのではない」としており、県はほかの県立障害者施設の支援実態の検証に乗り出す。検証委を発展的に改組し、県障害者施策審議会に設置する部会で検証を進める。事件を機に施設における支援の実態の検証がどこまで進むか、部会での議論が鍵を握る。

４　訪問の家の実践

30年に及ぶ先駆的取り組み

全国の障害者福祉関係者が視察に訪れる通所施設が横浜市栄区の住宅街にある。社会福祉法人訪問の家が運営する「朋《とも》」。利用者のほとんどが歩けず、はっきり言葉を話せない障害者。それでも本人の意思に沿った支援に先駆的に取り組み、約30年間続けてきた。会話ができないのにどうやって「本人の意思」を尊重するというのだろう。

最初に取材したのは２０１６年10月30日、朋で開かれたお祭りだった。目当ては利用者でつくる「みのりバンド」のパフォーマンスだ。

サポートの学生などがＳＭＡＰの「世界に一つだけの花」をギターやキーボードで奏でる。10人ほどのバンドメンバーが車いすや付き添う人の膝の上でマラカスを振り、体を揺らす。マイクを向けられたボーカルの宮下卓也（34）が口元をもごもごさせると、すかさず施設長の庄司七重が声援を飛ばした。

「リーダー、聞こえてるよ！」

車いすを押されて舞台を後にする宮下に「よかったですね」と声がかかった。

取材中、ずっと混乱していた。これはいわゆるバンドではない。そもそも演奏し、歌っているという意識がどれだけあるのか。宮下が楽しんでいるのかすら、どう確認していいのか分からず、戸惑うしかなかった。

対話を重ね、意思を感じとる

朋は学校卒業後の重症心身障害児の日中活動の場をつくろうと母親たちが中心になって始めた地域作業所が前身だ。作業所を母体に１９８６年、重い身体障害、知的障害がある人たちの通所施設の先駆けとして歩み出した。

法人理事長の名里晴美は支援の原点を作業所時代の親子の姿に見る。重い障害があってもわが子は唯一無二の存在。親にしか見せない表情があり、それを受け止める親心があった。「かけがえのなさとは、まさにこういうことだと感じさせてもらった」。日常の一つ一つを他の誰でもない本人の希望によって決めるという支援のあり方はだから、自然の成り行きといえた。

さまざまな場面や人との関わりの中で見せる反応をじっと待ち、見詰める。管理的な運営とは対極にある朋を象徴するのが朝の光景だ。６日後に再訪すると各家庭やグループホーム（ＧＨ）から送迎車が到着したところだった。車いすやキャスター付きのベッドに乗った男女25人ほどがホールに集まり、職員がグループごとの活動予定を発表していく。

「今日は芋掘りをします」

「パレードにバンドが出演します」

職員同士の会話に見えるが、違う。「（発表して）いいですか？」と利用者に尋ね、小さくうなずくような声を確認してから話し始める。かすかな反応を拾い、口に出していく。「こうかな？」「こうなんじゃない？」。その後の取材でも、対話を重ね、全体の進行が止まる場面を何度も目にした。

部屋をのぞくと宮下がベッドに横たわっていた。枕元からやはり「世界に一つだけの花」が流れていた。午後、区民まつりのパレードに出演するという。女性職員が鼻と胃をつなぐチューブから水分を補給しながら声をかけた。

「『ナンバーワンにならなくてもいい』の歌詞のところで手が上がると格好いいね」

右手がゆっくりと頭の方へ上がった。

「そうそうそう！」

自発的な手の動き、問いかけに対する反応を初めて見た。「あー……」とリラックスしたような、でもはっきりとした声も何度も出た。「朝から盛り上がっちゃってるので、本番が心配です」と職員が笑った。

「昔は泣いていることが多かったと聞いています」。職員の荻原浩孝は明かす。宮下は養護学校（現特別支援学校）卒業後、朋に通い始めた。当時は反応が乏しく、関わりを持ちにくいタイプだったそうだ。周囲から「リーダー」と呼ばれるいまの姿からは想像しにくい。

ラジオから流れる音楽に手が動いた。声をかけられたり、注目されたりすることも嫌いではなさそうだ。そうした気づきの積み重ねで次第に宮下の人格は輪郭を得ていった。クリスマス会の催しのためバンドを結成した時、「リーダーとボーカルは誰がやる？」という職員の問いかけに宮下が声を発した。同じ質問を別の人にしたら怒ったような声を出した。以来、バンド活動は10年以上。変化は誰より母親のよし子（67）が感じ取っていた。

「いろんな刺激を受け、人と関わり、自分の意思を強調できるようになってきた。親にしか分からないと思っていたが、誰が見てもうれしそうな顔をするようになった」

周囲の理解はもちろん、わが子の成長がうれしかった。

実習に訪れる学生の指導も担当する荻原は「ここにいる人たちは普通の人と変わらないよ」と教えるという。「かわいい人が来たらニヤニヤする男性がいるとする。ここではそれが表情の変化ではなく、背中の筋肉がピクピク動くだけだったり、まばたきだったりする。その人なりの表現を見つけるのが僕らの仕事」

しかし、こうも言う。「職員が勝手に思っているだけだろうと言われたら言い返せはしない。感じ取り方に正解はないし、人の心は簡単に分かるものじゃないから」

はたと気づく。そもそも健常者同士、言葉を交わせたとしても相手を完全に理解することなどできるものではない。大事なのは互いが伝えよう、理解しようという関係を築けているかではないのか。荻原の言葉は、そうした人が人と向き合う営みに対する謙虚さの表れでもあった。

何も感じていない人はいない

パレード本番。曲に合わせて宮下が車いすを押されながら道を練り歩く。

「あー」

しばらくして張りのある声が聞こえ始めた。終了後にはほっとしたような、余韻に浸るような穏やかな表情を見せた。正確に記せば、そう見えた。本番前の職員とのやりとりを思い出した。興奮気味の様子から、本番が近づくにつれおとなしくなった宮下に「目が細くなってきたけれども大丈夫ですか？」「ちょっと緊張してきた？」と声をかけていた。そうして認識していった期待している顔、緊張している顔が記者の中に蓄積されていたからだろう、目の前の宮下の表情が鮮明に映る。取材初日とは受ける印象がまったく違っていた。

理事長の名里には作業所時代から多くの障害者に関わってきた中で得た確信がある。

「何も感じていない人なんかいない」

だからこそ津久井やまゆり園で起きた殺傷事件に思いを新たにした。「本当の意味で『あなたらしさを大切にします』と言えるかというと、私たちだってやり切れていない部分はあるし、簡単にはいかない。でも、絶対に諦めない」

人はすべて人格があるという、意思疎通の困難さを前に忘れられがちな前提がそこにはある。取材に入る前の打ち合わせで聞いた、施設長の庄司の言葉が思い出され、今度はすとんと胸に落ちた。

「一見、変化がないように見られる人たちかもしれない。でも、1年でも1日でも一緒に時間を過ごせば違いが分かってくる。印象が変わる。心が膨らんでくる。だから面白い」

だから人は人と関わりを持ち、理解しようとする――。目を凝らし、耳を澄まして向き合ううち、障害があってもなくても当たり前の事実に戻ってきたことに気づいた。

重度障害者のグループホーム

訪問の家が全国の障害者福祉関係者から注目されるのは通所施設「朋」だけではない。展開する障害者ＧＨには、生活のほとんどの場面で介助を必要とする重度の障害者たちが暮らしている。親と暮らす実家でも入所施設でもない「わが家」をのぞくと、思い思いの暮らしと、それを実現させようと整えられた態勢があった。

日中の活動を行う朋から送迎車で約10分。同区の住宅街にある「ふぉーぴーす」を16年秋に訪ねた。周囲の住宅と何ら変わらないベージュの壁の一軒家。表札にはここで暮らす47〜55歳の男女4人の氏名が記してある。このうち3人は身体と知的の重複障害があり、障害の程度に応じて必要な支援の度合いを示す区分は最も高い「6」だ。

その一人、篠浦靖仁（47）はＧＨで生活して14年になる。歩くことや言葉で話すことはできず、朋ではウトウトと寝ていることも多い。夕方、ＧＨに帰り車いすに乗ったままリフトで車から降ろしてもらうと、この日の担当ヘルパー小森信が出迎えた。「2週間ぶりですね。何かお変わりありますか」

ヘルパーは同性介助が基本。移動や食事、入浴、歯磨きなど生活のあらゆる場面を手伝う。玄関で車いすの車輪をふき、エレベーターで４人それぞれの部屋がある２階に上がった。部屋にはヘルパーが１人でも車いすからベッドへの移動介助ができるようリフトが設置されている。家族や同居仲間の写真のほか、人気アイドルグループ「ＡＫＢ48」のポスターや秋葉原のメイドカフェに行った時の篠浦の写真が飾られていた。

「親だったら考えもしない。だってそんなところに行く発想はなかったもの」。母親の武子（77）にアイドルやメイドカフェの話題を振ると、おかしくてしょうがないというふうに笑った。ＧＨに移ったことで息子の新たな一面を知ったそうだ。「若い職員やヘルパーさんに『やってみたら？』と言われた時、よっぽどいい顔をしたんじゃないかしら。親ってどうしても保護的な考えになるから、冒険はしないじゃないですか」

親として自分亡き後を考え、ＧＨで暮らすことを希望してはいた。ただ、意思表示が分かりやすい方ではないと思っていた息子が親元を離れて生活する姿は想像できなかった。移った当初も暮らしぶりが気になって仕方がなかった。服の着せ方、タンスの整理の仕方……。自分のやり方とは全てが異なり、介助するヘルパーも毎回同じではない。ふぉーぴーすだけでも約20人のヘルパーがシフトを組んで生活を支えている。篠浦自身、最初の１カ月は熱が上がりっぱなしだったという。

それが、いまでは会うのは週に1回だけ。正月も実家に帰って来ずに、ふぉーぴーすの３人と初詣に向かう。「体調も大きく崩してないし、安心してます」と武子。親と子の生活がそれぞれ確立されている。

白いコートを着て街へ

訪問の家がＧＨを展開するきっかけは、ふぉーぴーすの住人の一人、鈴木幸子（55）だった。鈴木は元々、自宅から朋に通所していたが、24年前、父親が急病で倒れ、実家暮らしが難しくなり、数カ月間、入所施設で暮らした経験がある。大勢の入所者がいて、管理が厳しい暮らしは合わなかった。大好きな歌手、松山千春の曲をベッドで聞いていても、消灯時間に勝手に止められてしまう。外出の機会が限られているのも不満だった。文字盤で意思を伝えることができる鈴木は「しせつにもどるならほしになりたい」と母に伝えた。その思いを受け、訪問の家はＧＨの設立に動く。１９９４年、第1号のＧＨに鈴木は住み始めた。

重い障害があってもＧＨで暮らす実例ができたことで要望も増え、訪問の家は２０１６年秋現在、13カ所で運営している。中には胃ろうなどで医療的なケアが必要な住人もおり、重度の障害者が暮らすＧＨを複数展開する法人は珍しいという。

担当する訪問の家職員の田崎憲一は「重度障害者は本人たちからの訴えが少ない分、本人の意思や体調面をこちらがくみ取って支援できるかがポイント。その意味で、朋など日中活動を行うデイ施設とＧＨの連携、情報共有が大事」と強調する。

その日の活動や様子を書き込む連絡帳は本人とともにデイ施設とＧＨの間で引き継がれ、朋の2階にある診療所では日常的に医者や看護師が健康管理を行っている。訪問の家が日々の実践を積み重ねる中でつくり上げてきた態勢があるからこそ運営できているが、それは逆説的な可能性も示している。「そうした態勢があれば、重い障害があっても絶対にＧＨで暮らすことができる」と田崎は言い切る。

午後7時ごろ、ふぉーぴーすの4人が1階の食卓を囲んだ。篠浦はミキサー食。小森に一口ずつ口元へ運んでもらいながら完食する。翌日は朋が休みのため、隣部屋の飯田房江（52）らと買い物に行く予定だという。飯田は靴や服が欲しいそうだ。

篠浦は食後、手元でスーパーの袋をガサガサと活発に動かした。部屋のベッドに移ると、お気に入りのおもちゃ「ぶんぶんごま」を勢いよく振り回す。小森から母親が取材を受けたことを告げられると、胸をさすられながら「あー」と声を上げて笑った。午後9時ごろに就寝。1人で寝ている間も、音を拾う装置を通してヘルパーが異変に気づき、駆け付ける態勢になっている。

鈴木の部屋ものぞいてみた。松山千春の曲が流れ、壁にはポスターが所狭しと貼られている。翌日はヘルパーや職員とともに都内へ出かける。一番の楽しみである松山千春のコンサートだ。「何を着ていくんですか？」。記者が尋ねると、左手が車いすの横に投げ出された。その先の壁には白い毛皮のコートが掛かっていた。身に着けるアクセサリーも決まっているようだった。

（年齢、肩書きは取材当時）

5　〝成就〟した反対運動

「訪問の家」の実践がある一方で、同じ横浜市内である事件が起きていた。知的障害者グループホーム（ＧＨ）の建設計画が、地元住民の反対運動によって断念に追い込まれた。それまでの4年間、「知的障害者ホーム建設　絶対反対」と手書きされた看板がこの地域に掲げられ、障害当事者と家族を苦しめ続けた。

「差別、偏見ではない」反対運動

「プロとして、敗北だ」

知的障害者ＧＨを運営する予定だった社会福祉法人「同愛会」（横浜市保土ケ谷区）の理事長・高山和彦は、悔しさをにじませる。１９７８年に設立、市内を中心に障害福祉と高齢福祉分野で幅広く事業を展開してきた法人にとって、反対運動で建設を断念したのは初めてのことだった。

建設予定地の所有者である佐々木佳郎の無念さは、それ以上だ。

佐々木は医師として神奈川県立こども医療センター（同市南区）に勤務、障害のある子を持つ親が抱く「親亡き後」への憂いに触れていた。相鉄線三ツ境駅から1キロほど南、同市瀬谷区阿久和西の運上野《うんじょうの》地区に所有するアパート2棟が老朽化し、新たな土地活用を模索する中、こうした親の不安を解消し残された子どもの幸せを支えることが、古希を迎える自身にできる最後の社会貢献と見定めた。

だがその思いは、「許しがたい偏見と差別」（佐々木）によって断たれてしまった。

建設計画は、不動産業者が同愛会と佐々木を仲介する形で２０１０年ごろから具体化。12年3月までの開所を目指し、市の建設費補助金交付の内定も得た。11年夏、地盤調査など建設に向けた準備が始まった。

反対の声は、建設予定地近くの住民からすぐに上がった。当初は「事前説明がないまま工事が始まった」という主張だったが、知的障害者GHが建つと知ると、様相は一変した。

「（近隣にある）寺院・乗馬クラブ・自動車修理工場などへの無断侵入によるトラブルの発生が予想される」「事件が起きた場合、知的障害者は判断能力がないため裁判で無罪となり、被害者は泣き寝入りする」「近くに幼稚園・小中学校の通学路がある」「子どもが外で安全・自由に遊べなくなる」「地域の不動産評価の下落が予想される」――。住民は次々と反対理由を挙げた。さらに「アパート管理の不適切さ」や「業者側の不誠実な対応」があったと主張した。

11年11月には、地元の運上野自治会長名で、「建設中止依頼」が文書で横浜市宛てに提出された。同時期、建設中止を求める署名活動も自治会長名で行われた。「差別、偏見の気持ちは全くない」。署名協力の依頼文には、そう記されていた。

同愛会や不動産業者は複数回、近隣住民らへの説明会を開いた。翌12年２月の説明会には横浜市も同席、知的障害者への理解を求めた。だが、溝は埋まらなかった。

反対する住民が自宅の塀など建設予定地周辺に看板を掲げ始めたのは、市の説明会から１週間ほど後。一時は10枚を超え、地区を南北に貫く目抜き通り「かまくらみち」から見える位置にも幅２メートルほどの看板が出された。市などが撤去を求めたが、反対住民は「外せば建設されてしまう」と応じなかった。

佐々木のもとに12年夏、「地域住民代表」の反対住民３人から内容証明郵便が届いている。「明るく、平和な、楽しい生活が、ホーム建設によって破壊されるのではないかと不安」となったことを看板掲出の理由とし、身体障害者ＧＨや老人ホーム、保育園なら協力すると主張。反対住民の１人による土地の買い取りを示唆して「話し合いによる円満解決」を求めた。

これに対し佐々木は建設中止を前提にした話し合いへの参加を拒否、「障害者が安心して生活できるよう温かく見守ることが地域の役割」と返信した。

同愛会理事長の高山は「事前説明がない」と手続き論を持ち出す反対住民に対し、「その必要はない」という姿勢を貫いた。施設ではなく「住居」であるＧＨの建設に近隣の同意は法的に必要がない上、「健常者なら、家を建て居住するのに近隣に説明したり同意を得たりしない。障害者も同じ」との考えからだった。

一方で、障害者が安心して暮らしていくためには、地元自治会に加入して日常のごみ出しを受け入れてもらうなど、地域との良好な関係が不可欠で、反対を押し切っての建設はできないとも認識していた。

高山は「対話を重ねることで、いずれ理解は得られる」と踏んでいた。これまでの施設建設でもさまざまな反対はあったが、話し合いを繰り返して合意点を見つけ、完成後は地域と良好な関係を築いてきた実績があったからだ。

無念の建設断念

市と地権者側、反対住民の3者協議は2度、市側と反対住民の協議は1度行われた。だが事態は進展しないまま、4年が過ぎた。15年12月、高山は計画からの撤退を表明した。「周囲に受け入れられる状況ではなく、運営はできない」と理由を説明した。同愛会に頼らず知的障害者GHが運営できるだけのノウハウを持たない佐々木は「本当に諦めてよいのか」と悩みつつ、承諾せざるを得なかった。

「建設断念」は年が明けた16年1月、市から反対住民に伝えられ、同月中にすべての看板が撤去された。

反対していた1人で、建設予定地のすぐ南側で乗馬クラブを経営する男性は看板撤去後、神奈川新聞の取材に対し「障害者が近くに来ると、危険リスクがゼロにならない」と語った。施設内に無断で立ち入った知的障害者とみられる男性が大声を上げて馬を驚かせることがあるといい、「何かあったら、誰が補償してくれるのか」と強調し、続けた。「自分は知的障害者の乗馬体験にも協力している。知的障害者のことは理解している」

親戚に知的障害者がおり、自身も障害者に関わる仕事をした経験があるという住民の女性は、「障害者の常識は私たちの常識と違う」と自らの正当性を主張した。「健常者同士ならどんな暮らし方をするか、常識の範囲内で分かる。でも、常識の異なる障害者は、何をするか分からない。子どもに何かあったら、誰が責任を取ってくれるのか」。2人に共通するのは、「反対運動は障害者差別ではない」という確信だ。

「障害者とその親を安心させたい」という信念を最後まで貫けなかった佐々木は、悔しさを募らせ、こう訴えた。「多くの近隣住民は実情を知らない。このままでは、差別が建設断念の原因だったことが闇に葬られ、反対運動が〝成功体験〟として記憶されてしまう。それで、いいわけがない」

当事者を傷つけ続けた看板

「なに、あれ」

「かまくらみち」を車で走っていた50代の母親は、同乗していた長男の言葉にうろたえた。視線の先には、「知的障害者ホーム建設　絶対反対」と書かれた看板があった。看板が掲げられ始めた12年ごろのことだ。

20代の長男は自閉症だが、漢字を読め、意味も分かる。「そういうふうに考える人もいるんだね」と話したものの、表情を曇らせる長男にそれ以上の説明はできなかった。大型スーパーも並ぶかまくらみちは、近隣に住むこの母親もよく使う生活道路だったが、以来この一帯を通るのをやめた。

長男はその後、以前にも増して「知的障害って嫌だな」と口にするようになった。学校でも就職後も、周囲から怒られたりばかにされたりすることがあった。障害を理由に周囲から「迷惑だ」と思われていると感じることもあった。「その時のように、自分を否定されたと思ったのだろう」。母親は長男の心中をおもんぱかる。

「ここまでの感情を突き付けられたことはない」。瀬谷区内に住む40代の母親は、看板に恐怖感を覚えた。奥まった建設予定地周辺だけではなく、目抜き通りからも見える位置にあえて掲げていることに、反対への強い意思を感じ取った。

20代の長男には自閉症があり、周囲から見ると不思議に思える行動を取ることもある。だから隣近所や学校の同級生らに繰り返し、長男の障害の特徴などを説明してきた。それもあって、障害者への理解が着実に広がり、受け入れられている、と実感していた。しかし、障害者そのものを拒絶するかのような看板で、これまでの積み重ねが全否定されている気がしてならなかった。

看板が掲出されていた地区は自身の生活圏から少し離れ、意識的に近づかなかったこともあり、長男が看板を目にすることはなかった。だが、かまくらみちは地元の小中学校の通学路になっている。個別支援学級に通う障害児もその家族も、毎日のように看板を目にしているはず。この地区内にも当事者が住むと聞く。「どんな思いであの看板を見ているのか。そのたびにどれだけ傷ついているか」。そう想像するだけで、この母親は胸を締め付けられる思いだった。

影響は、それだけにとどまらない。看板の存在は、障害のある子にも健常の子にも『障害者差別をしてもいいんだ』という誤ったメッセージを伝えてしまった」とこの母親は憤る。

2人の母親は何人もの友人から「あの看板、ひどいわね」と言われた。だが、周囲からの批判などもあってかまくらみち沿いの数枚が取り外された後、それ以上の撤去を求める声は大きくならなかった。

看板が設置され続けているということは、その存在が地域で受け入れられているということ。それは、消極的ではあっても「自分の近くに障害者は住んでほしくない」と思っている人が自分の周囲に少なからずいる、という現実をあぶり出しているのではないか――。看板を見るたび、2人の母親はそうした不安に襲われた。

16年7月にやまゆり園事件が起きた後は、その思いがさらに強くなった。「看板と、それを許容していたこの地域は、『障害者は不幸しかつくらない』と繰り返す植松の思想に、どこかで通じているのでは」と母親の1人。

障害者差別が社会で容認されていると感じることは、ほかにもある。13年、胎児のダウン症などを調べる新出生前診断が臨床研究として始まった。その後、異常が確定したうち94％が人工妊娠中絶を選択した、との報道があった。「やまゆり園事件や看板のように過激な形ではなくても、『障害者は生まれてこない方がいい』という考えを、『そういう意見もあるよね』と受け入れる人が、じわじわと増えている」。2人は、そんな思いにもとらわれている。

50代の母親は、反対する住民に直接、看板の撤去を求めたことがある。「近くに知的障害者が住むことを、突如降って湧いた〝災害〟と思っているようだった」と振り返る母親は、「障害者について理解してもらえそうもない」と感じた。そうした人たちとこれからも同じ地域で暮らし続けなければいけないことが、残念でならなかった。

看板が撤去されたのは、掲出から4年後。「看板は風景の一部になり、最後には慣れてしまった」と話すこの母親はいま、「ずっと看板があった方がよかったのではないか」とも考えている。

自分たちがいずれ老いれば、子どもはGHなどで暮らすことになる。健常者ならどこに住んでもいいのと同じで、障害者の暮らしを支えるGHがどの地域でも差別されることなく当たり前のように受け入れられ、建設されることが、子どもたちの将来を保障する。

本当の解決は「看板の撤去ではなく、ＧＨが建設されること。看板があることで、地域がその本質と向き合うことになる」とこの母親。当事者にとっても地域にとっても、問題はまだ解決していない、と考えている。

なぜ看板は撤去されなかったのか

看板が撤去されるまでの４年間、地域から反対運動に対する疑問の声が上がらなかったわけではない。だが、撤去の機運は高まらなかった。

「自治会が機能していなかった」と自戒を込めて振り返るのは、地元自治会の役員だ。計画が持ち上がった11年秋、民生委員も兼務していた前自治会長は「自治会挙げての建設計画中止依頼」への理解を求める文書を横浜市に送付、自治会内でも回覧板で反対署名を募った。

だがこの役員によると、自治会で意思決定したことはなく、「大半の住民は計画の概要すら知らなかった」。当時、自治会活動は活発ではなく、「看板に不満を持っても、多くの住民には発言の場もなかった」という。一方で、「計画地から少しでも離れれば、住民の関心はほとんどなかった」とも明かす。実際、看板設置から撤去までの４年間に瀬谷区役所に寄せられた苦情は、５件だった。

看板の異常さに正面から向き合ったのは、むしろ子どもたちだった。

「個別級の子どもたちは（中略）この看板を見てつらい思いをしているのです。あなたには分かりますか。この苦しみが。お母さん方がどれだけ自分を責めるか想像できますか。（中略）罪のない人を苦しめる看板があっていいのでしょうか」（「未来への架け橋」から）

「障害があるからって、何でこんな差別をするの。何でここに、施設を立てちゃいけないの。（中略）私は、差別のない良い世界にしていけるように少しでも、社会に貢献していきたい」（「私の疑問に思うこと」から、原文まま）

いずれも、14年度の「瀬谷区中学生作文コンテスト」の入選作だ。執筆したのは、建設予定地近くにある市立中学校の3年生。13年11月、地元の連合自治会が開いた「見守り合いのつどい」で、障害のある子どもを持つ母親が講演し、「あの看板で傷ついている」と訴えた。その痛みに触発された2人の生徒は、作文で看板を批判するとともに、差別のない社会に向けて自らも努力することを宣言した。

入選作は翌14年のつどいで朗読され、集まった地域住民から大きな拍手が送られたという。

2人の生徒が在籍していた市立中の校長は、看板の撤去はこうした生徒の言葉に大人が突き動かされた結果だと考えていた。だが建設断念が理由と知り、自問する。「看板について保護者や生徒から相談はなく、特に対応しなかったが、問題の本質を捉えられていたか。学校は保護者や生徒の苦しみに本当に寄り添えていたか」

「誰もが安心して暮らせる地域」とは

ＧＨ建設を断念した佐々木は、行政への強い不満を抱く。近隣住民から反対の声が上がった当初、佐々木は地元の瀬谷区役所から、地権者側の地元対応に問題があると指摘されたという。市や区の担当者を交えた反対住民との協議でも基本的な立ち位置は変わらず、「反対運動は障害者差別だという本質論から、議論を遠ざけた」と憤る。

また市でＧＨを担当する健康福祉局障害支援課は看板の撤去を反対住民に求める際、「差別」という言葉を使わず、「障害者や家族がどういう気持ちになるか考えてほしい」と説得した。

同愛会理事長の高山は、行政や関係団体、当事者で構成する法定組織「瀬谷区障害者地域自立支援協議会」で取り上げるよう提案した。だが協議会事務局の区役所担当課は、「一方の意見を取り上げるのは難しい」と見送った。

こうした行政側の姿勢は佐々木にとって、障害を理由とする差別の解消を目的とした障害者差別解消法（13年成立、16年4月施行）に背を向けていると感じられた。

市障害支援課は建設断念後、佐々木に対し「至らぬ点があった」と謝罪。「障害者の差別・偏見の解消へ啓発活動に力を入れる」と説明した。

関係者の多くは、この事態について「ここまでの反対運動はまれ」と受け止めていた。「悪い条件が重なった」と他地域への影響はないと話す関係者もいた。だが、今後の進展を危ぶむ声もある。

この建設計画に携わった建設業者の男性従業員によると、瀬谷区内の別のGH建設計画が白紙になった。運上野地区の反対運動を引き合いに、地権者の親族が「あのような声が自分たちに向けられるのでは」と不安がったという。「周囲の反対を気にする地権者は確実に増えている」。福祉関係の物件建設に長く関わってきたこの従業員は打ち明けた。

「入居者が安心して生活できない」とGH建設からの撤退を決めた高山は、こう訴える。

「知的障害者が安心して暮らせない地域は、誰もが安心して暮らせる地域ではない。反対した住民にも、そのほかの地域住民にも、そのことに気づいてほしい」

6　分けない教育

やまゆり園事件は「学校教育に責任の一端がある」と受け止めている小学校教諭がいる。障害の有無や学力で子どもたちを選別する教育のありようが、植松聖が障害者に抱いた差別意識の土壌になっていると考えるからだ。世界を舞台に活躍するグローバル人材の育成が叫ばれ、個人の能力をひたすら伸ばすことに重きを置く能力主義の傾向が教育現場で強まる中、「分けない教育」に目を向ける教員たちがいる。

関心が低い教諭たち

「障害の有無によって子どもたちを振り分ける学校教育が、あの事件を引き起こした側面がある」

大阪経済法科大客員研究員の一木玲子が、神奈川県内の公立小学校教諭らを前に訴えた。事件から1カ月後の２０１６年8月下旬、県内で開かれた教育研究発表会でのことだ。

一木の専門は、障害のある子もない子も共に学ぶインクルーシブ教育。「教育に関わる私たちの問題として考えていかなくてはならない」という問いかけを県内の公立小学校教諭の本山真美（仮名）は重く受け止めたが、周囲の反応は異なっていた。

「教育にも事件を生じさせた責任があるなんて、言い過ぎ。大げさだよ」

普段から障害児教育について語り合う仲の男性教諭は、そっけなかった。問題意識を共有できると思っていただけに、本山は二の句を継げなかった。事件後、勤務校の職員会議でも話題に上ることはなかった。

10月下旬には、障害児教育の研究発表会が県内で開かれた。やまゆり園事件のことも取り上げられたが、議論は深まらなかった。

この場にも参加していた一木は発表会の最後の講評で教諭らの姿勢をただしていた。

「研究会の冒頭、黙とうがなかったのには違和感があった。事件は世界に発信され、サガミハラの名で呼ばれている。足元の神奈川で今後、どのような教育実践を行っていくべきか。よく考えてほしい」

県内の公立小学校教諭の里崎絵里（仮名）も、事件を機に教育のあり方をあらためて考えようという機運が学校現場で高まらない現状を憂える。背景として会議や保護者対応、授業の増加などによる多忙化を挙げるが、教諭の意識の問題も指摘する。「新聞を読んでいない教諭が多く、社会への関心が低い。視野が狭くなっている」

障害の有無にかかわらず一緒に学ぶ

小学校には障害児らが在籍する特別支援学級があるが、里崎は障害の有無で学ぶ場を分ける「分離教育」に疑問を感じている。勤務校では知的障害児も通常学級で学んでいたからだ。籍は特別支援学級にあったが、同じ教室で毎日過ごしていた。ロッカーやげた箱も通常学級の子たちと一緒だった。

２０１３年に受け持った知的障害のある6年生の女子も、その1人だった。授業中は友だちのしぐさのまねをしながら、黒板に書かれた字をノートに記していった。漢字で名前が書かれた約30人のクラスメートのノートを一人一人に正確に配った。漢字の意味は理解できていなくても、字の形で覚えているようだった。

1学年2、3クラス規模の学校で入学当初から共に過ごしてきた同級生も特別視せずに接していた。清掃をサボっていれば怒り、給食のお代わりの分量を巡ってはけんかをした。そこには「自分たちとは違う子」「支援が必要な子」という視線は感じられなかった。

助け合う姿勢も自然と身に付いているようだった。家庭科の裁縫で「糸通し」が得意な女子は「玉止め」が苦手だった。玉止めは別の子に任せ、その代わりに糸通しを引き受けることがあった。

里崎は、共に学ぶ意義について子どもたちから学んだことが多いという。「女子は周囲の子たちとの関わり合いの中で、さまざまなことを学んでいった。特別支援学級で１日の大半を過ごし、たまに通常学級に来るような形だったら友だち関係を築けただろうか。いつも一緒にいたからこそ、女子もクラスメートも得られたことがたくさんあったと思う」

里崎は子どもたちの将来を見据えて、公立学校のあり方を説く。

「障害児もやがて大人になり、生まれ育った地域で暮らすことになるかもしれない。その時に、旧友やその家族、住民らが支えになることがあると思う。地域の子どもたちが通う公立学校こそ、障害の有無にかかわらず一緒に学ぶことを大事にすべきだ」

「分ける」ことから生まれる差別の芽

本山が２０１４年に赴任した学校で最初に受け持ったのが5年生だった。クラスには4年生の後半から苦手な算数の授業だけ、個別授業を受ける男子がいた。教諭の間で「取り出し」と呼ばれている手法だ。

1学期のある日のことだった。本山が男子に声をかけた。

「次は若松先生（仮名）の授業だよ」

「え、何で。行きたくない」

クラスメートはみんな一緒に教室で学んでいるのに、1人だけ別の教諭と別室で過ごしていた。母親は「うちの子は算数がよくできない。同じ教室にいては、ほかの子に迷惑をかけるのではないか」という不安を抱えていたという。

本山が新卒で着任した前任校は、特別支援学級に籍がある子も通常学級で学んでいた。障害のある子もない子も共に同じ教室で学ぶことに違和感はなかった。前年度の担任から引き継いだ「取り出し」だったが、「みんなと一緒がいい」という男子の意思を尊重して特別扱いをやめた。

学力は1、2年生程度。集中力が乏しく落ち着きもないが、周囲に溶け込む力がある子だった。算数の授業になると、本山がノートに書き込んだ「九九」に取り組んだ。違う問題を解く友だちに「九九できたよ」とうれしそうに伝えると、「おまえすごいじゃん」と男子なりの頑張りを認めて励ましてくれる子がいた。

図工の授業で「大事にしているもの」を模写するという課題があった。男子はサッカーボールの模様を描けずに苦心していた。

「これやって。どうやったらいいか分かんない」

「しょうがないなあ。こうやって描くんだよ」

そばにいた子が渋々ながらも助け舟を出して、鉛筆で下描きをして手本を示した。「助けて」と言える関係が築かれていた。

学校現場では障害や学力に応じて支援が必要な子の「ニーズ」に合わせた教育を重視し、まずは個別支援で力を引き上げるべきだとする考え方が根強い。だが、何かができる、できないという価値観で子どもたちを振り分けることが、子どもたちを傷つけていないか――。本山と里崎はやまゆり園事件を胸に刻み、自戒を込めて語る。

「子どもたちを障害の有無や学力によって『分ける』ことはむしろ、差別や排除のまなざしを植え付けることになる。事件の加害者のような人が出てくる土壌を、学校教育がいまもなおつくり出してはいないか。支援の名の下に子どもたちが振り分けられる流れが強まる中、同じ教室で共に学ぶ意義についてあらためて考えることが必要だ」

7　学校は変われるか

障害や学力の度合いで子どもたちを排除せず、誰もが居心地がいいと思える学校をどうつくるか。そんな問題意識で子どもたちと向き合う小学校教諭も、「分けない教育」を目指す１人だ。事件を教訓に、重度障害者と触れ合う機会を通じて「共に生きる」ことの意味を子どもたちと一緒に考えた。

学校も問われている

藤沢市立長後小学校2年担任の大和《やまと》俊広が２０１６年9月の保護者向け学級通信で取り上げたのは、夏休みのさなかの7月26日に起きた惨劇のことだった。

《日常的な顔とは思えぬ、不敵な笑みを浮かべる写真が新聞やワイドショーに……。意図を感じるのはボクだけなのでしょうか？　異常な思想を持った彼の異常な犯罪として片付けてしまっていいのだろうか？》

やまゆり園で19人が犠牲になった殺傷事件。Ｂ４判の学級通信には問いかけの文章が続く。

《教員志望だった彼の「障害者なんていなくなればいい」という発想と、ネット内とはいえ、彼を英雄視する人たちの広がりをどう考えればいいだろう？　「生産性」とか「有用性」で人の命を値踏みする。そんな「優生思想」が、当たり前の世の中になろうとしているのだろうか？　学校で「多様な子どもたち」を相手に働く者として、憤りを感じる。でも、ボクら教員は何者かのせいにして、嘆いているだけでいいのだろうか？》

あの事件が投げかけていることは何なのだろうか。大和は学校現場も問われていると問題提起する。

《学齢期から彼の周りに当たり前に障害者がいて、学校で生活を共にし、関係を取り結ぶ経験をしていたら、事件は起きただろうか？　学校の能力主義的「評価」が彼の思想に影響を与えたのではないか？》

テストの点数を付けない

小学校では1年生から国語や算数のテストで点数が付けられることが少ない。子どもたちは小さなころから競争を強いられることで、何かが「できる、できない」で評価される能力主義が徐々に刷り込まれていく。

大和は、どの学年を受け持つ時でも点数を付けないという。

「点数よりもどこでつまずいているかを、子どもと教諭が確認することが大切。子どもの理解度によって授業での教え方が良かったかどうかも分かる。安易な序列化は差別意識をもたらすだけだ」

学校には生活保護世帯や一人親家庭、発達障害のある子、親が外国籍のケースなどさまざまな事情を抱えた子どもたちがいる。学力格差も大きい。

大和は、子ども同士で「能力を分かち合う」という場面を増やすことを心がけている。

算数の授業では問題を早く解けた子が、まだ解けていない子の「ミニ先生」として寄り添う。九九が苦手な子がしばらく考えても問題を解けない場合、答えを教えてしまってもいいと大和は考えている。

「何でも独力でできるようになることを重視するなら、答えを教えてしまうのはよくないことなのかもしれない。だが、時にできなかったり、分からなかったりすることも認めて共に生きていくためには、能力を分かち合うという考え方が求められているのではないか。困っていれば誰かに頼んだり、目の前の相手を助けたりすることが当たり前と思えるような関係をつくることこそ大事なのではないか」

「問題行動」をやめさせない

大和には苦い記憶がある。

以前、低学年の担任だった時、特別支援学級に在籍する同じ学年の男子が、クラスに来て交流していた。運動会や音楽会、遠足などで行動を共にした。

給食は毎日一緒に食べた。発達障害のある男子は教室内を歩き回って声を上げたり、オルガンの上に乗ったりした。

「給食中は座って食べようね」

大和が何度注意しても、変わらなかった。やりとりを見ていた子どもたちの一部も、男子に厳しいまなざしを向けるようになった。

「立ってちゃ、だめだよ」

大和のいらだちが子どもたちに伝わってしまったようだった。中には、男子を羽交い締めにして席に座らせようとする子もいた。

大和はどう対処しようか悩みながらも、子どもたちに告げた。

「(男子は) 動き回りたいのだから仕方がない。誰にも迷惑をかけていないし、みんなも我慢できなかったら少しくらい立ち歩いてもいいよ」

「問題行動」と捉えて男子の行為をやめさせようとするのではなく、クラス全体を覆いつつあった規律を少し緩めてみようと考えた。

次第に子どもたちが男子を注意することはなくなり、立ち歩く男子に話しかけたり、冗談を言ったりする子が出てきた。男子にも笑顔が増えた。

その後、給食が苦手で同じように立ち歩くようになった別の男子に対しても注意する子はいなかった。周囲の受け止め方が変わり、勉強や運動が苦手な子のペースも尊重するようになった。

それぞれの「ありのまま」を認める

大和は、クラスの雰囲気が変わったことを実感した。

「クラスメートが、ありのままの男子を受け入れるようになったのだと思う。規律を重んじて集団を一斉管理するような画一的な対応では、変わった行動をすると見られがちな子が周囲と関係を築きながら同じ空間で過ごすことは難しくなってしまう。本人の行動を変えようとするのではなく、周りが対処の仕方を変えることで十分対応できることは少なくない。子どもたちそれぞれの『ありのまま』を認めることで初めて、学校は誰もが過ごしやすい場になる」

勉強や運動ができる、あいさつができる、並ぶ時に列を乱さない、おとなしく座って授業を受けることができる……。学校教育が目指すべきとされる「子ども像」は、教諭から見た「教えやすい、好ましい子ども」にすぎないのではないか。教える側の都合で設けられた枠から排除されている子はいないか。大和はそう問題提起した上で、学校現場や教育行政が「子どものため」として保護者に特別支援学級や特別支援学校を暗に勧めることが少なくない現状に対し、「安易に振り分けることは差別につながる」と警鐘を鳴らす。

「共に生きる」とはどういうことなのだろうか――。大和は子どもたちと一緒に考えるために、重度障害がある50代の友人を招いての交流授業案を練った。

「差別の加担者」

17年2月上旬、長後小学校2年生の教室。担任の大和は1時間目の授業前に、矢賀道子と会った時の話を子どもたちに語り始めた。障害のある子もない子も共に学ぶインクルーシブ教育の研究会が新潟市で開かれ、一緒に参加したのだ。

広島県在住の矢賀は脳性まひで体が不自由なこと、電動車いすで移動し介助者の手を借りながら連れ合いの男性と息子と暮らしていることを伝えた。やまゆり園事件についても触れた。

「障害のある人がたくさん殺された事件は知ってる？」

クラスの33人のうち半分ぐらいが手を挙げた。

「やません（大和の愛称）の友達の矢賀さんが、その場にいたら逃げられずに襲われていたかもしれない」

互いの顔が見えるようにコの字形に並べられた座席の子どもたちの視線が、大和に集まる。お調子者の男子も静かに聞き入っていた。

大和が矢賀と出会ったのは5年ほど前、障害児教育の全国研究会の場だった。言語障害による聞き取りにくい言葉で熱弁を振るう姿に目を奪われた。

「私たちは教育の場で排除されてきた。同級生と分けられて養護学校に行かされ、分離教育を受けざるを得ない状況にさせられた。ここにいる先生たちはそれを差別と思っていないのか。思っていないのなら差別の加担者といえないか」

「差別の加担者」と言われ、大和ははっとさせられた。学校現場には依然として「子どものため」という美名の下、保護者に特別支援学級や特別支援学校を暗に勧めるケースがあると感じていたからだ。以来、年1回の研究会の場で顔を合わせ、酒席をともにする友人だ。

2月下旬には障害者団体の都内での会合に出席した後、長後小で子どもたちと交流することになった。

祝福されなかった妊娠

授業前日の2月26日夜。藤沢駅近くの居酒屋で、お酒が大好きな矢賀を教諭仲間とともに囲んだ。手先が不自由な矢賀は、持参のストローを使う。刺し身などをさかなに、コップに注がれた日本酒の冷やをストローで飲み干すと「もう一杯」とおかわりした。

障害の有無で学ぶ場を分ける「分離教育」を変えずにいて、共生社会を目指すなんていうのはおかしいということ。障害者の権利獲得を求めて横浜で長く活動し、全国の障害者運動をリードした故横田弘を尊敬していること……。周囲が何度も聞き直しながらも会話は弾んだ。

やまゆり園事件の話になると、語気を強めた。

「障害者を狙って殺したのは許せない」

この日はもう一軒はしごした後、同駅近くのホテルに泊まった。

翌27日朝、大和がホテルから長後小まで同行した。矢賀が校舎の近くで登校する児童を眺めていると、大和のクラスの女子２人が手を振りながら声をかけてきた。

「矢賀さん、後でね」

矢賀が来ることは事前に伝えられていたが、まるで旧知の友だちに会うような接し方だった。矢賀も「後でね」と応じた。

エレベーターを使って２階にある２年生の教室に行くと、大和が矢賀を紹介した。

「矢賀さんは歩いたり、話したりするのが苦手だけど、あとはみんなと一緒。聞き取りにくい時があるかもしれないけど、慣れてくれれば分かるよ」

「さっき、『後でね』と聞き取れたよ」

女子がうれしそうに話すと、「僕も」と続いて教室がにぎやかになった。

子どもたちはまず校内を矢賀に案内した。放送室を訪れた時、大和が子どもたちに問いかけた。

「入り口に段差があるよね。車いすの子がクラスにいたら、どうする？（放送室を使う）放送委員になれないよね？」

考え込む子どもたちに矢賀が「スロープを付けたら」と答えると、「あー、そうか」との声が上がった。

校内の案内が終わると、2年生と3年生の一部の計約２００人が多目的スペースに集まった。大和が質問する形で、矢賀の暮らしぶりが紹介された。

食事やトイレは自力でできるが介助者がいると楽なこと、酢豚や焼きそばをつくるのが得意なこと、トイレやお風呂は同性に介助してほしいこと……。妊娠が分かった１９８９年、医者や親から「障害者なのに生むのか」と出産を反対された時のことも話した。

「おなかの中に子どもができた時、おめでとうって言ってもらえなかったんだよ」

「えー」

子どもたちから驚きの声が上がった。

能力主義の価値観にさらされる前に

この日の給食はチキンライス。子どもたちの輪の中で大和が矢賀の食事を介助し、スプーンで口元に運んだ。午後は校庭で一緒に走って遊んだ。

別れの時がやって来た。矢賀が笑顔で「きょうは楽しかったよ」とお礼を言うと、子どもたちは「また来てね」と返した。

放課後、ある女子はやまゆり園事件について「悲しかった」とうつむいた。別の女子は「矢賀さんと同じような障害のある子がクラスに入ってきたら助けてあげたい」と前を向いた。

子どもたちは後日、矢賀宛ての手紙をしたためた。

《（妊娠した時に）おめでとうっていわれなかったら、わたしもいらつきます。たのしかったので、とおいけど、いつでもきてください》（女子）

《やまゆり園のじけんの時、やまゆり園にいなくてよかったと思います。やがさんの生活を見てみたいです。あーんと口をあけて食べるところを見てみたいです》（男子）

《やがさんの手をさわるとあったかくて気もちよかったです。また会いたいです》（女子）

《声がへんだなと思いました。でも、だんだんなれてきました》（女子）

《しょうがいしゃのたいへんさをしることができました。ほんとうはもっといっしょにいて

話していたかったけど、さようなら》（男子）
大和は手紙の束を手に力を込める。
「興味津々の子どもたちは大人と違って身構えたりせず、年長の1人の女性と楽しい時を過ごしたということが文面から伝わってくる。能力主義の価値観に全面的にさらされる前の低学年こそ、世の中にはさまざまな人がいて共に生きるためにはどうすればいいかを考える大事な時期だと思う」
種はまかれた。新たな出会いの季節である春は目前に迫っていた。

8　共生の学び舎

「地域の小学校に通いたい」。重度の知的障害がある男児はその思いを膨らませ、小学5年生の時に特別支援学校から地元小学校の個別支援学級（特別支援学級）に転校した。学年を問わず絆を強めた2年間。学び舎を間もなく巣立つ男児と子どもたちの日々を追った。

これからも、笑顔で、元気に学校へ

2020年2月中旬の朝、横浜市鶴見区の市立馬場小学校の通学路には早咲きの河津桜と梅

の花が咲き誇っていた。6年生の浅川天良《たから》は、自宅から歩いて5分ほどの距離にある学校に向かった。母の素子《もとこ》も付き添う。

学校に着くまでには、信号機のある横断歩道を渡る。「赤」で立ち止まり「青」で歩き始めた。この2年間通ううちに信号の意味も覚えた。

軽やかな足取り。時折、立ち止まる。今度はつぶやきが始まった。

「カレーライス」

「○○君に会えるといいね」

その日の晩に予定していた夕食が楽しみなようだ。親しい5年生の男児の名前も挙げた。

この日の始業前には体育館で一大イベントが企画されていた。障害のある子らが通う個別支援学級の児童20人ほどが校外で和太鼓を演奏する発表会を翌日に控え、全校児童にお披露目する晴れ舞台だった。

天良は支援学級の教室に着いたものの、マイペースなために着替えが遅れていた。席がすぐ後ろで、仲がいい5年生の丹みさきが見かねて声をかけてきた。

「天良、着替えを手伝おうか」

天良が脱いだズボン、パーカ、シャツを丁寧にたたんでいくみさき。準備万端。はっぴ姿に着替えた天良たちは、体育館のステージに立った。息の合った演奏を披露した後、天良がマイクを握った。卒業後の抱負を語る大役が任されていた。中学校も特別支援学校ではなく、地域の学校の個別支援学級に通う。本人が強く望んだ道だった。

「これからも、笑顔で、元気に、過ごします」

ゆっくりと、一言一言かみしめるように言葉をつないだ。

体育館にいた児童７５０人から拍手が沸き起こった。天良は終始、笑みを絶やさなかった。

養護学校から地域の小学校へ

天良は自閉症で、知的障害の程度は最重度の「Ａ１」に続く重度の「Ａ２」。同じ障害がある兄の蒼良《そら》は馬場小の個別支援学級を卒業し、いまは同区の県立鶴見養護学校中学部３年生。２人とも卒業を控えていた。

天良が当初入学したのは、県立鶴見養護学校小学部だった。母の素子は集団になじみにくい息子が地域の学校に通うのは難しいだろうと考え、養護学校への就学を希望した。

一方で、天良は２年生から自宅近くの馬場小で、年３回ペースで同学年の通常学級の授業に参加し交流してきた。次第に訪問が楽しみになった。

「馬場小に行きたい」。３年生になると、天良がその意思を示し始めた。養護学校にはリュックサックで通っていたが、小学校でみんなが持っているランドセルに興味を持ち始めた。４年生になって兄のお下がりの紺色ランドセルを背負って養護学校に通っても、馬場小への通学希望がどんどん膨らんでいった。

天良の強い意志を感じ取った素子は市教育委員会に対し、馬場小の個別支援学級への転籍希望を伝えた。馬場小の当時の校長が受け入れる考えを示し、本人の念願がかなうことになった。

５年生になり、望んで移った地域の学校。だが、環境の変化もあり、すぐにはなじめなかった。壁を蹴ったり、クラスメートを手で押してしまったり。障害ゆえに言葉のキャッチボールは難しい。個別支援学級担任の大山広昭の目には、自分の気持ちを相手に伝えられないもどかしさを募らせているように映った。

大山は、子どもの気持ちにまずは共感し、受け止めるように心がけている。天良の不安に寄り添い、表情や仕草から本人の意思や思いを探った。

授業中、天良が疲れているように見えた時があった。

「それは『疲れた』だよね」

優しい語り口で天良に対して「いまの気持ちはこうかな」と代弁してみた。天良はやはり疲れていたらしく机に突っ伏したり、床に寝転んだりした。教室の隅の一角をカーテンで閉じ、青いブランケットにくるまって一休みすることもあった。

国語や算数の授業で課された問題が多いと天良が感じているように見えたこともあった。

「それは『（課題を）減らしてください』だよね」

天良が自分の気持ちを言葉に出して言えるように辛抱強く向き合ったところ、本人の意思と言葉がマッチし始めた。休みたい時は「青いブランケット」と言えるようになった。朝の会でクラスメートと一緒に日直を担うことを通じて、20人ほどのクラスメートの名前も覚えていった。天良は次第に落ち着いて笑顔が増え、クラスメートとの関わりも生まれるようになった。

支え合う２人

「天良」

「天良」

支援学級の教室に、天良の名前を呼ぶクラスメートの声がこだました。２月中旬のことだ。声の主の１人である男児は、和太鼓演奏の前に天良の着替えを手伝った５年生の丹みさき。自閉症で、学習障害がある。授業になかなかついていけず、２年生から不登校気味になった。ストレスがたまり、頭を手でたたくなど自傷行為もあった。集団授業が苦痛になり、４年生から支援学級に移った。

そこで出会ったのが、天良だった。自分に自信が持てずに自己肯定感が低いみさきは、いつも楽しそうで笑顔を絶やさない天良がクラスにいることで学校に通うのが楽しくなった。元々、年齢が下の子が大好きで世話焼きだが、同級生は大の苦手。同級生とけんかしてイライラした時、１学年上の天良が何も言わずにそばにいただけで気持ちが和らいだという。

母の彩子《さえこ》は目を細める。「天良君は、みさきに安心感を与えてくれる存在なのだと思う。相手を否定するようなことを言ったりしないので」

６年生の天良が卒業したらしばらく会う機会はない。その寂しさを思うと、自宅で大泣きすることがあるという。天良のことをもっと知りたい、一緒にいたいという気持ちが募る一方だ。

「そこまで相手を思いやる気持ちは、恋愛の時に抱く愛情に近いのかもしれませんね。５年生のみさきにはまだよく分からないことかもしれませんが」

彩子がそう言ってほほ笑むと、隣にいたみさきは首をかしげながらも笑みを浮かべた。

「してあげる」のではないフラットな関係

天良は個別支援学級に籍があるが、げた箱は通常学級の６年３組のスペースの一角にある。総合学習や家庭科、図工の授業は、３組で受けることがある。

３組で給食を食べるのは週１回ペース。２月中旬のこの日のメニューは、ツナそぼろご飯、のっぺい汁、白玉ぜんざい、牛乳。天良は一気に平らげた。

「ご飯、お代わりする人？」

３組担任の井手浩史の問いかけに、食べ盛りの天良も高々と右手を挙げた。そばで一緒に食べていた支援学級担任の大山から白玉ぜんざいをもらって食べ終わったばかりだったが、まだおなかに入るようだ。

「天良、給食いっぱい食べるよね」

「食べるの早いよね」

近くにいたクラスメートは目を見張った。給食の時間が終わって天良が支援学級の教室に戻る際にはハイタッチをして別れた。

別の日には、６年３組で総合学習の一環として和菓子の「練り切り」作りに取り組んだ。手を洗い、ゴム手袋をして備えた天良だったが、教室内を歩き回り、チョークを手にした上に黒板にも手を触れてしまった。

「天良、もう一回、手を洗いに行こう」

穏やかにそう声をかけて手洗いを見守ったのは、３組の鈴木優矢と比嘉瞬だった。

２人には、苦い記憶があった。昨年秋、市内の６年生が競技場に集まって開かれた長縄跳び大会。クラス目標は「連続１００回跳ぶこと」だった。天良が適切なタイミングで跳ぶのは難しかった。そこで、優矢は、自由気ままに歩き回る天良に跳ぶ時がきたら声をかけることにした。瞬は、天良の背中を右手で押して縄跳びに近づくタイミングを伝える役に回った。教諭の指示があったわけではなく、子どもたちだけで考えたことだった。

結局、天良は縄跳びに近づいて跳ぼうとはしたが、足に縄が引っかかってしまった。瞬はあまりの悔しさに泣かずにはいられなかった。

「同じクラスの一員として天良にも跳ばせたかった」

その思いがあふれた涙だった。

３組に、障害がある天良を特別視する雰囲気はない。支え方もいたって自然だ。

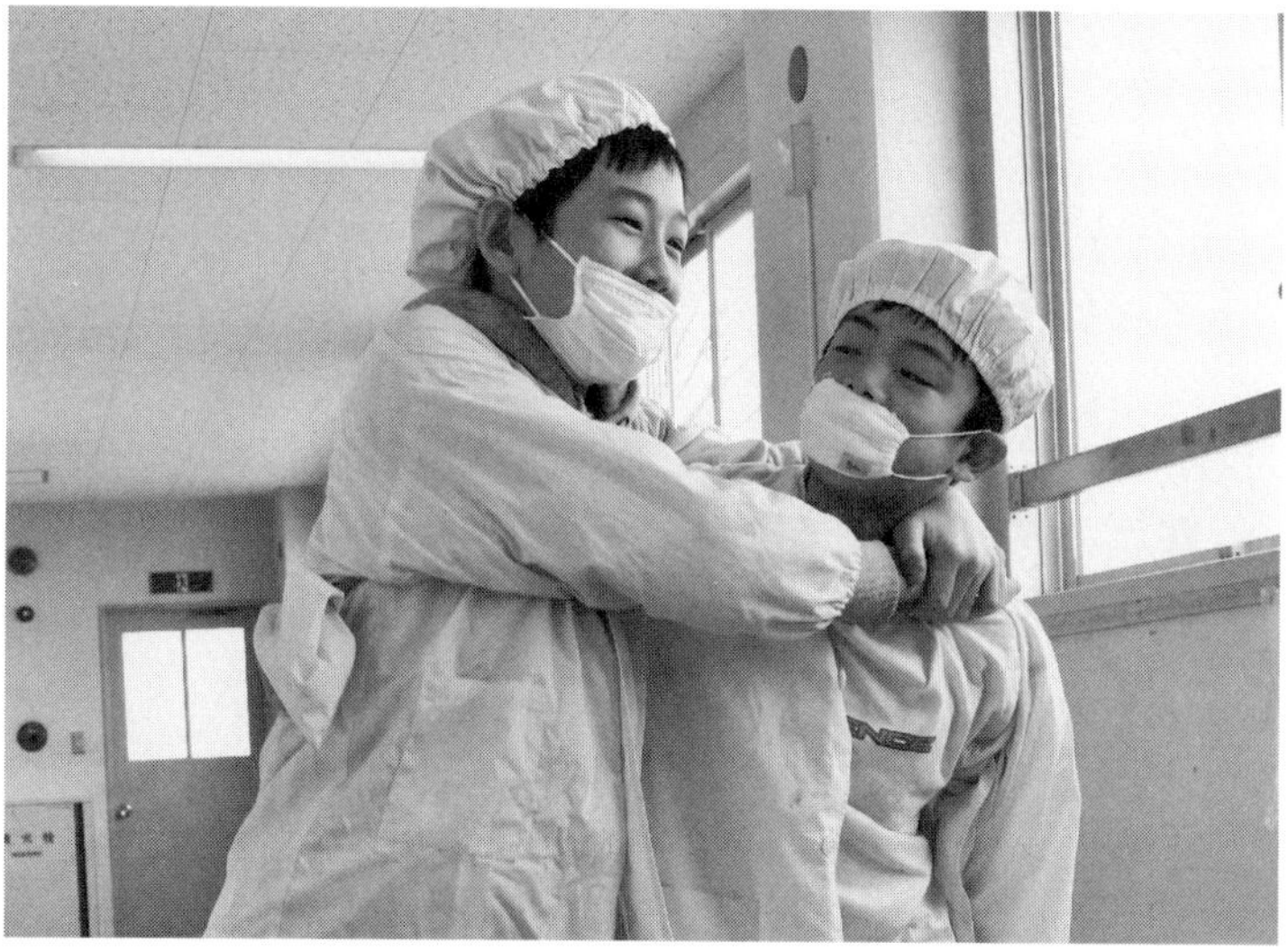

給食の時間の前にじゃれ合う浅川天良君（左）と丹みさき君
（2020年2月20日、横浜市立馬場小学校）

「いつも笑顔ですっとそばに寄ってくる天良の魅力によるところも大きいが、2年生からの交流の積み重ねもあって自然な関わりのできるフラットな関係が子どもたちの間にあるのだと思う」

そう話す担任の井手は障害のある人に限らず「相手に何かをしてあげる」ことの危うさを折に触れて、子どもたちに語ってきた。本人のチャレンジする機会を奪うかもしれない上、相手が必要としていることと異なることを誤ってしてしまいかねない恐れがあるからだ。一方的にならない支え方について子どもたちと考えてきた。

天良と2年間向き合ってきた大山は教職に就く前に、障害者支援の現場で働いていた。ある時、一緒にいた知的障害者が電車に乗り込んで席に座った時、嫌そうな顔をして別の車両に移った乗客がいた。知的障害者と同じ場にいることを明らかに避けていた。「分け隔てなく付き合うことができる関係があれば、障害のある人を知らないがゆえの差別や偏見は生まれない。３組の子たちのように子どものころにそういう関係を築ければ、あの時の乗客のような大人はいなくなる」

あなたはあなたのままでいいんだよ

「地域の学校に通うのは5年生、６年生の2年間だけで、中学はまた養護学校かな」

母の素子はそう思っていた。しかし、本人は違った。

「上《かみ》の宮《みや》中学校に行きたい」

同じ学び舎で過ごした子どもたちと同じ中学校の個別支援学級へ。その意思は固かった。

「自分の道を自分の意思で選択することは大事。それこそ本人の幸せにつながる」

そんな天良に伴走している素子も動き出している。

障害のある子を育てている母親や福祉職の人と共に、あるプロジェクトを始めた。題して「ぷかぷか作り隊」。知的障害者らが働くパン店を運営したり、障害の有無にかかわらず一緒に舞台で演劇を披露したりする「ＮＰＯ法人ぷかぷか」（横浜市緑区）に触発されて立ち上げた。

ぷかぷか理事長の高崎明は県立特別支援学校教諭時代に障害のある子どもたちにほれ込み、退職を控えた２００９年にぷかぷかを設立。上から目線の「支援」ではなく、障害のある人とのフラットな関係を大切にしている。「あーだこーだ」と難しい理屈をこねくり回して障害者差別や排除を非難するよりも、まず障害のある人と付き合ってみようという緩いスタンスが信条だ。「自由気ままに生きる障害のある人と一緒に生きていった方が楽しい。その存在は窮屈な社会に生きる私たちをむしろ自由にし、自分らしくあることの大切さを気づかせてくれる。お得に感じませんか」

植松は裁判でも「重度の知的障害者は不幸の元」などと差別言動を繰り返し、会話ができるかどうかで命の線引きをしていた。

「何かができる、できない」で人の存在が価値づけられ、値踏みされる能力主義は社会に浸透している。天良も兄の蒼良も同学年の子たちと同じようには勉強はできない。会話も上手にできるわけではない。だが、果たして２人は不幸を生み出しているのか。むしろ、天良をサポートすることもある自閉症の５年生、丹みさきのように天良を支えにしている子がいる。

素子は、重度の知的障害がある兄弟の子育てについて「大変ね」「かわいそう」と言われることがある。でも、どの家庭でも子育ては大変だろうし、楽しい時もある。そもそも、何かができる人にだって、できないことはあるだろう。だったら、社会や教育の場で「できる、できない」で人を評価することにどれほどの意味があるのか。何かができないとされることで自己肯定感を持てずに苦しむ人を増やしてしまっていないか。逆に、何かができないとされる人を排除することをなんとも思わない人が出てきていないか。その１人に見える植松の姿からは、弱い立場の人をおとしめて自分の存在を保とうとする自己肯定感の低さを感じざるを得なかった。

「あなたはあなたのままでいいんだよ」

そんなメッセージを2人の息子だけでなく多くの人に伝えたい。生きづらさを抱える人たちがほっとできる居場所をつくりたい。プロジェクトの代表を務める素子はその思いを強くしている。

母のそんな願いを知ってか知らずか、天良はいつも笑顔を絶やさない。

「毎日楽しく学校に通えるなんてすごい」

そばにいる母の視線に気を留めることもなく、いつものように軽やかな足取りで大好きな学校に向かった。

9　呼吸器の子「地域で学びたい」

重度の障害があり、人工呼吸器を付けて暮らす川崎市の男児と両親が２０１８年7月、特別支援学校ではなく小学校への通学を求めて市と県を提訴した。どんなに重度の障害があっても地域の同世代の子たちと共に学び、育っていってほしい——。社会に巣くう排除の思考に異を唱え、法廷で闘ってきた家族の苦悩に迫る。

子どもの輪に入りたい

午前中の寒さが和らぎ、柔らかい日差しが差し込んできた。２０２０年2月上旬の平日の昼下がり。光菅《こうすげ》伸治、悦子夫婦と8歳の長男和希《かずき》は横浜市青葉区の新石川公園を訪れた。50段ほどの階段を上った丘の上に全長約19メートルの滑り台がある。和希お気に入りの遊具だ。

母がバギーに乗る和希に顔をぐっと近づけ、語りかけた。

「滑り台やる？」

少しの間があってから、和希がささやいた。

「やるー」

父が約5キロの人工呼吸器をリュックサックに入れて背負い、身長約１１３センチ、体重11キロの和希を抱っこひもで抱えた。ゆっくりと階段を上っては一緒に滑る。何度も繰り返すと次第に父は息を切らし、額に汗を浮かべた。

そんな父の献身をよそに、和希の表情はあまり変わらなかった。下校時刻が過ぎ、滑り台で遊ぶ子が増えてからようやく笑みを浮かべるようになった。

父は苦笑した。

「私と遊ぶよりも、和希は子どもたちが遊んでいる姿を見る方が好き。その輪の中に入りたいという気持ちが強いのだと思う」

全身の筋力が弱い難病「先天性ミオパチー」を患う和希は常に呼吸器を付けて暮らしている。呼吸器とつながったチューブを経由して送り込まれる空気は、気管を切開して喉元に開けた穴を通じて肺に届く。自発呼吸が難しい和希の日常を支える命綱だ。生活全般で介助が必要で、たんの吸引などの医療的ケアも欠かせない。鼻の穴に入れた管を胃まで通して栄養を取る。

川崎市と県の両教育委員会が就学先として指定した県立特別支援学校には19年秋から通っていない。支援学校は個別支援という形で教諭と接する時間が長く、子ども同士の関わり合いが少ないと感じたからだ。父の憂いは深い。

「支援学校に通っていると和希の反応がなくなった。子どもたちから刺激を受けて過ごす方が、生き生きとした表情を浮かべるのは明らかだった」

だが、重度障害児にとって学校以外の日中の居場所はほとんどない。地域の小学校の通常学級での交流授業は週1回1コマ程度に限られている。冬場の寒い時期に和希が過ごしやすい屋内スペースもなかなかない。結果として自宅で過ごすことが多くなっている。

「同世代との関わりが多い小学校に和希を通わせたい」。両親の切なる願いがかなわないまま、間もなく2年もの歳月が過ぎ去ろうとしていた。

「和希君、一緒に遊ぼう」

「カズ、出発するよ」

子ども同士でドミノ倒しを楽しむ光菅和希君（右）と母の悦子さん
（2020年2月22日、川崎市）

母の悦子は和希を車に乗せて川崎市内の自宅を出た。2月中旬のこの日向かったのは、放課後の子どもの居場所になっているスペース。子どもたちと思う存分触れ合うためだ。その機会がほとんどない和希にとって、週1回ペースで通う貴重な場だった。

目的地の体育館に到着すると、すでに遊んでいた子どもたちの輪の中に入った。

「和希君、一緒に遊ぼう。まずはボールで」

そう声をかけてきた小学1年の女児と和希、悦子が向き合った。女児が投げたボールを和希は母の助けを借りながらキャッチし、投げ返した。

「今度は和希君と体育館回りをしたい。体育館へようこそ。案内しましょう」

おどけながら話す女児に、人工呼吸器を付けている和希を特別視する雰囲気は全くなかった。

3時間ほどを共に過ごした帰り際、母が和希に尋ねた。

「楽しかった？」

「うん」

和希がそう答えると、母は続けた。

「来週も来る？」

「来るー」

和希は力いっぱい声を出した。

障害を理由に共に学ぶ機会が奪われた

和希は就学前の2年間、川崎市麻生区の「柿の実幼稚園」に母の悦子が付き添う形で通った。同園は、重度障害や医療的ケアが必要な子を積極的に受け入れている。

週2回ペースで通い、最初は呼吸器を不思議そうに見ていた園児たちも「一緒に遊ぼう」と誘ってくれた。同世代の子たちから刺激を受けて和希の笑顔も増えた。運動会のリレーでは、母が和希のバギーを押して100メートルのトラックを全力疾走した。

園長の小島澄人は当時を振り返り、一日も早く小学校で受け入れるべきだと訴える。「子どもは同世代との関わりを通して多くのことを学ぶ。和希君だけではなく、健常の子の側も共に学ぶ機会を奪われている。幼稚園で受け入れることができたのだから、小学校でやれないはずはない」

障害の有無にかかわらず共に学ぶインクルーシブな幼稚園での経験が、両親の背中を押した。「子どもは子どもの中で育つ」。そう確信して地域の学校を望んだ。２０１７年7月に始まった就学相談で、その意向を川崎市教育委員会に伝えた。明確に否定されることはなく、実現を信じて疑わなかった。ところが、入学直前の18年2月末になって突如「支援学校への就学が決まった」と説明された。寝耳に水だった。

「早い段階で『市教委として考える就学先は支援学校』と言われていれば、支援団体に相談して対策も立てられた。その時間も機会も奪われ、裁判に訴えるしかなかった」

先入観が少なく分け隔てのない関係をつくりやすい１、２年生の貴重な2年間は、もう二度と取り戻せない。「和希には本当に申し訳ない」。母はそう言うしかなかった。

川崎市では19年12月、ヘイトスピーチに全国で初めて刑事罰を科す「差別のない人権尊重のまちづくり条例（差別根絶条例）」が成立した。障害を理由とした差別も禁じている。父の伸治は憤りをあらわにする。「市は差別根絶に力を入れているというが、だったらなぜ重度障害を理由に希望に反して支援学校への就学が強制されるのか。紛れもない差別だ」

植松は、意思疎通が即座にできるか否かで排除の対象を選別した。和希も意思の疎通には時間を要する。市教委側はコミュニケーション力を育むためには専門的な教育を行える支援学校が適していると主張するが、父はいぶかる。「意思疎通が上手にできるか否かで判断され、結果として地域の学校から排除していないか。それは植松の考え方とどこが違うのか」

呼吸器を付け中学も通常学級へ

「重度の障害があるからといって学ぶ場を分けられたくない」。その思いで8年ほど前に地域の小学校への道を切り開いた家族が名古屋市にいる。人工呼吸器を付けて暮らす一家の長女は、中学生になったいまも通常学級で学び続けている。

林智宏、有香《ゆか》夫婦の長女京香は同市立中学の2年生。筋力の低下が進む「脊髄性筋萎縮症」という難病を患う。生活全般で介助が必要で、たんの吸引や胃ろうなどの医療的ケアも欠かせない。気管を切開したために言葉を発することは難しく、目で意思表示をする。まばたきをすれば「はい」、視線を動かさなければ「いいえ」だ。

小学校に入学したのは２０１２年4月。呼吸器の子が通常学級に通うケースは、同市立小学校では初めてだった。「私たち夫婦が当たり前に地域の学校で学んだように、地域で同世代の子と一緒に学ばせたい」。障害のある子の就学支援をしている団体の応援を得て市教委との交渉に臨んで実現。医療的ケアを担う看護師も配置され、親の付き添いはほぼ不要だった。

ところが、インターネット上では「迷惑な存在」「公費がかさむ」といった誹謗《ひぼう》中傷が吹き荒れた。万一の事故を恐れる保護者のまなざしも厳しかった。

それでも両親は動じなかった。06年に国連で採択され、入学後の14年に日本も批准した障害者権利条約が支えになったからだ。障害は本人の側にあるという「医学モデル」ではなく、当事者を生きにくくさせる社会の側にあるという「社会モデル」の考え方が条約の柱だ。その場の環境を調整・変更する「合理的配慮」が社会の側にこそ求められるようになった。

　京香の周囲でもさまざまな場で、共に学び、育つ試みが重ねられた。

　泥棒と警察に分かれて遊ぶ「どろけい」では、京香も参加できるよう、子どもたちが「京ちゃんルール」を独自につくった。ヘルパーが同行した5年生時の宿泊学習では、川の字になって女子児童13人と和室で一緒に眠った。

　中学校では医療的ケアや介助を担う看護介助員に加え、学習サポート役の専任教員が配置された。とりわけ実技科目や行事では工夫が重ねられ、共に学ぶための対応を模索している。

　プールの授業では、あおむけで泳ぐ京香に手動式呼吸器を使って一定のペースで空気を送りながら、父の智宏と教員2人が交代で体を支えた。平泳ぎもあおむけのまま京香の足を泳法通りに動かし、クラスメートと一緒に習った。持久走でも、教諭にストレッチャーを押してもらいながら1キロを走り切った。

　校長は淡々とした様子で言い切る。「地域に住む子が地域の学校に通いたいのであれば、呼吸器を付けていようと拒むことはない。拒む理由は何もない」

　市教育委員会は就学先の決定について「本人・保護者の意見を可能な限り尊重した上で、総合的な判断をしている」と話した。

取材で京香に学校生活について質問を重ねた。「小学校よりも中学校の方がもっと楽しいですか」。まばたきが返ってきた。

「同じ高校に一緒に行こうよ」

「京ちゃん頑張って」

「勝ち負けなんて関係ないよ」

名古屋市立中学校の校庭で２０２０年2月28日に急きょ行われた「ミニ運動会」。京香は同級生からエールを送られた。

「台風の目」という競技が始まった。３人で棒を持って走り出し、途中２カ所の三角コーンを「台風の目」に見立ててそれぞれぐるっと1周し、スタート地点に戻ってくる。ストレッチャーに乗る京香は教諭に押してもらいながら、チームの２人と一緒に息の合ったスピードで往復約１００メートルを駆け抜けた。

この日で2年生は事実上終わった。新型コロナウイルスの感染拡大に伴い、週明けの３月２日から臨時休校の措置が取られたためだ。楽しい記憶を残し、学校を後にした。

充実した日々を送る京香だが、学業成績はいまひとつという。それでも父の智宏は共に学ぶ意義を強調する。「勉強も大事だけれど、子ども同士の関係性が何よりも大切。大人がお膳立てをしてもなかなかつくれない」

2月下旬、自宅に同級生の女子生徒3人が遊びに来た。自家製ピザを囲み、話が弾んだ。その1人、友利《ともり》ひよりは小学生の時からの付き合いだ。小学校は各学年1クラスしかない小規模校で、一緒に登校もした。中学ではまだ同じクラスになっていない。「3年生でこそ一緒に」。2人の思いは同じだ。

言葉での意思表示が難しい京香が何を考えているのか。ひよりは、親友の本心を探るのが楽しいという。「京ちゃんの考えていることは大体分かるよ。ずっと一緒だし、お互い好き同士だからね」

先生に対する愚痴、嫌なテスト……。京香に語りかける内容は、思春期を迎えた誰もが口にするたわいのないことばかり。2人とも来年は高校受験に臨む。

「京ちゃん、高校どこ行くの？　同じ高校に一緒に行こうよ。私も京ちゃんと一緒だと安心だから」

京香は、何度もまばたきした。うれしい。私も一緒に高校に行きたい。でも、合格するかどうか不安――。そんな心境だった。

「勉強するしかないよね、受かるには。一緒に頑張ろう」

話題は高校卒業後に及んだ。

ひよりは介護職に関心がある。親が高齢になったら介護で恩返しをしたいとの思いがあるが、それだけではない。呼吸器の子や障害者が集まるキャンプに京香と一緒に参加し、サポートを必要とする人が多くいることを実感した。京香が小学校に入るまでの日々を追ったドキュメンタリー番組を見て、兵庫県で小学校から高校まで普通校に通った呼吸器利用者、平本歩《あゆみ》のことも知った。先駆者の１人はいま、地域で介助を受けながら１人暮らしをしているという。

「大学に行ったら、京ちゃんと部屋をシェアして一緒に住もうか。その時は私がヘルパーの１人として介護しようかな」

共に学び、育つその先に膨らむ夢。２人が紡いだ絆は、それぞれがこれからどんな未来を歩もうとも揺らぐことはない。

行政が一方的に決めていいのか

人工呼吸器を付けて暮らす川崎市の光菅和希の就学先を巡る訴訟は、市立小学校を望む本人と保護者の意向に反して県立特別支援学校を指定した教育委員会の判断に、違法性があるのか否かが争点になった。障害の有無にかかわらず共に学ぶ「インクルーシブ教育」が障害者権利条約で人権として保障されている中、行政の裁量権はどこまで認められるのか。原告側と行政側双方の主張を整理した。

障害のある子の就学先を決める仕組みを巡っては、文部科学省が２０１３年に学校教育法施行令を改正し、一定程度の障害のある子の就学先を原則として特別支援学校とする方針を転換。

本人と保護者への十分な情報提供と意向の最大限の尊重を前提に、教育的ニーズや必要な支援についての合意形成に努め、市町村教委が総合的な観点から就学先を決めることになった。インクルーシブ教育を掲げる同条約を批准するための国内法整備の一環だった。

原告側は、市教委が改正令を踏まえず、ずさんな手続きに終始したと主張した。訴えによると、両親は和希の就学相談が始まった17年7月以降、同世代の子との関わりを求めて小学校への就学希望を市教委に重ねて伝えたが、入学直前の18年2月末に特別支援学校が適していると一方的に通告された。市教委の姿勢は合意形成に尽くしたとは言えず、本人の意向を反故にするほどのやむを得ない理由もないと反発。市教委の裁量権の逸脱・乱用に当たり違法と訴えた。速やかな調整を怠った県教委の対応も違法とした。

原告側弁護団によると、16年の障害者差別解消法施行後、就学先の指定を巡って行政の違法性を問う訴訟は初めて。同法では障害を理由にした差別的扱いを禁じ、合理的配慮の提供を義務付けている。原告側は重度障害を理由に希望する就学先が認められず、入学に際して必要な配慮が検討すらされなかったことは差別に当たると批判。インクルーシブ教育を受ける和希の権利が侵害されたと強調した。

これに対し市教委側は、和希の教育的ニーズはコミュニケーション能力を育むことにあると主張した。そのためには「教育課程を弾力的に編成でき、専門的な個別支援が行える特別支援学校が最適な学びの場」と指摘。「障害の状態なども勘案して就学先を決める上で、市教委には広範な裁量権があり、保護者の意見に従わなければならないというものではない」と反論した。

さらに、特別支援学校への就学指定の際、登校日が限られる訪問籍ではなく通学籍になるよう関係機関と調整した点を次善策として挙げ、「合意形成に向けてできる限り努力した」と説明。県教委も市教委の判断を追認した。

人工呼吸器の子を小学校で受け入れることの可否についても見解は分かれた。

原告側は、呼吸器を利用する子と家族らでつくる「バクバクの会」の調査結果を提出し、地域の学校に通う呼吸器の子が全国で19年6月現在、少なくとも小学校に17人、中学校に5人いることを例示。実践例があるのに市教委は呼吸器について学ぼうとせず予断と偏見で就学先を決めたと非難した。

市教委側は、児童数が多い市立小学校では受け入れ実績がなく、衝突事故のリスクもあり、呼吸器の子の「安全・安心」を重視したと主張。17年度の文科省の全国調査でも、小中学校に在籍する呼吸器の子は50人（通常学級15人、特別支援学級35人）しかおらず、大半は特別支援学校に在籍しているとして判断の妥当性を強調した。

原告敗訴「障害のある子が地域から排除される」

原告と被告の主張が真っ向から対立する中、提訴から約1年8カ月後の20年3月18日、横浜地裁（河村浩裁判長）は原告側の請求を棄却する判決を言い渡した。特別支援学校を就学先に指定した行政側の判断は、「意思表示が困難である和希君の教育的ニーズに合致し、安全な学習の場を提供するものであり、妥当性を欠くとはいえない」と理由を述べた。

　さらに、障害の有無にかかわらず共に学ぶ「インクルーシブ教育」については「特別支援学校での教育を排除するものではない」との見解を示し、原告側が最重視すべきだと訴えていた本人・保護者の意向には、「学校教育法施行令では保護者の意見だけでなく、専門家の意見の聴取も求めており、解釈として採用できない」と退けた。こうした判決を受け、川崎市と県の両教委とも「主張が認められたと受け止めている」とコメントした。

　家族の落胆はあまりに大きかった。父の伸治は予定されていた記者会見への出席を急きょキャンセル。電話取材に対して、「本人と保護者の意向は就学先を決める上で関係ないと示されたに等しい。和希は意思疎通ができないと一方的に決めつけた差別的な判決だ」と言葉少なに語るのがやっとだった。

　弁護団は会見で、重度障害の子の就学先を原則として特別支援学校とする旧来型の枠組みを判決が容認していると批判。団長の弁護士大谷恭子は「障害者権利条約で保障されたインクルーシブ教育を理解しておらず、本人と保護者の意向を軽んじている」と涙ながらに話した。16日に判決が言い渡されたやまゆり園事件にも触れ「共に学ぶ教育が保障されない限り、（障害者の存在を否定する）優生思想が生まれてしまう恐れがある」と訴えた。

和希と同様、呼吸器を付けて暮らす娘の京香を名古屋市立小中学校に通わせてきた父の智宏も判決に対して批判の声を上げた1人だった。「地域の学校で学ぶことを原則とする障害者権利条約を踏まえない判決」と怒りをあらわにし、今回の司法判断が子どもたちに与える影響を懸念する。「障害を理由に学ぶ場を分けることは、共に生きる機会を子どもたちから奪う。互いに知り合わなければ差別意識が生まれる恐れがあり、判決はその傾向を助長しかねない」「いつの時代の判決かと憤りを感じる」と手厳しいのは、インクルーシブ教育に詳しい大阪経済法科大客員研究員の一木玲子だ。やはり教育現場への悪影響を危惧し、「このままでは障害者はインクルーシブ教育を受ける権利を侵害され続け、障害によって学ぶ場を分けることを差別と思わない人を育ててしまう」と憂えた。さらに、今回のような事態が生じる最大の要因は、障害を理由に学ぶ場を分け続けている文部科学省の政策にあると指摘する。国際的な潮流を見ると、小中学校のみならず高校や大学でもインクルーシブ教育が進められているといい、「障害者権利条約の批准に際して文科省は分離教育からインクルーシブ教育に転換しなかった。どの子も地域の学校の普通学級で学ぶのが権利条約でうたう本来のインクルーシブ教育であり、文科省はいち早くかじを切り替えるべきだ」と訴えた。

障害者団体からの抗議声明も相次いだ。

障害当事者らで組織する「DPI日本会議」は、呼吸器の子が地域の学校へ就学した実例がいくら他都市であったとしても、川崎市内で実例がないのだから拒んでも差別には当たらないと判示した点をとりわけ問題視し、「このような判断が全国の自治体に広がれば、重度障害がある子の地域の学校への就学は一切進まなくなる」と危機感を表明した。

「バクバクの会」は「当事者を地域社会から排除する判決だ」と憤った上で、本人の意向をないがしろにした行政と、それを追認した司法の判断に疑問を投げかける。

「行政や司法になぜ生き方を決められなくてはならないのか」

原告側は3月23日、横浜地裁の判決を不服として控訴した。

「闘いは続ける。でも、川崎に住み続けても小学校就学への見通しは立たない。4月には3年生になる和希をこれ以上待たせるわけにはいかない」

行政と司法の判断によって追い込まれた両親は、わが子の希望をかなえるため住み慣れた地域を離れるという苦渋の決断をした。和希が安心して帰って来られるわが家も手放さなくてはならない。転居先の東京都世田谷区は本人と保護者の希望に沿って就学先を決めており、区立小学校通常学級への就学が認められた。自治体によって対応があまりにも異なる現実にあらためて打ちのめされた。念願はかなったものの、小学校に通えなかった2年間を取り戻すことはできない。それでも、家族は前を向き、区立小学校での新たな出会いに希望を見いだそうとしている。

控訴審は損害賠償請求に切り替え、本人と保護者の意向を尊重しない教育行政の判断の違法性を明らかにしたい考えだ。「おかしいことにはおかしいと声を上げ続けていく」。伸治の決意は揺るがない。区立小学校で共に学ぶ実践が進めば進むほど、受け入れを拒否した市教委の対応の不当性が浮き彫りになると確信している。

10　言葉で意思疎通できなくても

　重度の障害があり、人工呼吸器を付けて暮らす男児の介護のために、父親は働き盛りの39歳で仕事を辞めた。働いて家計を担う母親と女児2人の生活も支える主夫になって10カ月余り。言葉での意思疎通ができない愛息と共に生きる日々を追った。

父と入浴、広がる笑顔

　横浜市在住の土屋義生《よしお》の朝は、ベッドで寝たきり状態の長男荘真《そうま》（6）のおむつ交換から始まる。たんの吸引などの医療的ケアも欠かせない。次は「朝食」介護だ。のみ込む力がほとんどない荘真は1日に4回、鼻の穴に入れた管を通じて栄養を取る。5人家族。小学3年生の長女由真《ゆま》（9）、保育園に通う次女真維《まい》（4）の朝食準備と身支度は、母真澄の役割だ。

　母子3人が慌ただしく自宅を出ると、荘真と義生だけになった。

「シュー、シュー」

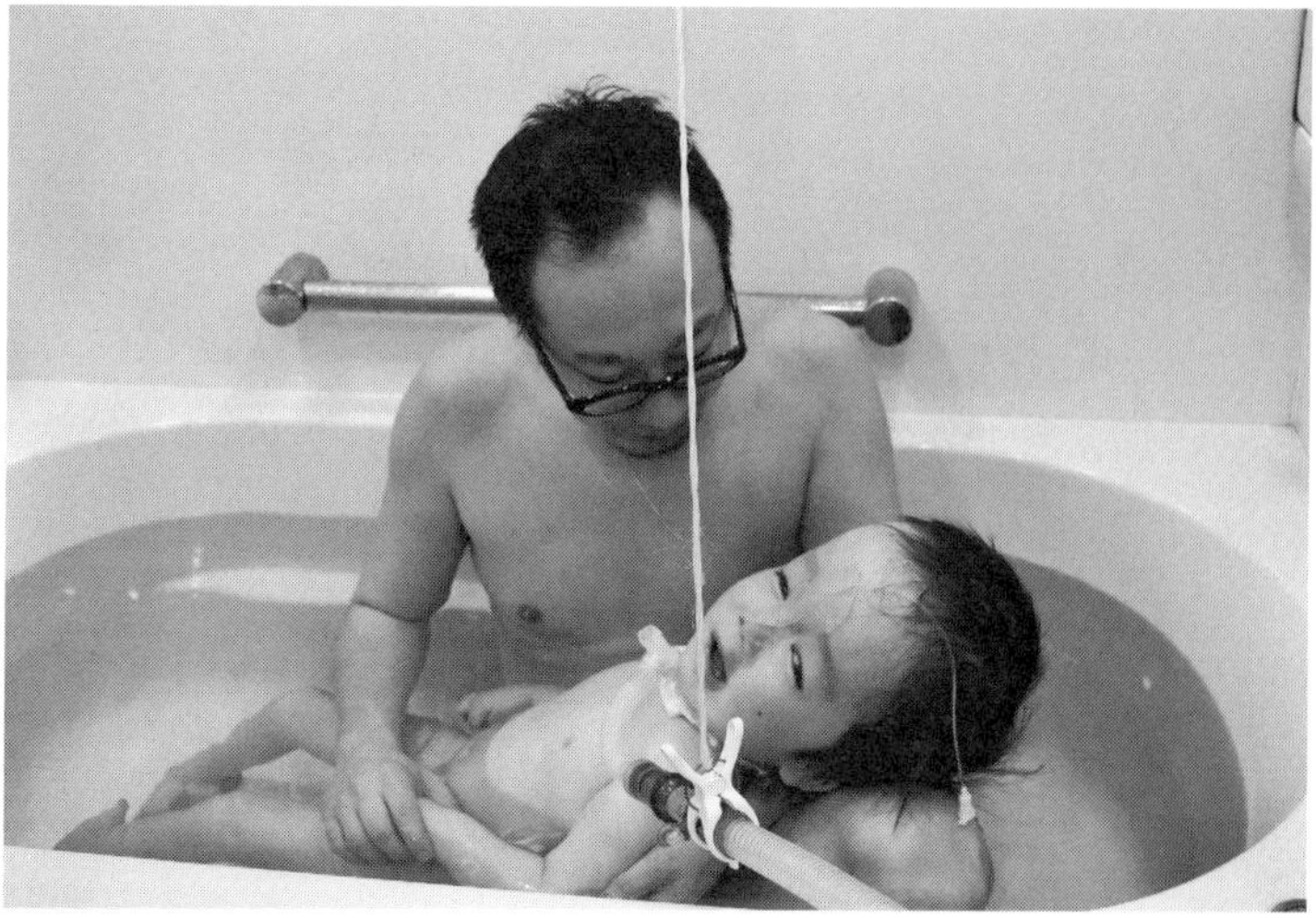

父の土屋義生さんと一緒に入浴し、表情豊かに笑顔を浮かべた荘真君
（2020年1月22日、横浜市）

静まり返った部屋に、呼吸器の音が響く。呼吸器とつながったチューブを通じて送り込まれる空気は、気管を切開して喉元に開けた穴から肺に届く。

２０２０年１月下旬のこの日、父子は大忙しだった。午前中に地域の療育センターに足を運び、硬直しやすい荘真の体を理学療法士にほぐしてもらった。午後は大学病院への定期通院。そのたびに荘真をバギーに移して車に乗せ、自宅と往復した。体温調節が難しい荘真は外出時、毛布や電気毛布、寝袋を重ね着する。夏でも厚着が必要だった。

合間の正午ごろが入浴の時間だった。訪問看護師に来てもらい、２人がかりでの介護だった。

「荘真君、お風呂に入りますよ」

水着に着替えた義生が声をかけ、一時的に呼吸器を外した荘真を抱きかかえながら浴室に向かった。看護師がその後について呼吸器を運んだ。

父に抱かれて湯船につかった荘真は表情が緩み、気持ちよさそうな笑顔を浮かべた。お風呂に入るのが大好きで、家族で温泉旅行にも行く。

義生は翌日から１週間、荘真を施設に預けることにしていた。介護疲れで倒れないための休息だった。

「明日から、（施設での）お泊まりだよ」

義生が語りかけると、穏やかな表情をしていた荘真が顔をゆがめた。

「家族から離れるのが嫌なのかもしれません」

義生は苦笑いを浮かべるしかなかった。

父が退職、介護に専念

２０１３年10月、１人の男の子が誕生した。中国の老荘思想に関心があった義生は、「あるがままに生きてほしい」という願いを込めて「荘真」と名付けた。３歳離れた長女由真に続く長男で、家族は喜びに沸き返った。

生後２週間が過ぎたころだった。荘真は高熱に襲われ、髄膜炎と診断された。自発呼吸もほぼ止まり、人工呼吸器を付ける措置が取られた。命の瀬戸際に立たされていた。義生の職場の同僚が千羽鶴を折って励ましてくれた。

一命は取り留めたが、脳に障害が残った。主治医から告げられた。

「５歳ぐらいまでしか生きられないかもしれません」

余命宣告と言えるものだったが、母の真澄は冷静に受け止めた。障害が残ったことよりも生き延びてくれたことに安堵していた。

荘真は入院から半年余りたった14年５月に退院、在宅での生活が始まった。16年１月には次女の真維が誕生。義生も同年４月から育休を１年間取り、半年間は夫婦２人で子ども３人の育児と家事を分担した。秋に真澄が職場復帰をすると、義生が家事と育児を一手に引き受けた。

最重度の障害があるわが子が生きていくには常に介護が必要だったが、夫婦は共働きを続ける道を探った。義生の職場復帰を翌17年４月に控え、荘真を受け入れてくれる保育所を探した。だが、重度障害が大きな壁となり、見つからなかった。荘真が入所施設ではなく自宅での生活を続けるには、夫婦のどちらかが仕事を辞めざるを得なかった。

「（いずれ）俺が荘真を看るよ」

障害のある子の日常的な介護は母親が担うことが多いが、義生は主夫になることに抵抗感はなかった。掃除や洗濯が好きで、妻より家事が向いているという自負があった。加えて、仕事にやりがいを感じている妻には働き続けてほしかった。

真澄の思いは複雑だった。

「夫に仕事を辞めてほしいと言ったことは一度もない。夫婦でじっくり話し合おうと考えていたけれど、夫は一度決めたら曲げない性格。話し合う余地はなかった」

夫は子どもたちへの接し方が上手だった。「この人だったら、たとえ子どもに障害があることが分かっても受け入れてくれるだろう」。障害者がいる家族の実情を知る機会が以前あり、義生との結婚を決める際もそのことが念頭にあった。

自ら職を辞することを決めた義生。好きな仕事だっただけに未練がないわけではなかったが、決断が揺らぐことはなかった。

17年春から2年間の育休に入っていた真澄が職場に復帰するのに合わせ、いったん復職していた義生は19年3月末で退職した。荘真の介護が中心の生活が始まった。

息子の存在こそ、社会の希望

2019年4月、義生は主夫になった。人工呼吸器を付けて暮らす長男荘真を介護し、妻の真澄と小学3年生の長女の由真、保育園に通う次女の真維のために家事と育児を担う日々が始まった。

最初の1カ月間は、仕事を辞めた解放感でいっぱいだった。荘真の介護に加え、学童保育に通う由真と保育園児の真維の夕方のお迎え、家族の夕食の用意……。1年間の育休経験もあり、無難にこなした。大好きな部屋掃除に喜々として取り組んだ。

だが、ある疑問が次第に頭をもたげるようになった。「このまま主夫を何十年続けたとして、自分にいったい何が残るのだろう」

仕事をしている時には目標達成に向けて前進すればよかったが、家族を「裏方」で支える主夫は勝手が違った。日々のことで精いっぱいで、自分の時間はまったくない。自分の人生を生きていないような気がしてならなかった。

地域の療育センターで障害のある子の母親たちに出会うことはあったが、なんとなく輪に入ることができなかった。仕事上の肩書が外れて「障害のある荘真君のパパ」としてだけ見られることに居心地の悪さを感じていた。

とりわけ、息子の体調が悪くなれば、気配りが足らなかったのではないかと自責の念が募った。言葉での意思疎通ができないわが子の思いを敏感に感じ取って代弁しなくてはならないというプレッシャーがあった。一心同体としての役割を周囲から求められ、その役割を果たそうと自分をさらに追い込んだ。言い知れぬ不安に押しつぶされそうになった。

気持ちの整理ができないまま主夫になって半年を迎えた19年9月、予想外のことが起きた。

「荘真君が自発呼吸をしている」。往診に訪れた医師が気づいた。生後2週間で髄膜炎にかかって以来、自力で呼吸することはほぼなかった。専門医に尋ねたが、判然としなかった。

荘真が6歳の誕生日を迎えた翌10月。家族でお祝いし、ハッピーバースデーの歌が響いた。リビングのカーテンを閉め、ケーキに立てたろうそくに灯をともした。一時的に呼吸器を外し、荘真の喉元に近づけた。炎が消えかかった。気管切開で開けた喉元の穴からの自発呼吸で消そうとしていたのだ。舌を大きく出して消そうともした。

この時、義生はふっきれた。なぜ自発呼吸が戻ったのかはっきりしないのなら、親もわが子のことで分からないことがあっていい。一心同体になる必要はない。息子は親の一部ではなく、独立した１人の人間なのだ、と実感した瞬間だった。

独力で体を動かすことはほとんどできず、言葉での意思疎通ができないわが子。それでも意思や感情があり、何かをしたり学んだりすることがあることを家族以外の誰にも分かる形で示したいという思いが、これまでは強かった。そんなことはもうどうでもよくなった。息子は息子なりにあるがまま生きている。それでいいじゃないか、と。

思えば、あるがまま生きてほしいと願って「荘真」と名付けた自分こそが、あるがままに生きようとしていなかった。「名付けた親がそのことを荘真に教わるなんて」。義生はばつの悪そうな笑顔を浮かべた。

あるがまま生きる荘真の存在は、重度障害者の生きる意味を問わずにはいられない社会を変える希望の灯といえた。いまの自分に満足せずに否定し、あるがままに生きられずに生きづらさを抱えている人も少なくない。息子と一緒にそんな世の中を変えていくことはできないか。「荘真が生きやすい社会は誰もが生きやすい社会のはず」。義生はそんな思いを巡らし始めた。

傍聴席で切った装置の電源

２０１６年７月26日、障害者19人の命が奪われたやまゆり園事件は、義生にとっても人ごとではなかった。重度障害があり、言葉での意思疎通ができない長男荘真と介護者の自分にも刃《やいば》が向けられたに等しいと受け止めた。

だが、事件が起きてしまうかもしれないという懸念はあった。植松のように「重度障害者に生きる意味はなく、不要な存在」と考える人は少なくないと感じていたからだ。荘真と街に出ると、じろじろと偏見や哀れみの目で見られることは日常茶飯事だった。

なぜ植松は重度障害者の存在を否定するようになったのか。答えを探し求めて、荘真と共に２０２０年１月17日の第５回公判を傍聴した。

この日は、植松が共鳴した映画が取り上げられた。名前を答えられるかどうかで人間か否かを区別するシーンがあり、わが意を得たりと植松がにやっと笑った気がした。

実際に植松は名前、年齢、住所を言えるかどうかで命を選別した。わが子も否定の対象なのだとあらためて分かり、ぞっとした。人工呼吸器を付けている重度障害者が傍聴席にいると被告に感づかれるかもしれないと気になり、酸素量や脈拍をチェックする装置の警報音が鳴らないように電源を切らざるを得なかった。

恐怖を覚えても、「社会の役に立つ」と思って凶行に及んだ植松を突き放すことができない自分がいる。荘真と一緒にあるがまま生きたいと願うが、誰かに何らかの影響を与える何者かでありたいという思いがつきまとう。そんな自分自身と植松を重ねた。「やったことは許されないが、彼は自分に自信を持てず、自他共に認める何者かになりたかったのではないか。あるがままの自分を認めて生きることが、なぜできなかったのだろうか」

植松の本心が見えないまま公判は進んだが、家族の日常は変わらない。

午後6時ごろ、学童保育に迎えにきた義生の胸に、小学3年生の長女由真が飛び込んだ。1月下旬のことだ。

水泳教室に通う由真が帰り道で、父にきょうの出来事を伝えた。「バタフライの試験、受かったよ」

父は「すごいね」と褒め、夕食の話題に切り替えた。「夜ご飯は、ビーフシチューだよ」

「やったー」と喜ぶ由真。義生が荘真の介護をしながら昼間から仕込んでいたビーフシチューは、由真のリクエストだった。

弟の荘真が大好きな由真は「（施設に短期間預けられている時は）荘ちゃんが家にいなくて寂しい」と表情を曇らせる。

そんな由真が2年生だった19年1月。お小遣いをためて、人工呼吸器を付けて暮らす子と家族のことを紹介した絵本『ぼくのおとうとは機械の鼻』を学校に寄付した。多くの人に弟のことを知ってほしかったからだ。先生が教室で読み聞かせてくれた後、荘真と一緒に並んでみんなに語りかけた。

「みんなが言われて嫌なことは、荘ちゃんにも言わないで。荘ちゃんもみんなと変わらない普通の子。荘ちゃんがいるおかげで、いろいろな人に出会えてうれしい」

クラスメートは真剣に聞いてくれた。授業後、呼吸器について関心を示したり、「ご飯は何を食べているの？」と質問したりする子がいた。

やまゆり園事件については、両親から伝え聞いた。「荘ちゃんはしゃべれないけど、うれしいことや嫌なことを表情で伝えてくれる。一人一人の個性は違っても生きているということはみんな同じ。無駄な命なんてないと思う」

息子も自分もあるがままで

義生は荘真と一緒に公判を4回傍聴したが、植松がなぜ差別観を膨らませたのか、核心は分からなかった。「死刑確定で終わりにしていい事件ではない」。わだかまりは消えないものの、事件を生んだ社会を変えようと歩み始めている。

障害者差別が根強い状況はいまもなお変わらないが、当事者家族に勇気づけられることがあった。

判決から2日後の3月18日、呼吸器を利用する光菅和希と両親が特別支援学校ではなく川崎市立小学校への就学を求めた訴訟の判決の傍聴に駆け付けた。重度障害のある子は特別支援学校に通うのが当たり前とする考えが教育行政にも家族にも強い中で、特別支援学校を就学先として指定した行政に異を唱え、障害の有無にかかわらず共に学ぶ教育を求める姿に目を開かれた。「光菅さん側の敗訴だったが、当事者が声を上げることの意義を身をもって教えてくれた」

荘真の就学先としては特別支援学校を望んだ。いまの小学校での教育は一人一人の子に合わせるものになっているようには見えないからだ。とはいえ、特別支援学校への通学にも「壁」がある。呼吸器を利用する子の場合、学校への送迎だけでなく校内でも保護者の付き添いが求められるケースが多い。ほかの子と同様に親から離れて成長していくためには、付き添いは足かせになる。「まずはその現状から変えていきたい」。誰もが生きやすい社会に変えるための一歩になると信じて、声を上げていくつもりだ。

新型コロナウイルス禍の中、荘真は4月に横浜市内の公立特別支援学校に入学した。「周囲の人たちから刺激を受けて経験を積み重ねてほしい」。息子の世界が少しずつ広がることを願い、伴走する義生は自分に言い聞かせるように前を向いた。「あるがまま、私らしく生きていこう。荘真と共に」

11　横田弘とやまゆり園事件

障害者運動の「伝説の人」が横浜市にいた。身体障害がある脳性まひ当事者の団体「青い芝の会神奈川県連合会」の会長だった故横田弘（１９３３―２０１３年）。１９７０年代から障害者差別と闘い続け、やまゆり園事件を機にあらためて注目されている。障害者運動の原点とされる横田の思想から私たちは何を学び取り、あの事件をどう乗り越えていくべきか。

加害者は地域

横田たちの運動の発端となった殺人事件は70年5月、横浜市金沢区で起きた。その経緯は、横田の主著『障害者殺しの思想』（現代書館）と、親交のあった文学研究者の荒井裕樹の著書『差別されてる自覚はあるか　横田弘と青い芝の会「行動綱領」』（同）に詳しく記されている。

重度の脳性まひがある2歳女児が母親に殺害された。3人いた子どものうち2人に障害があった。単身赴任の父親は週末に一時帰宅するのみで、母親が一手に介助していた。施設に預けることを希望したが、空きがないと断られた。自分と娘の将来を悲観した母親は娘を絞殺。同様の事件は70年代に相次いだ。

横田ら青い芝の会神奈川県連合会のメンバーが問題にしたのは、事件後の地元町内会の対応だった。母親への同情から減刑を求める嘆願運動を展開していた。横田は事件の根底に地域社会の差別意識があると著書の中で批判した。

《障害児を持った家庭がどれだけ世間から白い眼《め》で見られているのか。障害児を持ったという、ただそれだけで、それだけのことでその家で何か悪いことをしたのだ、という眼で見られる。そんな事実を私たちは長い間、身をもって経験しつづけているのである》

横田の怒りの矛先は、地域社会のゆがんだ善意に向かう。

《私たちは加害者である母親を責めることよりも、むしろ加害者をそこまで追い込んでいった人々の意識と、それによって生み出された状況をこそ問題にしているのだ》

《事件が起きてから減刑運動を始める、そして、それがあたかも善いことであるかの如《ごと》くふるまう。なぜその前に障害児とその家族が穏やかな生活を送れるような温かい態度がとれなかったのだろう。私たちが一番恐ろしいのは、そうした地域の人々のもつエゴイズムなのである》

入所施設の不足が事件を招いたという見方が流布したことも問題視し、「障害者は殺される存在なのか」と問題提起した。

《多くの健全者が加害者の気持が分かるとか、障害児が殺されるのはやむを得ない、とか、施設をつくれとか、施設に入れてしまえば、とか考えるのはどうしたことなのだろう。やはり障害者（児）は悪なのだろうか。「本来、あってはならない存在」なのだろうか》

当時の刑法では殺人罪による懲役刑の下限は原則3年だったが、検察側の求刑は2年だった。母親には情状酌量で懲役2年、執行猶予3年の判決が言い渡された。

愛と正義を否定する

障害者をないがしろにする社会の反応に危機感を抱いた横田は、青い芝の会の理念となる行動綱領「われらかく行動する」を起草した（各項の条文は省略）。

《第1項　われらは自らがＣＰ（脳性まひ）者であることを自覚する》

《第2項　われらは強烈な自己主張を行なう》

《第3項　われらは愛と正義を否定する》

《第4項　われらは問題解決の路《みち》を選ばない》

脳性まひ当事者に対し、差別される存在であることを自覚（第1項）した上で、叫びにも近い自己主張（第2項）を求めた。第3項では、障害者の人生を阻む親の「愛」、地域や社会のゆがんだ善意をそれぞれ糾弾した。

《エゴを原点とした「親」によって私たち「障害者」はどれ程の抑圧、差別を受けているか。しかも、「愛」という名分の下にどれだけの「障害者」が抹殺されていることだろうか》

《「障害者」を巨大コロニーに隔離収容することも「正義」であり、「障害者（児）」殺しの親たちを減刑運動という形で社会に組みこむことも「正義」であり（中略）「正義」によって疎外され、抑圧される「障害者」である私たちが何故《なぜ》「正義」を肯定しなければならないのだろうか。私たちは「正義」が絶対多数者側の論理である以上、断固としてこれを否定しなければならないのである》

第4項では妥協につながるとして問題解決の道を選ばず、問題提起を続けるとの決意を示した。

70年代以降、横田たちは、さまざまな障害者差別への闘いを続けた。

72年から74年にかけては、胎児に障害がある恐れがある場合に中絶を認める優生保護法改正案は「障害児を抹殺することに加え、障害者の存在そのものを否定する」として批判した。

77年には川崎の路線バスが車いす利用者の乗車を拒否したことに対し、抗議行動でバスを占拠する「川崎バス闘争」を繰り広げた。79年の養護学校就学義務化を巡っては、障害児が地域の学校で学ぶ機会が奪われて障害児と健常児を分ける教育を助長するとして、反対運動を展開した。

障害者差別を徹底的に批判した横田の共生へのまなざしは厳しかった。

《社会のすべてが、障害者と共生する時が来るとは私には考えられない。私たち障害者が生きるということは、それ自体、たえることのない優生思想との闘いであり、健全者との闘いなのである。安易に健全者との共生を考えることは、すべての健全者が私たちを抹殺していこうとする限り厳重な注意を以《も》って臨まなければなるまい》

横田たちの運動は街並みを変えた。

神奈川県立保健福祉大学名誉教授で、98、99年度に県の障害福祉課職員だった臼井正樹は、福祉政策を巡る交渉で横田と対峙した経験がある。横田たちの運動が、障害者福祉の水準を押し上げてきたと言う。

「バスでの抗議行動は、県内の駅舎やバスのバリアフリー化が全国的にも早い段階で実現することにつながった」

やまゆり園事件で、私たちの社会は何が問われているのか。

30年ほどにわたって横田の運動に伴走した渋谷治巳は、行動綱領の第1項がいまあらためて問われていると強調する。

「当事者は差別される存在であることを自覚した上で、差別に対してもっと声を上げていく必要がある。一方、健全者（健常者）は自らが障害者を差別する存在であることと向き合うべきだ」

荒井は、詩人だった横田の作品や行動綱領の研究のために晩年に対話を重ねた。

「難解とも言われる横田さんの思想はシンプルで、『障害者を殺すな、排除するな』ということを怒りをもって訴え続けた人だった。事件後、障害者の尊厳が傷つけられたことに対する怒りの声は果たして社会で広がっただろうか」

マグマのように潜む優生思想――渋谷治巳さん

しぶや・はるみ　1956年生まれ。横浜市磯子区で障害者の作業所2カ所とグループホームを運営する一般社団法人REAVA（ラーバ）理事長。当事者団体「障害者の自立と文化を拓く会『REAVA』」代表。

障害者の存在を否定的にみる優生思想は、果たして植松聖だけの問題なのだろうか。身体に障害がある脳性まひ当事者で、横田とともに障害者運動に取り組んできた渋谷治巳が語る。

――障害者がヘイト（憎悪）の対象になる事件がいつか必ず起きるという予感がしていた。強者が勝ち抜くのがよしとされる能力主義の社会になっている一方、弱者の中で憎悪の矛先がさらに弱い人に向かう風潮があると感じていたからだ。世の中の人々は障害者の存在を低くみる本音を建前で抑えている印象をこれまで持っていたが、今回の事件はパンドラの箱を開けてしまった感じがしている。再び同様の事件が起きないと言えるだろうか。

事件の根底には、優生思想がある。植松は衆院議長に宛てた手紙で、「障害者は不幸しかつくらない」「重度障害者が安楽死できる世界を目指す」と記していた。優生思想が極端な形で現れた事件だったが、いまの社会のありようと無関係ではない。

子どもが五体満足で生まれてきてほしいと願うのは、親としての素朴な愛情だと思う。否定するつもりはない。だが、その願いは裏を返せば、障害を持って生まれてきてほしくないということでもある。新型出生前診断で染色体異常が見つかった場合、９割以上が中絶を選ぶ時代だ。

社会の底流にはいつ爆発してもおかしくないマグマのように優生思想がある。だが、多くの人たちは自らの内にある優生思想を自覚したくないのだろう。あの事件が突き付けたことに向き合わずに、「極端な考えを持った男が起こした事件」としてだけ受け止められて事件が風化していく可能性が高い。

一過性ではなく

横浜市港北区で生まれて保土ケ谷区で育った渋谷は、都内や神奈川県内の養護学校に通った。入所施設で３年半ほど暮らした経験がある。30歳前後から横田と一緒に障害者運動に取り組んできた。十数年前からは保土ケ谷区の実家を離れて、磯子区内の集合住宅でヘルパーの介助を受けながら１人暮らしをしている。

――小学生と年１回ほど交流していて質問されることがある。「どこに住んでいますか」「何を食べていますか」「電車やバスにはどのようにして乗っているのですか」「買い物はどのようにしているのですか」――。大人からも同じような質問を受ける。普段、障害者と接する機会が少ないのだろう。障害者の暮らしへのイメージがいかに希薄かが分かる。

障害者を巡る状況はいま、どうなっているか。車いす利用者が暮らすことができる民間の賃貸住宅はほとんどない。障害者が働きやすい職場はどれだけあるだろうか。障害の有無にかかわらず共に学ぶインクルーシブ教育は進んでいるか。行政が当事者団体の要望に押される形で推進する姿勢を示しているが、普通学級ではなく特別支援学校や特別支援学級に通う子が増えている現実がある。

クラスに車いすを利用する子がいる、自宅の隣に障害者が住んでいる、職場の同僚や上司、部下に障害者がいる……。学校や地域、職場で一緒に過ごすことが当たり前になっていたら、あのような質問は出てこない。共生社会に向けて障害者と健全者（健常者）の生活の場を分けない取り組みをいかに進めるかが問われている。

やまゆり園の再建についても同じことが言える。障害者を施設に集め続けるのは、私たちが目指すべき共生社会には逆行する。何よりも、どこに誰と住むかは当事者自身が決めるというのが大前提だ。

神奈川県は、社会に広がる優生思想が事件の根底にあるということを理解しているかどうか疑わしい。事件後の対応がずれているからだ。たとえば、障害者と健全者の交流イベントが企画されたが、一過性のイベントでは共生社会はつくれない。

差別の自覚こそ

――やまゆり園の入所者が狙われたということは、障害当事者である私が狙われていたかもしれないということだ。障害者が差別の対象になるのはいまも昔も変わらない。だが、当事者でさえもあの事件が「自分にかかわること」と捉えることが難しくなっているように思えてならない。

障害者の多くは特別支援学校で学ぶ。いまでは放課後デイサービス事業所に通う当事者が多い。そこでは日々接する健全者の家族、教諭、事業所職員がみんな優しく、守ってくれる。支援学校高等部卒業後に通う地域作業所やグループホームなどでも同様だ。お客さん扱いされた障害者にとって、健全者は何でも要望をかなえてくれる存在に見えてしまう。当事者自身も差別に気づきにくい社会になっている。

横田さんなら今回の事件について「障害者は殺される存在なんだ。当事者はそのことをどこまで受け止めて考えているのか」と怒ったかもしれない。事件を機に、障害当事者は自分が差別される存在であることをあらためて自覚した上で、社会に向かって声を上げていく大切さを胸に刻むべきだ。一方、健全者は自らが時に差別することがある存在なのだということを自覚する必要がある。

自分自身と向き合えない人は他者とも向き合えない。障害者も健全者もそれは同じだ。その上で障害者と健全者が本音をむき出しにしてぶつかり合うことから、共に生きる上での新たな関係が生まれてくるはずだ。

悔しさをバネに

２０１３年に横田さんが亡くなった後、長年近くで聞いてきた言葉を思い出し、口述筆記で手帳に書き留めている。40編ほどになった。

――《「いまの障害者は悔しい思いをしていないから怒りを持てないのだ」「人間を信じていなければ『愛と正義を否定する』なんて怖くて言えるか」「人が言葉を使い始めた時、差別が始まったのかもしれない」……》

詩人だったから文章のリズムがよく、耳に残っている。記憶に残っている言葉のまだ10分の１ぐらいしか書き留められていない。

横田さんは厳しい人、怖い人だという印象が強い人が多いかもしれない。確かに、出会ったころは23歳も年上で、雲の上の存在だった。行政との交渉で何も発言しなければ「なぜだ」と１時間ぐらい説教されることもあった。一方で、気遣いの人だった。介助者を大事にしたし、私の誕生日には必ずケーキをプレゼントしてくれた。

私の運動の原点は、養護学校高等部卒業後の１９７６年に入所した施設での暮らしだ。４人部屋で１人分の居住スペースは１畳ほどで、カーテン１枚でしか仕切られていなかった。食事や消灯時間は決まっていて、自由度は低い。午前９時から午後４時半まで働いて、月給は８００円にしかならなかった。「これが、社会によって決められた自分の価値なのか」と衝撃を受けた。２年半ほどで施設を飛び出し、さまざまな出会いから差別と闘う障害者運動に身を投じることになった。

脳性まひのために意図しない身ぶり手ぶりといった不随意運動や言語障害があるから大変で

はないかと聞かれたら「私自身、自分が不幸だと思ったことは一度もない」と答える。障害の有無にかかわらず、自分の人生を生きるのはどんな人でも大変だと思うから。

怒りを「分かち合う」――荒井裕樹さん

あらい・ゆうき　１９８０年生まれ。二松学舎大学准教授。専門は障害者文化論、日本近現代文学。

やまゆり園事件で障害者の尊厳が踏みにじられたことに対し、私たちの社会の受け止め方はどこか冷めていないか。詩人だった横田の晩年に、青い芝の会の行動綱領や詩を巡って対話を重ねた荒井裕樹が語る。

――横田さんたちが障害者運動を始めた１９７０年代は、障害者が街に出て電車に乗るだけで周囲の空気が凍りつく時代だった。「障害者が街にいる」ことが、どういうことなのかを身をもって示し、人々の意識を変えていった。

いま街で障害者を見かけても、空気が凍るような場面は少ない。それは街を行き交う人が優しくなったからというよりも時間をかけて「障害者が街にいる」「障害者と街にいる」感覚を育んだ人たちがいたからだ。その中心に、横田さんがいた。

障害者に対する社会のまなざしは、表面的には柔らかくなったのかもしれない。「みんなちがってみんないい」「障害は個性」……。障害を否定的に見ない表現が近年増えた。だが、障害者を「弱くて、かわいそうで、不幸な人」とイメージする人は依然として少なくない。そんな時代状況の中で、やまゆり園事件は起きた。

植松は警察に「障害者なんていなくなればいい」と供述し、衆院議長への手紙では「障害者は不幸しかつくらない」と記していた。その身勝手な考え方に怒っている人はいると思う。だが、19人の障害者の命と尊厳が傷つけられたことに対して、私たちの社会はどこまで怒ることができているだろうか。

障害者団体の当事者らは後者の文脈で怒っているが、その怒りが社会に浸透しているとは言えない。犠牲になったのが障害者だからといって、怒りが目減りすることがあってはならない。いま怒らなければ、世の中に傷つけられてもいい命と尊厳があると認めることになってしまう。「共に生きる」という言葉を社会が掲げたとしても、怒るべき時に怒らなければ共生とは言えない。共に生きるパートナーとして障害者を見ていないことになるからだ。

はびこる憎悪

――横田さんの主著『障害者殺しの思想』は事件後に売れ行きが伸びたが、存命ならば本人は快く思わないだろう。半世紀近く前の１９７０年代から横田さんが訴え続けた「障害者を殺すな、排除するな」というアピールを引っ張り出してこなくてはあの事件に抗えないのか、いまの社会の中に怒りの言葉はないのかと思っているに違いない。

晩年の横田さんは、障害当事者が怒りの声を上げることが少なくなっていると感じていた。確かに障害者の暮らしを支える制度は以前より整ってはきていた。だが、差別がなくなったわけではない。「障害者は自分にかかわることなのになぜ怒らないのか。障害者運動の精神が十分に引き継がれていないのではないか」という危機感を抱いていた。

私も、横田さんからたびたび怒られた。

子どもを預ける保育所を探す「保活」が話題になった時のことだ。「荒井君、なんでもっと怒らないの？　自分のことだろ」。東日本大震災があった２０１１年に長男が生まれ、共働きのために保活に追われた。待機児童対策が手薄な行政に、なぜ怒らないのかという問いだった。私自身、社会に対して怒るのは得意ではない。怒りの対象に出くわしても、ぐっと言葉を飲み込んでしまうところがある。

いまは社会に対して怒りの声を上げるとバッシングの対象になりやすい。子育て中の母親が率直な思いを記したブログ「保育園落ちた　日本死ね！！！」が16年に話題になり、共働きの親としては共感したが、「死ね」という表現に問題があるということでバッシングが起きた。「もっと丁寧な言い方をした方がいい」と諭す人もいた。

だが、切羽詰まっている当事者が感情を爆発させることは、そんなに悪いことなのか。そういう形でしか表現できない理由を考えることが大事だ。苦しくて言葉にならないほどうめいている人に「もっと聞きやすい声を出せ」とは言えない。うめきは社会のゆがみへの警鐘だ。社会のゆがみに気づいていない人は、うめく人を否定する。

　横田さんたちも社会の反感を買った。乗車拒否への抗議行動として路線バスを占拠した１９７７年の「川崎バス闘争」などで「過激な団体」と受け止められた。だが、なぜ体を張って抗議しなければならなかったのか。障害者を否定する価値観があふれていた70年代、「障害者がどうしてこのままで生きていてはいけないのか」と鬱屈を爆発させるしかなかったのだ。

　いま「怒り」と「憎悪」の区別が付きにくくなっている現状がある。率直な思いから生まれた怒りの声さえ、憎悪が入り交じったバッシングの対象になっている。

　横田さんの怒りは相手の存在を認めた上で、共に生きていくために「それは差別だからやってはいけない」と訴えることだった。いわば、共生のための怒りだ。

　一方で、憎悪とは相手を共生のパートナーとして認めず、存在そのものを拒絶することだ。横田さんは２０１３年に亡くなる直前、憎悪が入り交じった生活保護受給者へのバッシングやヘイトスピーチを「本当に怖い」と言っていた。生命や尊厳が脅かされるからだ。

　怒りを共有するという発想も、日本社会に根付いていない。日本語では喜び、悲しみを「分かち合う」と言うが、怒りを「分かち合う」とは言わない。怒りは個人的で散発的な感情とされ、分かち合うという発想が出てきにくいように思える。

　では、横田さんたちはなぜ、怒りの声を上げることができたのか。それは怒りを分かち合うことができる脳性まひ当事者という仲間がいたからだ。誰だって1人で闘うのは大変で勇気がいる。

私たちはいま、共生のための怒りの言葉を耕し、命や尊厳が傷つけられた場合に怒りを分かち合える関係を他者といかに築いていけるかが問われている。

私たちの未来

――横田さんに結婚と出産を報告した時、こう言われた。

「とにかく家族と一緒にいてあげなさい。何十年も生活を共にするのだから大事にしなさい」

これが、差別に抗って社会の価値観を変えようとした障害者運動の「伝説の人」の言葉だろうかと驚いた。妻と息子への愛が伝わってきた。

横田さんが求めたのはとても平凡な人生だった。「障害者も実家や施設に閉じ込められることなく街に出て、恋をして結婚して子どもをもうけたい」。ただそれだけのことを障害者が望んだだけで、「過激」と批判された。それに抗って怒りの声を上げ続けた。

やまゆり園事件から30、40年後、私の息子の世代が、私くらいの年齢になった時、事件の犠牲者と同じ重度の知的障害者と街中でどう共に生きているだろうか。重度障害者一人一人の人生に対してどのような想像力を持っているだろうか。

私たちがいま、どのような言葉と行動を積み重ねるかで、30、40年後の日本社会のあり方が変わってくる。この事件に、私たちの未来が試されている。

終章

「分ける社会」を変える

執筆　成田洋樹
デスク　田中大樹

いま一度、考えたい。やまゆり園事件は、私たちに何を問いかけているのか、と。裁判では植松聖の常軌を逸した言動に耳目が集まったが、その差別観を批判するだけでは事の本質に迫り切れない。彼の言動は本人の思惑を超えて、多くの人々が長きにわたって十分に目を向けずに放置してきたことを白日の下にさらしたからだ。

それは、私たちが暮らす地域社会が重度の知的障害者を迷惑視し、家族を孤立させ、親による介護が限界に達したら施設しか居場所がないようにしてきた、ということにほかならない。地域での無自覚な差別や排除のなれの果てが、意思疎通ができないと一方的に断じた入所者を次々と襲った彼だったのではないか。そうした社会のありようについて気に留めることもなく黙認してきた「加害者」の1人として後ろめたさを抱えながら取材を続けてきた。

倒錯した裁判

「介護を通じて金と時間を奪う重度障害者は周囲を不幸にする不要な存在」

「意思疎通ができない重度障害者は安楽死させるべき」

彼は公判でも差別言動を繰り返した。検察側は死刑を求刑した公判で彼の主張について「障害者を1人の人間として扱い、権利を尊重する社会一般の価値観と相いれない」と切り捨てたが、果たしてこの社会はそこまで成熟していると言い切れるか。平等を重んじる障害者権利条約に基づいて障害者一人一人の権利を尊重する社会であったのなら、重度障害者の存在を全否定した今回の事件は起きていなかったのではないか。

「いつかこのような事件が起きてしまうかもしれないと思っていた」。事件後、そう語る障害当事者や支援者、家族は少なくなかった。当事者が軽んじられたり疎ましく思われたりするのは日常的なことだと受け止めていたからだ。

事件発生から時が過ぎ、彼の差別言動が流布する機会は少なくなっていたが、２０２０年１月の初公判を機に裁判報道を通じて再び拡散された。公判という公の場がヘイトスピーチの発信源となり、「植松劇場」と揶揄《やゆ》する人もいた。遺族や被害者家族らの心身は何度も痛めつけられる一方、当の本人は持論を存分に伝えることができて満足そうな様子だった。倒錯した状況とはこのことをいうのだろう。

彼はなぜ、重度障害者への差別意識を膨らませたのか。やまゆり園で入所者とどんな関わり方をしていたのか。公判ではほとんど明らかにならなかった。刑事責任能力の有無が争点になっていただけに、事件の背景に迫る審理になりようがなかったともいえる。

施設勤務で形成された動機

それでも判決は、排外主義の主張を繰り返す米大統領のトランプらの影響に加えて「施設勤務経験を基礎として動機が形成された」と認定した。彼の証言を事実認定したくだりはこうだ。

《施設での仕事中、利用者が突然かみついて奇声を発したり、自分勝手な言動をしたりすることに接したこと、溺れた利用者を助けたのにその家族からお礼を言われなかったこと、一時的な利用者の家族は辛そうな半面、施設に入居している利用者の家族は職員の悪口を言うなど気楽に見えたこと、職員が利用者に暴力を振るい、食事を与えるというよりも流し込むような感じで利用者を人として扱っていないように感じたことなどから、重度障害者は不幸であり、その家族や周囲も不幸にする不要な存在であると考えるようになった》

彼から見えた施設の「現実」だったのだろうが、同僚らの証言などを踏まえた徹底的な検証が公判でなされることはなかった。職員による暴力について園側は判決後の会見で「職員への聞き取り調査では、事実は確認されなかった」と否定している。

園側は彼の仕事ぶりについて「ポケットに手を突っ込みながら利用者を誘導したりして雑だった」としながらも、入所者を気遣う側面もあったという。「体調を崩した利用者のことが気になって、休日に園に連絡を寄こしたことがあった。そんな一面もあった若い彼を何とか育てようと努力はしてきた」と振り返る。

被害者家族の尾野剛志の目には、園で働き始めたころの彼は好青年に映ったという。そんな彼がなぜ、障害者への差別意識を膨らませただけでなく、自らの命にも終止符が打たれることになる極刑が容易に想像できる凶行に及んだのか。いまもなお判然としない。

問われる施設のあり方

本人の言動や関係者の証言からは、施設に3年余り勤めても支援職として未熟だった側面も浮かび上がる。しかし、他者の人生を支えるはずの福祉職を経験した人物による凶行であれば、福祉のありように何らかの問題があるのではないか。そう受け止めて自らの仕事を顧みる福祉職が多くいていいはずだが、果たしてどれだけいるだろうか。

「なぜ、あのような人物を採用したのか」。事件後、ある施設の関係者は、資質に欠けた元職員による犯行と切り捨てた。どこか人ごとのようだった。

こうした反応について、県内の入所施設職員は憤りを隠せなかった。

「自分たちが普段取り組んでいる支援のありようが問われた事件だったのに、あまりにも人ごとではないか」

この職員の危機感はひときわ強かった。施設では職員と入所者の間に「支援する、される」という一方的な関係が固定化されがちであり、支援がやがて管理になり、エスカレートすれば虐待にもつながりかねないからだ。事件によって、入所施設の構造的な問題があらためて浮き彫りになったと受け止めていた。

犯行に及んだ彼が見ていた施設の「現実」の背景には何があったのか。「その解明のためにはやまゆり園での支援実態の検証がまずは欠かせない」。この施設職員はそう考えていたが、事件後、検証されることはなかった。発生から3年5カ月余りがたった20年1月にようやく、支援実態について点検する検証委員会が設けられた。委員は会見で「利用者が人間らしい生活を送れているか、もっと早く検証すべきだった」「幼稚園や学校で同様の事件が起きれば、管理責任が問われる」と手厳しかった。

ただ、やまゆり園での支援に問題があったのであれば、それは園の責任だけにとどまらない。園を運営する社会福祉法人「かながわ共同会」を指定管理者として定めているのは県だ。チェック機能が不十分だったとして県の責任が最も問われる。実際、検証委が5月中旬にまとめた中間報告では、県は施設運営について共同会に任せきりにする傾向があり、支援実態を把握し改善に取り組む姿勢が乏しかったと指摘した。

事件を機に問われているのは、入所施設のあり方でもある。旧来型の「ついのすみか」としての施設ではなく、入所期間を限定し地域生活移行への拠点となる施設になりうるか。「私だって施設に長期間住みたいとは思わない」。そう話す前述の施設職員は訴える。「入所施設がいま変わらなければ、変わるチャンスを逃してしまう。地域生活への移行を見据えて当事者の暮らしを豊かなものにしていく機能を果たしていけるのかどうか。障害者福祉の未来がかかっている」

事件後、「脱施設」があらためて語られたが、施設を求める家族にも届く言葉はどれだけあっただろうか。

家族はなぜ施設を求めるのか

「重度知的障害者は地域では暮らせない。やっとたどり着いた場所がやまゆり園だった」

入所者の母親の悲痛な声が、相模原市緑区の同園体育館に響いた。事件から半年余りがたった17年2月、県から同園再建に関する検討状況について家族会に伝えられた説明会の場でのことだ。

当時、家族会は不安を募らせていた。県が園や家族会の意向を踏まえて元の場所で大規模施設として再建する案をまとめたのに対し、障害者団体や識者から「どこに住みたいか、当事者の意向を確認すべき」「大規模施設は時代錯誤。地域での生活に移行を」といった異論が相次ぎ、仕切り直しの検討が始まっていたからだ。

地域での暮らしがなぜ難しいのか。母親の切々とした訴えは続いた。

「『（障害者が）うるさいから、あそこの家に早く行ってくれ』と警察に通報する住民もいた。嫌がらせの電話を受けることもあった」

住民からのいわれなき差別や偏見。家庭での介護による疲労も増すばかりだった。息子を通わせていた作業所職員から施設入所を勧められ、同園を紹介してもらったという。

「地域に密着した生活ができないから息子を園に入れた。重度の知的障害がある子の親からは、地域の『地』の字も出てこないと思う」

そう締めくくると、参加していた家族からひときわ大きな拍手が寄せられた。その光景を目の当たりにした時、園を「安住の地」と受け止める家族が少なくなく、当事者も家族も地域から排除されてきたという実態がひしひしと伝わってきた。

苦悩する家族

施設しか選択肢がなかったと受け止めているのは、やまゆり園入所者の家族だけに限らない。県内在住で、重度の重複障害がある息子の母親も同じ境遇だった。

元々は、どんなに重い障害があっても地域で共に暮らすことを大事にしたいと考えていた。自ら設立した作業所を拠点に積極的に街に出て行き、ほかの重度障害者と共にスーパーでの買い物を楽しんだりした。地域での関わり合いも多かった。

だが、年を重ね、介護を続けるには体力の限界が近づいていた。息子にはてんかん発作があり、医師が常駐している場所でなければ不安だった。しかし、そうした場所は近隣では施設しかなかった。結局のところ、6年ほど前に市街地から離れた施設に託すことにした。

予期していたことだが、息子の生活は一変した。施設の目の前は急坂になっており、車いすを利用する息子たちの外出はままならなかった。以前の暮らしと違って地域との関わりも薄く、ほとんどの時間を施設内で過ごす。30代の息子の「ついのすみか」になる可能性もある。

地域での暮らしを求め続けてきた母親は複雑な表情を浮かべた。

「やまゆり園の入所者家族が問われたように『施設入所時に本人の意向を聞いたのか』と聞か

れると言葉に詰まる。でも、施設しか選択肢はなかった」

施設生活以外の選択肢を

　事件で息子の一矢が重傷を負った尾野剛志、チキ子夫婦もこの2家族と同様に施設しか選択肢がないと思っていた。だからこそ、事件後に登壇した集会などで身体障害者や福祉職から「なぜ、地域で暮らそうと思わないのか」と何度も批判されても、やまゆり園を元の大規模施設として再建するよう訴え続けた。

　そんな剛志はいまは打って変わって、一矢が地域のアパートで支援を受けながらの1人暮らしを始めるための準備を進めている。事件後の新たな出会いによって、支援団体と初めてつながることができたからだ。

「施設にこだわっていた自分は間違っていたのかもしれない。施設では衣食住に不自由することはないが、息子は本当に幸せなのか」。剛志は施設を求め続けたかつてのわが身をそう振り返り、自責の念を募らせた。だが、施設以外の住まいの場をイメージできなかった剛志に非があるとは思えない。一矢の施設生活が35年ほどに及ぶ間、尾野家族に対し、施設生活以外の具体的な選択肢を示してこなかった障害者福祉関係者、行政、社会の側の責任こそ重い。

　言い換えれば、入所施設を求める家族を批判したり責めたりするのではなく、施設以外の具体的な選択肢をいかに示していけるか。在宅で当事者の介護を続ける家族に対し、親元以外での別の生活の選択肢を示すことができるかどうか。あるいは当面は施設という選択肢しかないかもしれない家族を孤立させないようにどう関わっていけるか。そうしたさまざまな家族とのつながりを紡いでいくことが欠かせない。

当事者の選択肢を増やそうという新たな動きもある。

重度知的障害者の住まいの場は親元以外では施設しかないという固定観念が福祉職にも根強く、一矢が始めようとしている「支援付き1人暮らし」に取り組む事業者は少ない。そんな中で、実際に取り組んでいる都内の福祉ＮＰＯのメンバーや研究者らが、「まずは福祉職が当事者や家族に『支援付き1人暮らし』を提案しよう」という取り組みを始めている。そもそも日本も批准した障害者権利条約では誰もが平等に地域で暮らす権利があり、施設での生活を強いられないことが規定されている。これを踏まえ、福祉職に意識改革を迫るものだ。「知的障害者の自立生活についての声明文プロジェクト」と題して「支援付き1人暮らし」の実践を伝える学習会を重ねている。神奈川県内で入所施設を運営する社会福祉法人の職員もその輪に加わり、「支援付き1人暮らし」という選択肢に関心を示すなど、じわじわと広がりを見せている。

問われる地域

事件後、重度知的障害者の住まいの場を巡って「施設か地域か」の議論がさまざまな場でなされた。集団生活のために一人一人の入所者への手厚い対応が難しいとされる施設だから不適切な支援が横行するとも限らない。地域で支援を受けながら1人暮らしをしていた重度重複障害者が介助者に殴られて死亡する事件が札幌市内で19年に起き、地域で生活する当事者や支援者に衝撃を与えた。「支援付き1人暮らし」では当事者と介助者が一対一になり、第三者の目がないために一層気を配る必要があると指摘する関係者もいる。いずれにせよ、施設でも地域でも支援のありようが問われていることに変わりはない。

さらには、施設が障害者にとって自由な暮らしが保障された「楽園」ではないように、地域も決して「楽園」ではない。地域で差別や偏見が後を絶たないのは、やまゆり園の入所者家族の言う通りだ。差別のない地域をどうつくり上げていくかということが最も問われている。現状を変えていくには教育のあり方が大きな鍵を握っている。

「分ける教育」と差別

何かが「できる、できない」という能力で子どもたちを評価し選別する教育が、障害者への差別意識を生み出す温床になっていないか――。

やまゆり園事件が起きたとき、県内公立小学校の教諭はそう思わざるを得なかった。教育のあり方が問われた事件として受け止めていたが、職場の反応はどこか冷めていた。同僚に水を向けても「考えすぎでは」と取り合ってくれなかった。

なぜ、温度差があるのか。それは、文部科学省が「インクルーシブ教育システム」と称して障害の有無や程度で学ぶ場を分ける政策を取り続けている実態があるからであり、学校現場でも「分ける教育」が日常になっているからだ。障害の程度や学力に応じて支援が必要な子の「ニーズ」に合わせた教育を重視し、学ぶ場を分けて個別支援で力を引き上げるべきだとする考え方が教育行政だけでなく教員の間でも根強い。

　この教諭がかつて受け持ったクラスでは、知的障害のある子も一緒に学んでいた。クラスの子たちは「支援が必要な子」としてではなく1人の友人として接し、互いに助け合いながら過ごしたという。障害や学力で「分けない教育」で共に学んでいたからこそ築ける関係性だった。

「事件を機にあらためて、共に学ぶ『インクルーシブ教育』の意義を考えるべきだ」。教諭の訴えは事件後のあるべき教育の姿を指し示していたが、教育のありようが根本的に変わる気配はない。他者との関係性を築く教育よりも個人の能力をひたすら伸ばす教育にむしろ拍車がかかっている。そうして、多くの人々を息苦しくさせる「自己責任」が強化され、「誰かの力を借りることは相手に迷惑をかけることだからよくない」という考えが内面化される傾向に歯止めがかからない。生きづらさを生み出す要因がいまもなお教育の場で再生産されているように思えてならない。

「共に学ぶ」その先に

重度の障害があり、人工呼吸器を利用する川崎市の光菅和希と両親が直面したのも、岩盤のように固い「分ける教育」だった。インクルーシブ教育を実践する幼稚園に通った経験を踏まえて地域の小学校への就学を望んだが、市と県の教育委員会は本人のニーズに合う専門的な教育を提供できる就学先として特別支援学校を指定した。家族は納得できず、両教委を相手に訴訟を起こさざるを得なかった。

　やまゆり園事件の判決から2日後の3月18日に横浜地裁が言い渡した判決は教育行政の判断を追認し、本人と保護者の希望を無残にも打ち砕いた。控訴をし、闘いは続けると決意しながらも、行政と司法の判断によって追い込まれた家族は、住み慣れた地域を離れざるを得なかった。転居先の東京都世田谷区では区立小学校通常学級への就学がすぐに認められた。自治体対応のあまりの差に驚きを禁じ得なかった。教育行政が「善意」から「本人のニーズ」「専門性」という名目で共に学ぶ機会を奪う時、地域からも排除されるということがあらわになった。やまゆり園事件が起きた神奈川の教育が、差別や排除に無自覚であっていいはずがない。

　排除によって失われるものは何か。それこそ、豊かな関係性を築く機会にほかならない。

　取材に訪れた名古屋市の市立中学校に通う林京香と友利ひよりは小学校から共に学び、育ってきた。呼吸器を利用する京香は言葉を発することはできず、まばたきで意思表示する。ひよりの数々の言葉は、親友の京香とやりとりを重ねてきたからこその関係性から出てくるものだった。

「京ちゃんの考えていることは大体分かるよ。ずっと一緒だし、お互い好き同士だからね」

「同じ高校に一緒に行こうよ。私も京ちゃんと一緒だと安心だから。大学生になったら部屋をシェアして一緒に住もうか。そのときは私がヘルパーの1人として介護しようかな」

「共に学ぶ」その先に「共に生きる」を描く。なんてすてきな関係なのだろうと感じ入った。

横浜市鶴見区の市立馬場小学校での取材でも、障害の有無にかかわらず「仲間」として付き合う関係性を垣間見た。

重度の知的障害がある浅川天良が6年生だった19年秋に開かれた長縄跳び大会。そのときのエピソードは胸に迫るものがあった。

天良が適切なタイミングで跳ぶのは難しかった。そこでクラスメートの比嘉瞬らは策を練り、声かけや背中へのタッチでそのタイミングを伝えることにした。本番では残念ながら、足に縄が引っかかってしまったという。

「同じクラスの一員として天良にも跳ばせたかった」

その悔しさから瞬は泣き崩れたという。「障害者には優しく接しなければならない」といった上から目線の考えでいたのなら涙を流すことはなかっただろう。「仲間」として接しているという思いが強かったのだと思う。

植松は「重度障害者は周囲を不幸にする」と言い張ったが、他者を否定的に見たりしない天良を支えにしている1学年下の男児がいた。

自閉症で学習障害がある丹みさきは通常学級の授業についていけず、不登校気味になったという。その後、支援学級に移って天良と出会ってから、学校に通うのが楽しくなった。自分を尊重してくれる友達が学校にいるということが、安心感につながった。

支えられているだけではない。マイペースな天良のことを気遣い、サポートする。みさきの姿からは、支え合う仲間への親愛の情が伝わってきた。

学校での子どもたちのやり取りに触れた時、そこには相手を「障害者」とくくることなく、固有の名前を持った人同士の当たり前の関係があった。

出会うことからしか始まらない

やまゆり園事件後、共生社会を目指そうとさかんに唱えられた。その場限りの一過性としか思えない啓発イベントもあった。大人たちが共生社会をどうつくっていくかで右往左往している中、子どもたちはすでに地に足をつけて共に生きている。その姿に励まされたが、共生社会への道のりを阻む「壁」をいまもなお崩せない大人社会の一員として情けなくもあった。

植松は公判でこう述べた。「事件後、共生社会に傾いたが、やがて破綻する」

彼は私たちの足元を見透かしているのだろう。本気になって共生社会をつくる気があるのかどうか、と。本当は多くの人々が重度障害者のことを邪魔に思っているのではないか、と。

事件で問われたのは、差別観を膨らませて犯行に及んだ彼ただ1人ではない。障害の有無や程度で学ぶ場所、暮らす場所、活動する場所を厳然として分ける社会のありようがあり、その

「分ける社会」を形作っている私たち一人一人も問われている。

「分ける社会」のありようを変えていくのは容易ではないが、一人一人にできることはある。それは共に生きている子どもたちが教えてくれているように、障害者を「理解」や「支援」の対象として見るのではなく、対等な「仲間」として付き合い、「私とあなた」という二人称の関係性を紡いでいくことだ。

事件後、誰にもある「内なる優生思想」という差別意識と向き合う必要性が語られた。だが、自らの内面にいくら向き合ったところで、差別が生まれる状況が変わるわけではない。「分ける社会」を変えていくには、当事者と出会うことからしか始まらないように思う。

そうした出会いを重ねて「分ける社会」をじわじわと揺り動かし、誰もが地域で学び、暮らすことができる社会に変えていこう。重度障害者が当たり前に、私やあなたのそばにいる街に変えていこう。その先には、多様な存在が響き合う豊かで面白い世界が待っている予感がしている。

新型コロナウイルス禍の中、差別をなくし、誰もがその人らしい人生を送ることができるようになるための道のりはこれからが正念場だと思う。私は記す者として、人と人が出会い、関わる風景を描いていく。「分ける社会」を変えていく一歩になると信じて。

おわりに

死刑判決は確定したが、何も終わっていない。取材に携わった記者、デスクに共通する思いだ。

本書は、２０１６年7月26日に神奈川県相模原市で発生、重度の知的障害者19人が殺害され26人が重軽傷を負った「やまゆり園事件」を追いかけたドキュメントである。事件は発生当初から、特異性が際立っていた。だが我々は誰一人、この事件を「特異な考えを持った人間が起こした特異な事件」とは捉えていない。植松聖死刑囚はなぜ「障害者は生きるに値しない」などという考えを持つようになったのか、障害者を無意識に差別する「優生思想」は誰の心の内にも潜んでいないか、命は本当に「平等」なのか、真の「共生社会」実現には何が必要か――。そうした「問い」を常に意識し、取材に当たってきた。その答えはまだ、見いだせていない。

出版に当たり、犠牲になった19人に、あらためて心からの哀悼の意を表したい。同時代を生きた者として、誰も望まない最悪の形で奪われた19の命を決して忘れず、語り継いでいくことを誓う。どうか安らかにお眠りください。そして重軽傷を負った入所者24人、施設職員２人の心身の回復とこれからの安寧な暮らしを、心から願う。

事件からまもなく4年が経過する。この間、多くの関係者に、癒えることのない苦痛、心痛を押して取材に応じていただいた。その協力なくして、これまでの報道とこの書籍は成り立たなかった。この場を借りて、感謝申し上げたい。

犠牲者のほとんどは、いまだ実名が明かされていない。これまでも言われなき差別や偏見に苦しめられてきた遺族からすれば、当然だろう。一方で我々は、犠牲者の「生きた証し」を社会で分かち合いたい、と考えている。それが事件を忘れず、教訓を導き、同様の犠牲者を二度と生み出さない社会をつくるために欠かせないと考えるからだ。その意味でも、事件はまだ終わっていない。差別も排除もされず、誰もが安心して「自分らしい」人生を送ることができる社会が実現するまで、取材は続く。

２０２０年６月

神奈川新聞社統合編集局次長兼報道部長　佐藤奇平

やまゆり園事件

二〇二〇年七月二〇日　第一刷発行

著者　神奈川新聞取材班

発行人　見城 徹

編集人　菊地朱雅子

編集者　小木田順子

発行所　株式会社 幻冬舎
〒一五一－〇〇五一 東京都渋谷区千駄ヶ谷四－九－七
電話 〇三－五四一一－六二一一（編集）
〇三－五四一一－六二二二（営業）
振替 〇〇一二〇－八－七六七六四三

印刷・製本所　株式会社 光邦

検印廃止

ISBN978-4-344-03640-6 C0095
幻冬舎ホームページアドレス https://www.gentosha.co.jp/
この本に関するご意見・ご感想をメールでお寄せいただく場合は、comment@gentosha.co.jpまで。